The Fabrication of Louis XIV

ルイ14世

作られる太陽王

Peter Burke

ピーター・バーク——著

石井三記——訳

名古屋大学出版会

マリア・ルチアに

The Fabrication of Louis XIV
by Peter Burke

日本語版への序文

ルイ一四世についてのわたしの研究が日本語で出版されることをうれしく思います。そして、本書が日本の読者にどのような文脈で読まれ、解釈されることになるのかに関心があります。本書が一九九七年に中国語で出版されたとき、ルイ一四世の代わりに毛沢東を、また「非ルイ化」や「非スターリン化」の代わりに「非毛沢東化」の動きを置くと、本書も現代政治と密接に関連する書物として読んでもらえるかもしれないと思いました。一九九六年にT・フジタニ『壮麗なる君主制――近代日本の権力とページェントリー』が出版されたとき〔フジタニの著作は、日本では一九九四年に日本放送出版協会からNHKブックスの一冊として『天皇のページェント』が米山リサ訳で出版されている――訳者注〕、「太陽王」と明治天皇のあいだにアナロジーが可能かどうか、あれこれ考えさせられました。もし本書がこの種類の比較研究を促すことになるならば、二重に幸せです。

ピーター・バーク

ペーパーバック版への序文

この機会を利用して、元のテクストに少数の小さな訂正をほどこした。また、本書が最初に公刊されてから出された、以下の文献が巻末参考文献に追加されなくてはならない。K. Ahrens, *H. Rigauds Staatsporträt Ludwigs XIV*, Worms, 1990 ; M. Couvreur, *J.-B. Lully : Musique et dramaturgie au service du Prince*, Brussels, 1992 ; B. Holm, *Solkonge og Månekejser*, Copenhagen, 1991 ; F. Reckow (ed.), *Die Inszenierung des Absolutismus*, Erlangen, 1992.

謝　辞

ルイ一四世について多年にわたり取り組んできたが、その間、多くの方から援助と助言を受けた。とりわけ、デレク・ビールズ、アントニア・ベネデク、ロビン・ブリッグズ、アイヴァン・ギャスケル、サージ・グロジンスキ、マーク・ジョーンズ、マーガレット・マックガウワン、メイ・ノーダーマン、ベッツィ・ロザスコ、アラン・エレニウス、そして、ヨーロッパ科学財団の「図像、プロパガンダ、正統化」研究グループに感謝したい。一九八九年から九〇年にかけて本書の原稿をベルリンで書いていたころ、もうひとつのアンシャン・レジームが崩壊しつつあったときに、ドイツの「学問的」な同僚諸氏はわたしに理想的な環境を提供してくださった。また、以下の諸都市で本研究のさまざまな部分を講演してきたが、その時にコメントしてくださった聴衆の方にも感謝したい。その都市名はアルファベット順に、アムステルダム、ベルリン、ケンブリッジ、カンピナス、イサカ、エルサレム、ロンドン、ルンド、ミュンヘン、ニューヨーク、オックスフォード、プロヴィデンス、東京、ウプサラ、ヨークである。

本書の最終段階で改善点を指摘してくれた妻マリア・ルチア、エマヌエル校の同僚ヘンリー・フィリップス、そして、サセックス大学で一九七二年に「ルイ一四世時代の文学と社会」の講義をいっしょに行ったピーター・フランスにも大変感謝している。最後に、語句や絵画の細部にかんして注意を払い、助けてくれたイェール大学出版会のスタッフ、とくに、シーラ・リーに感謝したい。

すぐおわかりのように，王の威厳とはかつら，かかとの高い靴，マントからなっているのです。……こうして，床屋と靴職人とが，われわれの崇める神々をつくったのです。

——ウィリアム・サッカレー

目次

1

ルイ14世の紹介

1　「もっとも有名なルイ 14 世像」 イアサント・リゴー《ルイ 14 世の肖像》油彩，カンヴァス，1700 年頃。パリ，ルーヴル美術館

飾り紐によって、ある人に敬意を付与する、その飾り紐とは、想像上のものなのである。
――パスカル『パンセ』

ルイ一四世、フランス国王、かれは一六四三年に四歳で王位を継承し、そして一七一五年に亡くなるまで、七二年にわたり君臨した。かれが本書の主人公である。といっても、本書の目的は太陽王の伝記をもうひとつ提供することではない。すでに多くの伝記が書かれているし、いくつかはすばらしい出来である。[1] 他方、この研究はルイ一四世の人となりや王そのものに関心があるというより、かれのイメージに関心をもっている。イメージといっても、かれの自己イメージではない。それはすでに研究者により再構成されてきた。[2] また、後世の人びとの目に映ったイメージというのでもない。それは別の研究テーマになってきた。[3] 本書が焦点をあてようとしているのは、王の公的なイメージであり、人びとの集合的な想像力のなかで、ルイ一四世がどのように位置づけられたか、ということである。

この研究は、わたしのほかの研究と同様、コミュニケーションの歴史、すなわち象徴形式の生産、流通、受容の歴史研究に寄与することを意図している。[4] 本研究が関心を寄せるのは、同時代のルイ一四世の表象、つまり、石像、ブロンズ像、絵画、さらには、ろう製の彫像で描き出された、かれのイメージである。それはまた、テクスト（詩、脚本、歴史）やほかのメディア、たとえばバレエ、オペラ、宮廷儀礼、そのほかのスペクタクル形態によって映し出された王の、比喩的な意味での「イメージ」を取り扱う。

ルイ一四世の公的イメージにかんする研究は、フランスだけでなくアメリカ、ドイツそのほかの国において、美術、文学、古銭学などの研究者たちによって数多くなされてきた。かれの肖像画について、かれの騎馬像について、そしてかれの治世のおもな出来事を描くメダルについての研究論文が書かれてきた。[5] ヴェルサイユ宮殿に見られる劇場のような装飾は、「舞台背景」と同じく「メッセージ」としても見られるべきものであり、多数の研究テーマとなってきた。[6] その時代のフランス文学においてルイ一四世がどのように表象されていたのか、ということについての一般的な概説もあれば、個別の文学作品におけるルイ一四世の肖像を詳細に分析したり、作家たちの戦略を詳しく研究したりするものもある。[7] また、かれの治世を後世に伝える公式修史官たちについての研究があり、スペイン継承戦争期になされた政府のプロパガンダについての研究論文がある。[8] バレエ、オペラ、そのほかのスペクタクルも多くの研究対象になってきた。[9] 太陽王の理念は古代世界にまでさかのぼって跡づけられた。[10] この時期の芸術と政治の関係は、ヴォルテールの有名な『ルイ一四世の世紀』（一七五一年）においては事実上無視されていたが、ここ百年のあいだ、とりわけオーガスタ・ディルク（ジョージ・エリオットのドロシーアのモデルとされている貴婦人）とエルネスト・ラヴィス（当時の知的エスタブリッシュメントのなかでのかれの位置は、今から三〇〇年前のルイ一四世期の状況を自分の問題として洞察させる力をあたえたはず）によって、入念に研究されてきた。[11]

それでも、わたしの知るかぎり、同時代のルイ一四世の表象にかんする、総括的な説明は見当たらない。二、三年前に王権儀礼の歴史家が言ったように、「太陽王崇拝については……まだそれに見合う包括的な研究がなされてはいない」のである。[12] ルイ一四世にたいする好意的でない見方の研究については、フランスの国内でも国外でも、断片的に検討されたにすぎない。[13]

本書でのわたしのねらいは、国王イメージを総体として見てゆくことにある。ルイ一四世およびその大臣たちが関心を寄せていたのはコミュニケーションのシステム全体だったのだから、われわれもかれらの例にならい、さまざまな学問領域にばらばらにされていたものをひとつにつなぎ合わせるべきだろう。[14] わたしの意図は、ルイ一四世時代のかれの公的イメージを明らかにするために、ルイ一四世の個別のイメージを分析することにある。しかしながら、この個別の分析はそれ自体のためになされるのではない。本書の目指すところは、芸術と権力とのあいだにどのような関係があるのか、より具体的には「偉人がどのように作り出されるのか」のケース・スタディにある。[15] したがって、本研究の本質部分は、第12章でなされる比較対照の箇所になる。

ルイ一四世はこのようなケース・スタディとしては打ってつけである。その理由はいくつかある。王自身とその顧問官たちは、王のイメージに非常に大きな関心を寄せていた。さまざまな種類の儀式にかかる時間のほかに、自分のさまざまな肖像画のため、王はポーズをとることに多くの時間を費やしたに違いない。これらの肖像画がいかに注意深く吟味されたかは、フランドル戦役を描いた絵における王の下絵のスケッチへの以下のような注釈によって示されよう。「王が指揮杖にもたれたところではなく、指揮杖をもちあげているところが描かれる必要がある」。[16] ルイ一四世はまた、とても幸運なことに、かれに仕える芸術家、文筆家、作曲家の質の高さにめぐまれた。かれのイメージ作りの戦略は、ほかの君主たちのお手本だった（二三〇ページ）。このこともまた、かなりよく資料で裏付けられている。王を描いた何百もの絵画、メダル、版画がのこされているし、ヴェルサイユは、今もなお、ルイ一四世時代の外観をしのばせる姿で存在している。そのなかで、もっとも注目に値するのは、数多くの機密文書、すなわち私的な手紙から委員会の議事録にいたるまでがのこっていて、さまざまなメディアにおける王のイメージ制作者たちの意図と手法とが見てとれることである。[17]

さまざまなメディアを全体として見ることが大きな価値をもっているのは、この視点に立つことによって、変化がより見えやすくなることにある。もちろん、もし七二年間もつづいた治世のあいだ（そのなかには、いわゆる「親政」の五四年間も含む）、ルイ一四世の表象が変わらなかったとしたら、そのほうが奇妙だったであろう。最初期の肖像画では、細長い布切れでぐるぐる巻きにされた乳児として示され、最後の肖像画では車椅子の老人として描き出される。これらの日付のあいだで、メダルや通貨の王の横顔は何度も変わった。長年月にわたり、王の栄光をたたえるいくつもの機関が新たに設立され、芸術家や大臣たちは来ては去り、勝利のあとには敗北がつづいた。

厳格に年代順のアプローチをとることによってもたらされる長所のひとつは、さまざまなメディアにおける諸変化が同時に起こるのか（この場合、中心部からのかなり強いコントロールが示唆される）、それとも、それぞれに固有の変化のリズムに従っているのか（この場合、芸術の側が比較的独立していたことが示唆される）、ということをはっきりさせてくれる点にある。だが残念なことに、厳密に年代順にするのは、さほど簡単でない。王のイメージは、絶えず改訂されていたからである。たとえば、メダルが新しく鋳造されても、それは治世の早い時期に起こった出来事を祝うためであったり、または、その出来事を解釈しなおすためであったりするのである。したがって、われわれはふたつの時間の尺度に留意しなければならない。つまり、出来事の時間的継起と同様に、「メダル鋳造の時間的継起」にも気をつけていこう。[18] ヴェルサイユのグランド・ギャラリー［鏡の間］が作られたことについても、一六八〇年代の文化的な出来事そのものとして研究される必要があるが、同時に、そこに描かれた天井画が建設以前の出来事（たとえば一六六一年または一六七二年）を表現するものとして研究される必要もある。

それゆえ、歴史家たちが王のイメージの歴史における転換点としてしばしば確定する日付について、かれらのあいだで意見が割れているのは、ほとんど驚くに値しない。ある者は、王が宮廷バレエで踊るのをやめ、そしてアレクサンドロス大王との比較が頻繁でなくなる一六七〇年（または、そのあたりの年）を強調する。[19] ほかの者は、一六七四年を祝宴のことばが変化しはじめた時として論拠を挙げて主張し、また一六七七年を王の崇拝の絶頂の時点として力説する。[20] グランド・ギャラリーのために選ばれていた神話的題材が、歴史的題材に取って代えられた一六七九年の重要性についてもしばしば注目されてきた。[21] ほかの専門家たちは、一六八二年から八三年を、壮大な祝祭が衰退し、宮廷がヴェルサイユに落ち着くことになったとして、重視している。あるいは、ルイ一四世の像がフランス中の町の広場に立てられる企画がなされた一六八五年から八六年を選ぶ者もいる。[22] わたしとしては、以下において、読者に自身で判断できるだけの材料を十分に集めえたことと思っている。

この種の研究がその時代の子であることは明らかである。一九一二年には、早くも、あるフランスの学者はルイ一四世の「栄えある事業」なるものがその時代における広告であることに気づいていた。[23] 二〇世紀後半ともなれば、リチャード・ニクソンからマーガレット・サッチャーにいたるまで国家の指導部がかれらのイメージ作りを広告代理店にまかせる時代であるから、ルイ一四世時代との比較対照はいっそう自明のものとなる。[24] 今日的なことばで言えば、わたしの関心事は「ルイ一四世を売り込むこと」、言ってみれば、君主をどのようにしたら見栄えよく包装できるか、そのイデオロギー、プロパガンダ、そして世論操作にある。

もちろん、時代錯誤の危険があることはかなりはっきりしており、わたしはルイ一四世の賛辞を起草した者たちがサーチ・アンド・サーチ［大手の広告会社］とまったく同じだなどと言う気はすこしもない。しかし実のところ、ルイ一四世を直接に知っているサン＝シモン公爵がかつて、ルイ一四世ほど「自分のことば、自分の微笑、自分の一瞥の売り方」を知っている者はいないと断言していたのであるから、「売り込む」と言ったとしても一般に考えられるよりも時代錯誤というわけではない。しかし、それでもなお、一七世紀の文化は現代のわれわれの文化とは非常に異なっており、これらの違いは統治者イメージのなかで必然的に反映されることになる（二六九ページ）。

もうひとつ、本書の特徴を現代風に述べれば、本書はルイ一四世のためになされた「プロパガンダ」、つまり、「世論」を形作り、操作する試みの研究と言えるだろう。あるいは、「イデオロギー」（「意味というものが支配関係を支えるのに役立つやり方」ということでの）の研究と呼びえよう。[25] プロパガンダ、世論、イデオロギーという三つの概念はどれも一七世紀には存在しなかった。ローマの布教聖省(Congregatio de propaganda fidei)[一七世紀はじめにローマ教皇によって設立された]には「プロパガンダ」のことばがあるが、それは「信仰を広める」ための委員会であって、語の政治的な意味での「プロパガンダ」のためのものではない。プロパガンダの現代的な概念は、せいぜいのところ一八世紀後半までしかさかのぼれない。つまり、フランス革命の支持者たちがキリスト教への改宗のための技術にも比べうる説得の技術を行使していた時代に登場する。[26] 歴史家たちはいつもよく、ある特定の時代・場所にはないものを探し出すようにと勧められているのだから、してみると、プロパガンダ、世論、イデオロギーが一七世紀に存在しないというのはたしかに重要である。

しかしながら、このことは、一七世紀のいわば視聴者たちが自分たちに向けてなされる説得、あるいはもっと言えば操作の試みに気づいていなかったなどということを意味しはしない。しかもこの時代のエリート教育において修辞学が強調されていたのであるから、今日のわれわれの多くより、おそらく一七世紀の視聴者たちのほうが説得の技術を意識していたであろう。[27] プロパガンダという語を、たとえば「社会的・政治的価値を広める試み」というようにかなり広い意味で定義するならば、このことばを一七世紀について用いても反対はされないだろう。[28] にもかかわらず、本書のような研究をルイ一四世のためのプロパガンダの分析と呼ぶとすると、今度は、それ固有の落とし穴が待っている。その落とし穴とは、著者も読者も同様に、王を表す詩や絵や像があたかも説得の試みにすぎないかのように解釈しがちになり、(言わば)王の権力の表現であること、かれの臣民たちのすくなくともいく人かの献身であることを見落としかねないという危険である。古代史家ポール・ヴェーヌが最近示したように、いくつかの芸術作品は見られるよりはむしろ、存在するために作られている。たとえば、トラヤヌス帝の円柱の浅浮彫りは地上からは見えないのである。[29]

ルイ一四世の表現図像はかれの栄光を増幅すべく委託されたのだと言うのがより正確なところかもしれない。当時の文献によれば、統治者と同様、貴族にとって、いかに名声や栄光が重要であったかについては疑いをはさむ余地はない。当時の辞書では、栄光は賞賛と区別されていた。というのも、「賞賛は個人によってあたえられるものだが、栄光は世間一般によってあたえられるもの」だからである。[30] 栄光はこの時代のキーワードだった。[31] その重要性についてはルイ一四世の『王太子にあたえる覚書』のなかでも強調された。[32] スキュデリー嬢はこの栄光のテーマのエッセーによりアカデミー・フランセーズからメダルを授与されたのであった。[33] 栄光は演劇、バレエ、公的な記念碑において擬人化されて登場する。ヴェルサイユの庭園には栄光の泉水もあった。

また、一七世紀には壮大さが政治的な機能をもっていたことは普通に見てとれることであった。それは王に「光り輝き」をあたえた。「光り輝き」がこの時代のもうひとつのキーワードであって、稲妻のごとき「閃光」から雷鳴のような「大喝采」までも意味しつつ、つねに予想もしない印象的な何事かに言及する。壮大さは、ろうに刻印を押すかのように見ている者の心に「印象を刻印」するという字義どおりの意味において、印象的であると考えられたのである。

こうして、コルベールはルーヴル宮殿について「世界中の人びとの心に敬意を印象づける」と述べたのである。[34] この場合、おそらくフランス人だけでなくヨーロッパの人びとのことが考えられていたのであろう。ルイ一四世（より正確には、かれの側近のひとりということになろうが）が、今度はその『覚書』のなかで王太子に説明したように、祝祭は臣民をよろこばせ、外国の人間には「壮大さ、力、富、そして雄大さという、きわめて有益な印象」をあたえる。[35] ボシュエも同じようなことばで、王の宮廷は、人びとに王への敬意を印象づけるべく、まばゆいばかりに壮大であると、その政治論考のなかで述べている。[36] ルイ一四世の治世期に成長した社会理論家モンテスキューは、同じような指摘をしている。「王たちを取り巻く壮大さときらびやかさはかれらの力の一部をなしている」。[37]

芸術と権力とのあいだの関係についての一七世紀的な見方は、以下のようなスペクトルに沿ってならべることができる。すなわち、一方の端には、王のイメージを額面どおりに受け止めているような文筆家たちがいた。それは、たとえば、王にオード［頌詩］を書く詩人であったり、王の戦勝を物語る歴史家であったり、あるいは、ヴェルサイユの装飾について説明する学識者であったりするわけだ。かれらは、像や記念碑を「民衆教育」、つまり民衆に自分たちの君主を愛し、従うように仕向けるための手段として述べていた。[38]

もう一方の端には、観察者たち、モラリストたち、諷刺家たちがいて、かれらは王の賛美を本質的に、冷笑的かつご都合主義的なおべっか使いたちによって、公開上演されるトリックと見ていた。一世代前になるが、リシュリュー枢機卿に仕えていたある作家はつぎのように言っていた。「すばらしい言葉遣い」は君主が民衆を魅惑し、「かれらを外観で惑わし」、そして「かれらを牛耳る」方法である、と。[39] 同じやり方で、ルイ一四世の批評家たちも、当時のもう一つのキーワードであるディヴェルティスマン、すなわち「娯楽」と「気分転換」という二重の意味における「気晴らしの楽しみごと」の考え方を大いに利用した。かれらの論ずるところによれば、祝祭や見世物は、古代ローマのサーカスのように、民衆の関心を政治からそらす、ラ・ブリュイエールの鮮やかな表現を借りれば、民衆を眠ったままにさせるために上演されるのだ。[40]

たしかに、この種の一七世紀の概念はルイ一四世の宮廷を明らかにしてくれる。これらを無視するわけにはゆかない。他方、二〇世紀の公衆に向けて書いている二〇世紀の歴史家には、政治学からの概念であれ、社会人類学からのであれ、または社会心理学からのであれ、今日的な諸概念も無視することはできない。歴史の執筆にわたしが惹きつけられるのは、なによりもまず、ふたつの文化を、つまり過去の文化と現在の文化を調停する任務であり、ふたつの概念システムのあいだの対話を打ち立て、ひとつの言語からもうひとつの言語へ翻訳する任務である。「プロパガンダ」はそのような今日的概念のひとつとして役に立つ概念であるが、ほかにも有用な概念がある。

たとえば、「神話」の概念がそれである。本書をルイ一四世という神話の研究として考えるのも有益かもしれない。[41] こういう言い方は、まず、ルイ一四世がアポロンやヘラクレスのような古代神話の神々や英雄たちに絶えずなぞらえられてきたとの理由で、適切と思われるかもしれない。しかしながら、「神話」という語をもっと大胆かつ議論を巻き起こすために用いることができるだろう。われわれは神話なる語を、象徴的な意味（たとえば悪にたいする善の勝利のような）を有する物語、そのなかでは登場人物が、英雄たちであれ、悪人たちであれ、実物より大きく描かれる、そういう物語、と定義してよいかもしれない。神話という物語は、手本となる原型と特殊な局面状況との交差点に位置するのであり、別のことばで言えば、伝承されてきたイメージと特殊な個人・事件とが交差する地点に位置するのである。[42]

ルイ一四世の神話が存在したという意味は、ルイ一四世が全知で（すべてを知っており）、無敵であり、神のようであるなどと示されるという意味においてである。そこでは、黄金時代の再来とも結びつけられ、かれは非の打ちどころのない君主だった。詩人や歴史家たちは王を「英雄」として描き出し、ラシーヌはルイ一四世の治世を「驚嘆すべきことの途切れなき連続」と評した。[43] かれの公的なイメージはたんに好ましいイメージと言うだけにとどまるものではなかった。それは、神聖な性質をもつものでもあった。

歴史の専門家たちは、しばしば「神話」という語を「本当ではない物語」（かれらが本当であると考えるような物語と対比して）を意味するために使う。だが、わたしのここでの関心は、神話的なルイ一四世にたいして、「本当の」ルイ一四世がどうであったか、ということにあるのではない。逆に、わたしが関心を寄せているのは、まさに、神話のもつリアリティについてであって、つまり、神話が語られるメディアの外部にある世界――外国人たちであれ、ルイの臣民たちであれ、そして、すくなからず王自身であれ――にたいしてどのような効果を及ぼしたかについてである。「神話」という語によって想起されるつぎのことも有益である。すなわち、芸術家たちや作家たちが絵画なり、タペストリーなり、メダルなり、版画なり、そして公式の歴史叙述なりで行おうとしたのは、たんに王を静的なイメージで描こうとするにとどまらず、かれらが当時言っていたような「王の歴史物語」という話を提示しようとしていたことである。この動的な意味をスペクタクルの意味と結び合わせると、われわれはルイ一四世の研究に「劇場」という概念を用いることもできよう。

そこからさらに歩みを進め、太陽王の「劇場国家」について語ることにも心が動く。「劇場国家」の概念は、アメリカの人類学者クリフォード・ギアツによって、十年前に出版され、反響を呼んだ一九世紀バリ島にかんする研究で打ち出された。[44] この表現はたしかにルイ一四世の同時代人たちの気に入ったことだろう。かれらはいつも世界をステージと見ていたからである。ルイ一四世自身、時折、この比喩を使っていた（一三、六五ページ）。サン＝シモン公爵も宮廷について述べている箇所で、何度も繰り返し、コメディーやシーンといったことばを使った。[45] 王の崩御に際してなされたすくなからぬ説教が、王の生涯を壮大な「スペクタクル」と呼んでいたのである。[46]

とりわけ、儀式は一種のドラマとして受け取られていて、服従心を鼓舞するために上演されるべきものと考えられた。一七一九年から二〇年にかけての公的儀礼にかんする全般的な研究を発表したドイツの学者J・C・リューニクは、このことを「儀礼の劇場（Theatrum Ceremoniale）」と呼び、このような劇が必要な理由を、「知性と理性ある人びとに向けて語られる言語よりも、普通の一般大衆のあいだでは身体表現による印象のほうがより大きなインパクトをもつ」からであると説明した。ルイ一四世の『覚書』も同様のことを記していた。[47] 現代の政治における儀礼の重要性の分析も類似した仮定にもとづいている。[48]

以下では、とりわけ社会人類学者のアーヴィング・ゴッフマンの著作に依拠して、演劇理論の見方を相当程度、利用してみることにしたい。ゴッフマンは、日常生活での「自己の提示」と呼ぶパフォーマンスの重要性を強調し、「印象操作」の術、「前面」と「背景」のあいだの差、舞台装置と舞台の「小道具」の機能などを強調した。[49]

これら現代の用語はすべて、ルイ一四世研究でも役に立つものである。たとえば、ヴェルサイユは王にとって自分の権力を示して見せる舞台装置であった。君主への謁見は注意深く規制されていて、一連の段階を踏んでなされるものであった。訪問者は外側の庭から内側の中庭を通り、階段を上がり、控えの間で待ち、などの段階を経て、王をちらりと見ることが許されるのであった。

ゴッフマンが言っていることは、ラ・ロシュフーコーやサン＝シモンのような王の同時代人たちをほとんど驚かせはしなかったろう。たとえば、サン＝シモンはしばしば宮廷の「舞台の裏のほう」のエリアを示すために「裏側」という語を用いている。ルイ一四世の全生涯は公衆の前で過ごされたと、ときどき記述されるが、これはある意味で本当のことだった。というのも、たとえ侍従しかいないとしても、いつも誰かがルイ一四世を見ていたからである。しかしながら、かれの活動にも、たとえそれが政治的であれ、非政治的であれ、ほかよりも公開性の低いものもあった。マントノン夫人との結婚のように、かれの愛人との関係は舞台裏で起こった。たとえ誰もがそのことを知っていても、これらの関係への言及は公式メディアに乗ってこない。だから、このことは私的な手紙や王の従者のうちのひとりの覚書（残念ながら、かれの記録は王の寵愛を失った一六五三年で終わるが）などを含む、さまざまな非公式資料から再構成されなければならない。[50]

演劇に関連したもうひとつのことばが、また、本研究にとって有益である。「表現＝上演（representation）」という語がそれである。[51] その主要な意味のひとつは「パフォーマンス」であった。エンブレムやスペクタクルなどほかの象徴的形式についての専門家でもある、イエズス会士メネストリエは一六八一年、音楽における「表現」の本を出版していた。当時、一一歳だったブルゴーニュ公爵夫人に初めて会ったとき、ルイ一四世がマントノン夫人に言ったことばも「パフォーマンス」にかかわる。すなわち、「いずれ宮廷という舞台で演じる日が来るとき、彼女は上品さと優雅さで人びとを魅了するだろう」と言ったのである。[52] この時代の辞書において、「表現＝上演」という語は、もうひとつ、「そこにはないものを心なり記憶なりに思い浮かべさせるイメージ」と定義されている。[53]「表現する＝代表する（represent）」ことは、また、「誰かの代わりをする」ことも意味する。この意味で、大使、地方総督そして司法官はみな王を代表していたのである。王が一六七二年に出陣していたときは、王妃がそうした［王の遠征中、王妃は摂政となる］。「表現＝代表」という語のいくぶん異なる意味においてではあるが、王のサインだけでなく、王の筆跡の模写を認められている王の秘書官たちは、王の代わりをした。[54]ルイ一四世のラブレターさえ、誰かほかの人物（ある時期にはダンジョー侯爵）によって書かれたのである。王太子のためのルイ一四世の覚書のなかでは、王の名で書かれた手紙と、王自身によって書かれた手紙とが対比されているのだが、しかし皮肉なことに、この箇所そのものが、著名な覚書のほかの箇所といっしょで、王のゴーストライターの秘書官の手になるものなのであった。[55]

人だけでなく無機物も王の代わりをしたのであり、とくにコインがそうである。それは王の画像を帯び、ときにかれの名前さえ（およそ一五リーヴルの価値の「ルイ」金貨というように）帯びることになった。そして、同様に、かれの紋章やかれの個人的な標章である太陽もそうである。また同様に、かれの寝台、かれの食事のためのテーブルも、たとえ王がいなかったとしても、王の代わりをしたのである。たとえば、王のテーブルが置かれた部屋で帽子を被ったままでいることは禁じられていた。[56]

王の代わりをなす最重要の無機物のなかにかれの肖像画があった。画家のシャルル・ル・ブランは、その王の肖像画で「あたかも澄みきった鏡に映し出されるかのごとく王の気高き資質」を表現していると言われたものである。[57]これらの絵画はまた、あたかも王の代わりをするものであるかのように取り扱われた。たとえば、リゴーによる有名な王の肖像画（図1）は、王がよそに出かけているとき、ヴェルサイユの玉座の間にその場所を占めていて、肖像画に背を向けることは、王に背を向けるのと同じように、犯罪行為とされた。[58]地方の祭典では、王の肖像画が王の臨席の名誉をあたえていた。[59] あたかも聖人像のように、祭典の行列で王の肖像画が運ばれさえしたかもしれないのである。[60] このような比較は、一般に思われるほど、無理なこじつけではない。というのも、王はときどき聖人の聖王ルイ［ルイ九世］として表現されたからである。

ルイ一四世は意識して王の役割を演じていたという意味において、自己を表現していると見ることも本研究の役に立つかもしれない。この自己意識、そしてまた宮廷の正面と背景エリアの違いを、一六七〇年代に宮廷を訪問したイタリア貴族の回想録が説明してみせてくれる。ルイ一四世は、私人としては、換言すれば自分の部屋では、少数の廷臣に取り巻かれて、重々しさを捨ててはいるが、しかし、ひとたびドアが開くと、「すぐに態度と表情を変え、あたかも舞台に上がらなければならない、かのように振る舞った」のである。[61]

ルイ一四世はまた、宮中司祭のジャック・ベニーニュ・ボシュエやほかの政治理論家たちが指摘したように、神の位置を占めてもいた。統治者とは、神の「生けるイメージ」であり、「神の威厳の代理人」なのである。[62]

われわれはまた、ルイ一四世が国家を代表していたと言うことができるかもしれない。当時のマイナーな政治著作家のひとりは、王を「国全体を代表する者」であると言ってみせた。「朕は国家なり（l'État, c'est moi）［国家、それはわたしである］」という、通常、ルイ一四世に帰せられる警句でかれが有名なのはもちろんである。たとえ、ルイ一四世が現実にそうは言わなかったとしても、すくなくとも、かれはその『覚書』で王の名において、「国家のことを考慮するときには、自分自身のために働いている」とゴーストライターの秘書官に書かせるのを認めてはいたのである。[63] 体制を支持する者であれ、敵対する者であれ、王と国家とを同一視する点では一致していた。プロテスタントのパンフレットが「王は国家の地位を［不当に］占めている」と嘆いていたのにたいし、ボシュエは「全国家は、かれの中にある」と断言していた。[64]

しかしながら、国家を代表することは、国家と同一であるということと同じではない。ボシュエは王に、国家は不滅であるべきであるのにたいし、王は死ぬものであることを思い出させたし、そしてルイ一四世も、死の床において、「わたしは死に行くが、わたしのあとに国はのこりつづけよう」と述べたと言われている。[65] だから、「朕は国家なり」との有名な警句をあまり文字通りに受け取るのは間違いかもしれない。

「表象（representation）」という語の長所はつぎの点にある。すなわち、この語は、視覚による、または文字による王の肖像に、つまりメディアのなかで、または、メディアによって映し出された王のイメージに言及できるだけではなく、その時代に受容されたイメージ、つまり集合的想像力のなかでのルイ一四世のイメージ、あるいは、フランスの歴史家や人類学者が言うような、「集合的表象」にも言及することができる点にある。ただ、この「集合的表象」という表現の欠点は、すくなくとも英語においてだが、この語で、誰もが王について同一のイメージをもっていたと受け止められかねない点にある。もっと言えば、ユングの集合的無意識のモデルにもとづく集合的な想像力のようなものがあると受け止められかねない点にある。これらの誤解を避けるために、本書では違うタイトルが選ばれることになった。

わたしが本書をルイ一四世の「製作」〔本書の原題は *The Fabrication of Louis XIV*〕としたのは、製作したあとに、一七九二年の革命家たちがしたように、王を取り壊して、バラバラにするのを目的にしたからではない。ルイ一四世は実際、かれが覚書のなかで言ったような「王たる者の務め」である仕事においてかなりうまくやったことをわたしも否定はしない。その時代にルイ一四世がなしたとされる決定をすべてかれがしたわけではないが、いくつかは自ら決定を下したのである。ルイ一四世は、一七世紀の一部の作家が弱体君主について言った「絵に描かれた王」といった君主よりも、はるかに超え出たそれ以上の君主だった。「製作」の語は、ほかの民衆は自然の人間であるのにたいして、ルイ一四世は人造人間であったなどと言おうとして使っているのではない。ある意味で、ゴッフマンが見事に示しているように、われわれもみな自分自身を作っているのである。ルイ一四世が並外れていた点は、ただ、かれがその構築作業において大きな手助けを受けていたという点だけにある。

「ルイ一四世の製作」というタイトルはもっと積極的なふたつの理由から選ばれた[66]。第一に、「製作」はプロセスを意味する単語であり、わたしとしては、半世紀以上にわたるイメージ作成のプロセスに集中したいと思ったからである。今日、過去を今の時点から振り返って見るために、また、ヴェルサイユの存在やサン＝シモンの回想録などがあるために、ルイ一四世というと、年老いた王のイメージが前面に出て、王の若いころの姿のほうはほとんど消し去られている。「製作」という語は、この小論が年代順の構成をとっているのと同じく、発展してゆく感じをうまく伝える手助けとなるかもしれない。同じ理由で、異なるメディアでの時間的に継起する表現において、たとえば一六七二年のライン川渡河の事跡や一六八五年のナントの勅令廃止のような、その時点の実際の出来事が、段階を追って「神話化」されることを語るのに有益かもしれない。というのも、王の物語の「検定済み見解」とでも呼びうるものは、絶えざる改訂を経てきたからだ。

第二に、「イメージの制作」というよりむしろ「ルイ一四世の製作」という表現にしたのは、メディアが現実世界にたいして及ぼす効果の重要性、言い換えると、「偉人を作ること」あるいは「権威の象徴的構築」と呼ばれてきたものの重要性を言いたいからである[67]。王は大多数の同時代人から聖なる人物と見られていた。王は「ロイヤル・タッチ」によって、「るいれき」という皮膚病で苦しむ人びとを癒す力をあたえられていると信じられていた[68]。かれはあらゆる意味でカリスマ的であった。それは、［王の聖別戴冠式において］神の恩寵を象徴する聖油で塗油されたという本来の意味でもそうだし、同様に、権威のオーラに取り囲まれている指導者という現代的な意味でもそうだった。しかしながら、このカリスマは絶えず更新される必要があった。これこそ、ヴェルサイユという舞台でルイ一四世が出演することの重要な狙いであったし、同じく、コミュニケーションのメディアにおいて王が繰り返し出演する狙いでもあったのだ。

要約しよう。本書のアプローチは、統治者とそのイメージにかんする、一方で「冷笑的な《シニカル》」見方、他方で「まったく無邪気な」見方と呼びうるような、相反するふたつの見方をしりぞけ、それぞれの見方の幻想をある程度、打ち砕いた結果である。すでに見てきたように、一七世紀でも支持者がいた冷笑的な見方によれば、王のイメージは虚飾であり、誇大妄想であり、またはナルシズムであるとして切って捨てるか、あるいは、出世第一主義の廷臣たちによるおべっかと説明する。あるいは、今日のコミュニケーション分析風に、自分たちは本物ではないと知っているメディアの専門家たちが「狂言事件」を作り上げたり、逆に、王のイメージにそぐわない出来事を「たいしたことのない」ように変換してみせたりする事例なのである。この見方によれば、当時の公式芸術・文学は、読者や視聴者を操作するべく意図された一連のトリックとして定義される「イデオロギー」の一形態と解釈されなければならない。[69]

「イメージ作り」にかんするこれとは逆の見方によれば、まったく無邪気に、それが精神的な必要に応えるものだったとの意味で、実際にそうだったし、まじめに受け止められなければならないと言う。「イデオロギー」ということばは、もしいやしくも使われるのなら、意識しているにしろ、していないにしろ、すべての人に及ぼされる象徴権力を指すものと再定義されることになる。この見方によれば、王を賞賛することは、一個人へのおべっかなどではなく、王という役割に敬意を払うことである。中央集権的な国家は、中心の象徴を必要とする。しばしば宇宙のイメージで見られるように、統治者とその宮廷は、国家のそのほかの部分にたいする神聖な、ないしは、「模範的な」中心なのである。[70]

クリフォード・ギアツは、一九世紀バリの研究において、この議論の方向をさらに推し進めた。ギアツによれば、バリでは国家は統治にさほど関心を寄せず、「国家は統治などどうでもよく、統治するときでも気乗りせずに行う」というのである。逆に、関心が向かうのは「スペクタクルであり、儀礼であり、バリ文化の支配的な強迫観念ともいうべき社会的不平等と身分的プライドを公の場で演劇として見せることにあり、それはひとつの劇場国家だったのであり、そこでは王や君主が興業主、聖職者がディレクター、そして農民たちが舞台を支える脇役、スタッフ、そして観衆だった」。それゆえに、ギアツは上に述べたような冷笑的な見解を還元論であると批判し、王室の国王儀礼はまやかしでないのはもちろんのこと、何かの手段であるのではなくて、それ自体が目的だったと主張する。「権力は華麗なるものに仕えるのであって、逆ではない[71]」。

これが一九世紀バリの正確な記述であるのか否かは、ここでは、重要なことではない。われわれにとって大事な点は、華麗さと権力のあいだの関係にかんするギアツのモデルである。それは近世ヨーロッパ、とくにフランスに適切なモデルであるだろうか、それとも、そうではないのだろうか。一七世紀ヨーロッパにおける「劇場国家」のもっとも明らかな例は、たしかに、軍事力を欠いていた教皇政治であろう（かつてスターリンが、教皇は何個師団の軍隊をもっているのか、と質問したとおりである）。軍事力は欠いていたが、その埋め合わせに、儀式とその舞台装置の壮麗さがあった[72]。ルイ一四世の場合もまた、ギアツのモデルは使い道がある。ルイ一四世は神聖な統治者と考えられ、かれの宮廷は宇宙を反映すると見られていた。こうして、王をユピテルなり、アポロンなり、太陽なりになぞらえる多くの比較が重要になるのであった。

比較の観点からすると、上に述べた「冷笑的な考察」と「無邪気な考察」のふたつの対抗モデルは、それぞれが他方の洞察を排除する代償として、特定の鋭い知を強調していると言えるのかもしれない。冷笑的見解を取る者は実のところ還元論者であって、神話や儀式や崇拝を心理的に必要としていると考えることは拒否する。かれらは、過去の支配階級が自分たち自身そうであるのと同じくらい冷笑的だったとあまりに簡単に仮定している。他方、逆の考えに立つモデルによれば、所与の社会では誰もがその社会の神話を信じていたと、これまた、あまりにもたやすく考える。そこには歪曲するとか、操作するとかの具体例を考察する余地はない。

ルイ一四世のケースでも、両方のアプローチは洞察力ある識見につながる。一方で、わたしは、ルイ一四世の実像が、描き出されたほどに素晴らしい君主であったのではないとの冷笑的見解に同意する。あとで提示される証拠からまったく明らかになるように、ハイデルベルクの略奪（一五一、一七〇、二七二、二七七ページ）からブリントハイムの敗北［一七〇四年に英軍に破れる］にいたるまで、政府当局は時折、公衆を欺こうとしたのである。また、一部の廷臣や作家が自分自身の経歴のために、つまり自分たちの車両を太陽王の車につないで上昇しようとして、ルイ一四世を賞賛する歌を歌ったことはありそうなことである。

しかし、ルイ一四世にしても、または廷臣にしても、かれらの行動を分析する際の中心に何か誠実と本物といった考えがあるとするのは間違いだろう。今日的な誠実にたいする崇拝は一七世紀には存在しなかった。礼儀正しさのようなほかの価値のほうが、より重要と考えられたのだ。[73] ともあれ、もっぱら、おべっかだけで動いていたわけではなかった。王を賛美することに寄せられた作品がすべて、自分自身は信じていない何かを他人に納得させようとする試みであるという意味で、冷笑的だったとするのはありそうにない。控え目に言っても、ロイヤル・タッチ（第11章参照）の治癒力の場合のように、ルイ一四世自身、そして宮廷と国じゅうが理想とされた王のイメージを信じていたことは、ありそうなことである。前後関係から外れて見ると、神聖にして、無敵の君主というようなルイ一四世のイメージは、誇大妄想の一事例であるように見えるかもしれない。しかしながら、われわれはそのイメージを時代文脈のなかで集合的に創出されたものとして見る必要があり、たとえ公衆が自分たちの欲しているものを完全に知っていなかったにしても、――すくなくとも、ある程度――公衆の要求への応答として見ることを学ばなければならない。部分的には無意識であるがゆえに、それだけにいっそう、イメージが権力を支えるプロセスは強力なのである。

したがって、両方のモデルはどちらも使い道がある。両方の緊張関係がまた、実り多いものにしていると論じることもできよう。もし対立点を解決して、総合しうるにいたるとすれば、それはつぎのような線に沿ってであろう。王とその顧問官たちは民衆をシンボルで操作しうる方法を十分意識していた。何といっても、かれらのほとんどが修辞学の訓練を受けていたからだ。しかし、かれらとて何らかの狙いで他人を操作したわけで、その狙いは当時の文化の提示するレパートリーのあいだから、もちろん選ばれたのである。方法と同様にその狙いも本書で語られる歴史、そして物語の一部をなすのである。

以下の章において、わたしは年代順のアプローチと分析的なアプローチを組み合わせようと思う。七〇年以上にわたる王の製作についての物語的説明が、当時のメディアを論ずる章やメッセージの国内外での受容を論ずる章などテーマ別の章のあいだにはさみこまれる。その分析の結びに、わたしは、ルイ一四世の公的なイメージをほかの一七世紀の君主のそれと比較し、長期的には統治者イメージの歴史のなかに位置づけて、ルイ一四世に距離を置いて振り返り、検討するようにしてみたい。

この研究の目標は、現代のコミュニケーション分析研究家に由来する公式に要約できるかもしれない。すなわち、ルイ一四世について、誰が、何を、誰に、どのような伝達経路と規則を通して、どのような舞台背景、どのような意図で発言し、そして、どのような効果をもったかを解明すること。つぎの章では伝達経路と規則、換言すれば、説得のメディアが取り上げられよう。

2

説　得

2　「幼少のルイ」 作者不詳《幼少のルイにメダルを示すジャン・ヴァラン》1648 年頃。パリ，貨幣博物館

上手に誉めあげるのもひとつの偉大な芸術である。
——ブウール

本章では、ルイ一四世のイメージに繰り返し出てくるテーマ、モチーフ、そして月並みな紋切り型を強調しつつ、そのイメージのダイジェスト、あるいはもっと言うなら、おそらく、コラージュとでも言うべきものを提供してみたい。ただ、コミュニケーションの理論家がしばしば指摘しているように、メッセージを提示するメディアから、メッセージそのものを切り離すことはできない。文芸評論家たちも同様の指摘をしているように、内容を形式から切り離すことは不可能であり、また、ジャンルとそのジャンルの決まり事を意識する必要がある。それゆえ、王の肖像を合成して描く前に、メディアとジャンルについて論じておくことにする。

1　メディア

ドイツの批評家レッシングによるラオコーンにかんする有名なエッセイ（一七六六年）以来、批評家たちは、芸術が表現されるそれぞれのメディアを特徴づけている特性を強調する傾向があった。しかし、ルネサンスの時代と同じように、ルイ一四世の時代には、詩作から絵画にいたるまでさまざまな芸術のあいだの平行関係が強調される。[1] 王の生涯の場面は、表現媒体のメディアは異なるものの、類似したやり方で示された。乗馬姿の肖像画と騎馬像とは互いに反響しあい、メダルで描かれたものが今度は浅浮彫りで再現され、そして、王への賛辞の文章は絵画を見ているかのような形式で書かれた。[2] とくに、フェリビアンの『王の肖像画』（一六六三年）の文章は、ル・ブランによる絵を記述しようとしている。

このような諸メディアの平行関係において、視覚的イメージが文章を説明するものであったのか、それともその逆であったのかを特定するのは難しい。重要な点は、たしかにそれらが互いに影響しあい、補強しあっていたということである。たとえば、「勝利」の擬人化はメダル、像、絵画に登場するだけでなく、コルネイユの『金羊毛』（一六六〇年）のような劇にも現れる。仮設の凱旋門は王の都市入城式典の際に建てられ、石造りの凱旋門もパリやそのほかの都市で恒久的なものとして建てられることになるが、仮設された凱旋門も石造りのそれも互いを映し出していた。パリにあるヴィクトワール広場のルイ一四世像の周囲を飾る彫刻の浮彫りは、ルイ一四世の治世のメダルのいくつかを模写したものだが、しかしまた、その像の除幕式を記念するメダルが今度は作られたのだ。メダルと記念碑とは印刷もされた。王とその行動を表現し、かつ、その表現をさらに表現することが多々あったわけだ。

ルイ一四世の視覚的イメージは、絵画、ブロンズ、石、タペストリーにおいて（または、よりまれではあるがパステル、エナメル、木、テラコッタ、そしてろうまで）存在した。それらは幼児期（図2）からイアサント・リゴーによる有名な肖像画（図1）の威厳のある老年の王にいたるまで多岐にわたる。ルイ一四世の像や肖像画の数だけで、当時の基準からすると驚くべきものであり、現存するものだけでも三〇〇以上ある。[3] 王の版画の数もそうであって、その七〇〇近くがフランス国立図書館で見つけられる。また、ヴィクトワール広場のルイ一四世の立像やルイ大王広場［現在のパリ、ヴァンドーム広場］の騎馬像のように、いくつかのプロジェクトのけた外れのスケールの大きさも驚くべきものがあり、その巨大さときたら騎馬像の馬の内側に二〇人もの人間がすわって、昼食をとることができるほどであり、実際、像が据えられているあいだ、そうしたこともあった。

王のイメージはときどき集められ、物語のように並べられた。当時にあっては異例なことだが、ルイ一四世の絵が連作のかたちで制作された。「王の歴史物語（l'histoire du roi）」で知られる、ル・ブランの手になる有名な連作絵画は一六七〇年代までの治世の主要な出来事を表していた。この「陳述（narratio）」、と修辞学者なら呼ぶのかもしれないが、これはタペストリーのかたちでも再現されたし、版画でも刷られた。治世の出来事を記念するために鋳造されたメダル（これまた三〇〇を超え、並みでない多さである）も版画で印刷され、その画集が王の『メダルによる歴史』として出版されたのである。いわゆる『王国年鑑』は毎年、違う出来事を表す口絵を刷っていたが、これらもいわば「王の歴史物語」と呼べるものであった。

機械で複製できるメディアの重要性は強調に値する。複製技術は王の可視性を一挙に拡大した。比較的高価だったメダルも何百程度の数で同じものが鋳造されはしただろうが、他方、「版画」（木版、エッチング、銅板、鋼版印刷とメゾチント彫法までも）は一枚が安く、それらは何千部もの複製が作られ、したがって、ルイ一四世のニュースと同様にルイのイメージを広めることに大きく貢献することができたのである。[4]

王のイメージはまた、口頭のものであれ文語のものであれ、散文であれ韻文であれ、フランス語であれラテン語であれ、ことばから構築された。語られる場合のメディアは説教やスピーチ（たとえば、地方三部会での演説、あるいは国外では大使たちによるスピーチ）があった。王を誉めたたえる詩は絶えず作られた。治世の歴史が書かれ、回覧され、王の生涯のあいだに出版されさえした。定期刊行物、とくに週二回出版された『ガゼット・ド・フランス』紙、そして毎月出されていた『メルキュール・ガラン』紙は王の動静にかなりのスペースを割いた。[5] 記念碑やメダルのためのラテン語の銘句は、ラシーヌのような一流の作家により入念に考案された。それは簡潔さと威厳を組み合わせる、それ自身、ひとつの芸術形式であった。これらの銘句は、イメージのもつ効果を高めるのに相当、貢献した。というのも、記念碑やメダルの銘句は、見る者にたいし、かれらが見たものを解釈する仕方を教えることになったからである。

また、マルチメディアのイヴェントもあった。そこではことば、イメージ、行動、音楽が全体を構成した。モリエールやラシーヌによる劇は、夕刻の娯楽の一部としてしばしば演じられ、これはまた、バレエも含んでいた。実際、一六七〇年、『ガゼット』紙は『町人貴族』の上演について、「コメディを伴う」バレエと述べている。「宮廷バレエ」は現代的な意味でのバレエではないが、仮面劇のようなものにちょっと近く、ことばを換えて言うと、イザーク・バンスラードのような詩人、作曲家、振付師、そして芸術家全員が協力して作り上げる、エピソードをはさんだ演劇形式の娯楽であった。[6] 一六七〇、八〇年代には、ジャン＝バチスト・リュリとフィリップ・キノーがこのバレエを、もっと統一的な音楽演劇の形態であるオペラに取って代えようとした。バレエとオペラの歌詞は、しばしば、王の行動への賛辞を、とくにプロローグにおいて述べてから、はじまった。[7] 演劇、バレエ、オペラはしばしば、より大きな祭典に組み込まれていて、その祭典が特別な出来事を賞賛するために計画されたりもした。たとえば、一六七四年のヴェルサイユでの『楽しみごと《ディヴェルティスマン》』の催しがフランシュ＝コンテ地方の攻略を祝ったように、である。[8]

一六五四年の塗油式［聖別戴冠式］、あるいは、一六六〇年の結婚式のような特別な（換言すれば、繰り返されない）儀式、そして病者を治癒するために病者に触れるロイヤル・タッチや外国大使の接見のような繰り返されうる儀式、これらもまた、王の「生けるイメージ」を提示するマルチメディアのイヴェントと見ることができるかもしれない。[9] 実際、日常の王の所作もそうであり、起きて、食事を取って、床に就く所作が高度に儀式化されていて、ミニ・ドラマと見ることができるかもしれないのである。

これらの儀式の舞台は通常、宮殿であり、ルーヴル、サン＝ジェルマン、フォンテーヌブロー、そして次第にヴェルサイユに移った。とりわけ、ヴェルサイユは王のイメージがつねに展示される場所と見なすことができるだろ

3 「太陽王の宮殿」 ヴェルサイユ宮殿，大理石の内庭

う。[10] ルイ一四世は自分自身をいたるところで、天井にさえ、認めることになった。一七〇六年に据えられた大時計は一時、二時と時間をちょうど刻むときに、ルイ一四世の像が中から現れ、「名声」が降りてきて月桂樹の冠を置くしぐさをするのだった。

宮殿は、その部分部分の合計以上のものになる。それは、その所有者を象徴し、その人格を拡張し、かれ自身を提示する手段となるのである（図3）。あとで見るように（九四―九五ページ）、コルベールは、イタリアの彫刻家であり建築家でもあるジャンロレンツォ・ベルニーニによるルーヴル宮殿のデザインを、それが不便で非実用的との理由で批判したが、しかし、コルベールでさえ「君主にふさわしい外観」をもつことに関心を寄せていたのである。[11] とくにヴェルサイユは、骨身を惜しむことなき注意深さでその建設を監督した統治者のイメージどおりになっていた。ヴェルサイユはパフォーマンスのための舞台であっただけでなく、それ自体、リュリの手になる『ヴェルサイユの洞窟』（一六六八年）、ラランドとモレルによる『ヴェルサイユの泉』（一六八三年）、そしてフィリドールによる『ヴェルサイユの運河』（一六八七年）などのように、催し物の主題になった。ヴェルサイユの版画は公式に出版され、王の栄光を増すために配られたのである。

2　ジャンル

イメージの読解は、思うほどやさしくはない。すくなくとも、作り手と受け手との文化的な距離が、われわれを一七世紀から隔てているのと同じくらいに大きいときにはそうである。この隙間を埋めるためには、唯一、これらのイメージを同時代人がどう記述しているかにかなりの注意を払うのが賢明である。いくつかは、その時代にあったヴェルサイユの案内書のなかに見出されるかもしれない。それらは、記念碑やメダルの銘句と同じように、見る側の認識を形づくるように作られていたからである。[12] すでに述べてきたように、王の肖像は詩人や歴史家によって説明されてきた。

ルイのさまざまなイメージを誤解しないようにするために、われわれはここで表現のメディアだけでなく、異なるジャンルとそれらの機能を考慮する必要がある。ジャンルにはそれぞれ、固有の決まり事、ないし、定式があった。観衆の全員ではないにしても、その一部はこれらの決まり事に精通しており、それによって観衆の予想や解釈は形づくられた。ロマン主義以降の視聴者や聞き手なら、決まり文句にたいしては個人の自発性を害するものとして拒否するだろうが、一七世紀の公衆は月並みな文句や常套句に異議を唱えたようには思われない。[13]

イメージの果たす機能とは、一般的に言って、王の顔立ちとすぐにわかる作品を提供することでもなく、王の事跡の淡々とした記述を提供することでもなかった。そうではなく、ルイ一四世を誉めたたえ、賞賛すること、ことばを換えて言うと、見ている者、聞いている者、読んでいる者にかれの偉大さを説得することが目標だった。このために、芸術家や作家は、勝利を表現する形式についての長い伝統から例を引いてきたのである。

たとえば、都市への王の入城式は、一般に古代ローマの凱旋式をモデルにしていて、一六六〇年に王妃とともにルイ一四世がパリに入城式を挙行した際の説明書には、実際、両陛下の『凱旋入城式』とのタイトルが付けられていた（図4）[14]。ほかの都市への王の入城式のときのように、国王夫妻は一連の仮設凱旋門を通り抜けたが、それはこの祭典の性格を示していた。また、仮設ではなく末永くのこる凱旋門も、リールやモンペリエなどの地方の町においてと同様、パリにおいてもルイ一四世の治世期にサン＝ドニ門、サン＝タントワーヌ門、サン＝マルタン門のところに建てられた。

もうひとつの勝利表現の形式は、これまた古代ローマのジャンルである、王の騎馬像であり、これは町の中心部に統治者のイメージを刻み込むものであった。この騎馬像のモニュメントにはかなり厳格な取り決めがあった。騎手は、一般に、古代ローマ風の鎧かぶと姿で表された。馬は、一般に、速足の状態だった。そして、その足下には、悪または反乱の軍隊の敗北の様子が表現されもする。

ルイ一四世の肖像画のなかにも二、三、比較的非公式な、つまり、普段の服を着て、狩りをしたり、肘掛け椅子に座っていたり、玉突き遊びをしている姿で示されたものもあった[15]。しかし、そのような肖像画は公的な、というより、私的な用途のためにおそらく飾られたのであろう。王を描いた大部分の絵は、「正装の公式肖像」として美術史家に知られているジャンルに従ったもので、それはルネサンス期に重要人物を描写するために開発された「イメージの修辞学」に即して作られた。この正装公式肖像において、絵のモデルは一般的に、実物大か、あるいはそれより大きく描き出され、立っているか、あるいは玉座に座っているかである（図5）。かれの目線は見る者のそれより高くなっているが、それはかれの優越する地位を強調するためである。モデルが普段着姿で示されることは、作法上、許されない。かれは、勇敢さを象徴するため鎧かぶとに身を固め、高い身分の印として豪奢な服装をし、

4　「ヌフ・マルシェに特別臨時に建てられた凱旋門」『凱旋入城式』1660 年所収の版画，ロンドン，英国図書館

5 「玉座につくルイ」 アンリ・テストゥラン《絵画・彫刻アカデミーの保護者としてのルイ 14 世の肖像》油彩，カンヴァス，1666-68 年。ヴェルサイユ宮殿

権力と壮大さに結びつけられるような、たとえば古典様式の円柱やビロードのカーテンなどのようなものに囲まれる。[16]かれのポーズやその表現は威厳にあふれている。

ジャンルの問題は詩の場合にも等しく重要であり、図像表現よりもいくぶんはっきりしている。異なるジャンルにたいする規則は、形式張った概説書において、そして、ルイ一四世治世期の一流の詩人のひとり、ボワローの名で知られるニコラ・デプレオが韻文で書いたエッセー『詩法』(一六七四年)において、要約されている。ルイ一四世は叙事詩の作品の主人公であったようには思われないが、そのことは多分、君主にたいして、というよりも、むしろそのジャンルにたいする信頼が失われていたことを反映するものだろう。文学による王の賛美を政府当局に助言していた詩人のジャン・シャプランは叙事詩に反対していた。その根拠というのは、叙事詩が必ず「フィクション」(かれは、おそらくホメロスとウェルギリウスの叙事詩における神の役割について考えていたのだろう)を含むことになり、そのことが読者に王の現実の事跡を疑わせ、王の評価を害しかねないから、というのであった。[17]しかし、ラテン語の「英雄詩」は王の乗馬技術の巧みさについて書かれ、そしてしばしば、ソネット、マドリガル、オードにおいてルイ一四世は誉めたたえられたのである。[18]

オードは、長かったり、短かったりする行を組み合わせた詩節で書かれる抒情詩と定義できるかもしれない。[19]その機能は——騎馬像や公式肖像画の機能と同じように——本質的に誉めたたえることにあった。古代ギリシアの詩人ピンダロスは、二輪戦車競技の勝者を誉めたたえるオードを書いた。同じようにして、大勢の詩人たちが王の戦勝を賞賛した。一六六三年に王が病気から回復したとき、ラシーヌは、畏れ多くも王を脅かそうとした「無礼なる病気」の「油断のならなさ」を叙述しながら、ルイ一四世を太陽に、そしてかれの治世を黄金時代になぞらえながら、王の健康回復のオードを書き上げたのだった。[20]とくに、一六八七年、王が大手術から回復したとき、このオードの数多くの反響が当時の二流詩人たちの詩にも聞かれた。[21]

韻文においてと同様、散文においても王のイメージは、勝利を第一にする修辞学に埋めこまれていた。さまざまな機会（誕生日から葬儀まで）に特定個人を誉めたたえる頌徳文や格調高い演説は、古典古代と同じように、一七世紀フランスでも好まれたジャンルであった。フランス語でルイ一四世を誉めたたえる最良の頌徳文のためのコンクールが定期的に開催された。他方、ラテン語での演説を作るのに巧みなのは言わずと知れたイエズス会士たちであった。ジャック・ド・ラ・ボーヌによるラテン語の『自由学芸の父にして保護者、いと気前のよいルイ大王に捧げる頌徳文』（一六八四年）はこのジャンルの良い例で、印刷所に送られる前に、パリのイエズス会のコレージュで読み上げられた演説である[22]（図6）。

説教は、当時、高く評価された演説の一形態であった。教え諭すことはひとつの芸術であり、その達人としては、ボシュエを別にすると、ヴァランタン＝ネスプリ・フレシエやイエズス会士のルイ・ブルダルー（かれは、一六七二年から九三年のあいだ、宮廷で四旬節・待降節の連禱を十回もした）、シャルル・ド・ラ・リュ、オラトリオ会のジャン＝バチスト・マシヨン（かれの説教は治世末期のヴェルサイユで大変な成功を収めた）が挙げられる[23]。チュレンヌ元帥の葬儀のときのフレシエの弔辞やコンデ公に捧げられたブルダルーの弔辞は、このジャンルにおける古典と見なされた[24]。宮廷司祭たち（王自身によって選ばれていた）は、フランス君主制を、旧約聖書で記述されるサウルとダヴィデの聖なる君主制になぞらえ、ルイ一四世の葬儀のはるか以前からかれを誉めたたえていた。王妃の死（一六八三年）に際してのボシュエの説教は、王の徳への言及を多く含んでいた。同様に、大法官ミシェル・ル・テリエの死（一六八六年）のときもそうだったし、ナントの勅令廃止のときの多くのほかの説教もそうだった（一四〇ページ以下[25]）。それでも説教師たちは王にかれの義務を思い出させ、そして王の行動を（漠然とした一般的なことばではあるが）批判することもできた。とくに四旬節で説教をしている場合がそうだった[26]。

歴史もまた、文学的ジャンルと考えられなければならない。歴史の作品は、統治者、大臣または指揮官の実際と

6　《学芸の保護者》ラ・ボーヌ『頌徳文』1684 年所収，ロンドン，英国図書館

は違う理想像の「キャラクター」とか、戦闘場面のヴィヴィッドな叙述とか、主要な登場人物に帰せられることばについての議論の提示とか（ただし、歴史家によって作り上げられることがしばしばだが）、このような多数の文学的な枝葉の部分を含んでいることが期待された。[27] それゆえに、ボワローやラシーヌが王の修史官に任命されたのもおかしなことではなかったのである。

3　スタイル

物語的な描写や正装の公式肖像画にとって、適切なスタイルは、いわゆる「壮大な」あるいは「壮麗な」手法だった。[28] このスタイルは理想化を含む。ベルニーニが王の胸像に取り組んでいたとき、かれが述べていたように、「肖像作成の極意は、すばらしいところを誇張して、ほんの少しの雄大さを付け加え、そして、醜いか劣っているようなところは減らすようにし、媚びへつらうことなく、可能な場合には、削除してしまうことである」[29]。

この壮大さの手法の範囲内で、スタイルについてはかなりのヴァリエーションがあった。すなわち、一方で、美術史家たちが一般に「バロック」と呼び、ベルニーニと結びつけるスタイルがあった。これは後脚で立つ馬、芝居がかったジェスチャーなどのように、動きによって特徴づけられるスタイルである。他方、プーサンと結びつけられる「古典主義」の理想があった。これは抑制の効いた身振り、穏やかな威厳に特徴づけられ、さらに言えば、すくなくとも細部において真実なるもの、自然なるもの、とにかくもっともらしくあるものへの大きな関心に特徴づけられている。ルイ一四世は、画家たちが勝利の場面を正確に描くことができるように、ル・ブランやヴァン・デル・ムーランを戦場にいっしょに連れて行ったのである。

叙事詩と同じように、オードは、絵画における壮大さの手法に相当する、いわば「高尚なスタイル」を必要とするジャンルのひとつであった。その狙いは、気高き言語で気高い思想を表現することであって、技術的な専門用語や普段の生活への参照を避けるために、婉曲表現または迂言法を使用するのである。フランドルやオランダの「野蛮な」地名と高尚なスタイルとの両立不可能性は、当時の詩人たちにとって問題だった。[30] この問題やほかの問題へのボワローの解決策は、詩のなかでそれらを議論することであった。かれは形式的に厳格なオードと同様、半公式の書簡体詩も書いた。かれはまた、頌徳文の伝統を断ち、ときどき過激思想家と解釈されかねないような皮肉なタッチで書き出しているが、これは古代のジャンルを近代世界の要求に適応させようとするひとつの試みにすぎないのかもしれない。[31]

説教、すくなくとも王の前でなされた説教もまた、高尚なスタイルでなされることになっていた。偉大な説教師のマシヨンは、ライバルのボシュエによって崇高さが欠けていると批判された。歴史について言えば、それは散文で書かれた叙事詩と言えるものだった。歴史家は英雄的な行動を賛美し、そうして、主題の「威厳」が要求する高尚なスタイルで書くことになっていた。ラシーヌはルイ一四世の治世を、ひとつの「奇跡」がもうひとつの奇跡に重なって起こる「驚嘆すべきことの途切れなき連続」と評したとき、かれの時代の標準的な語彙を使用しているだけだった。[32]

他方、『ガゼット』紙は、それが韻文（一六六〇年代のいくつかの定期刊行物がそうだったように）で書かれたものであれ、散文で書かれたものであれ、そこで用いられることばは、普段のことばに近い「卑俗な」スタイルであって、技術的な専門用語も外国の地名も避けることはしなかった。『ガゼット』紙のスタイルは平易であり、形容やほかの装飾は短く、しかし情報については長くなる傾向があった。語調はクールで（戦勝記念の特別号などの場合は別にして）、こうして公平さと信頼を抱かせた。『ガゼット』紙のレトリックは、レトリックをはっきりと拒否するというかたちをとっていたのである。

詩人と同じく、歴史家や銘句の作家も、政治的理由から、また美的理由からしても同様に、婉曲表現の名人であった。一六八一年のフランス軍隊によるストラスブール攻略を記念するメダルには、「受容されたストラスブール(ARGENTORATUM RECEPTUM)」なる銘句が刻印されていた。一六八三年にアルジェの砲撃を祝うメダルの銘句は「稲妻に打たれるアルジェ(ALGERIA FULMINATA)」で、ルイ一四世をユピテルとするエレガントな古典的な参照を行いつつ、同時に、フランス軍艦の軍事行動を自然の力として提示する。

この手の賛辞の文献に絶えず見かける誇張法が、修辞学的比喩であるのは十分に明らかである。もうひとつの技法に提喩法がある。それは部分が全体を表す、または逆に、全体が部分を表すという技法で、大臣、将軍、そして軍隊までもが、そのなしとげた事跡が王その人に帰属するがゆえに、ルイ一四世は、全体を表す部分になるのである(一〇五ページ)。ヴェルサイユでの外交官の経験とジュネーヴ大学での修辞学教授の経歴を併せもつエゼキエル・シュパンハイムは、ルイ一四世への賛辞を述べる作家たちの技術を分析して、つぎのように言う。「かれらは、ルイ一四世の治世期の戦勝などすべての偉業が、ルイ一四世を唯一の作り手・原動力とし、かれの英知、かれの賢慮、かれの勇気、かれの指導力のまったき賜物であるとする[33]」。

もうひとつ、繰り返し出てくる修辞学上の技法は隠喩である。たとえば、古典的例では王を太陽に比べる例がある。この特別な隠喩は、ヴェルサイユそのほかの装飾において、詳細なまでにつむぎ出されていて、建築によるアレゴリーの一形態と見ることができるかもしれない[34]。

4 アレゴリー

アレゴリーの言語はこの時代において、すくなくともエリート層のあいだではよく知られていた。古典古代の神々、女神たち、英雄たちは道徳的な美点と関係づけられていた。――マルスは勇気に、ミネルヴァは英知に、ヘラクレスは力強さに、などである。「勝利」は背中に翼のある女性の姿をとり、「豊饒」は豊饒の角をもつ女性の姿で表された。フランスとスペインのような王国（図7）、またパリとブザンソンのような都市もまた、女性（時折、地域のコスチュームを着て）の姿で表現され、他方、川は老人の姿をとった。[35] アレゴリーの解読は、同時代人にとってさえも、いつも簡単というわけではなかったが、文学的な、また絵画的ななぞへの関心は当時の趣味の一部をなしていた。[36]

ルイはしばしば上記のような種類の寓意的な人物たちといっしょに表現された。たとえば、ヴェルサイユのグランド・ギャラリーの天井画は、擬人化された人物で満たされており、古典的なネプチューンや勝利の女神、当代のアカデミー・フランセーズ（神々の使者の杖をもつ女性の姿で描かれている）やオランダ（七つの地方を象徴する七本の矢をもち、ライオンの上にすわる女性の姿をとっている）もある。アレゴリーの言語のおかげで、芸術家は表面上見えにくい出来事、たとえば王の親政の決断のような出来事を表現できたのである［王は舵を取っている］。

王自身、ときどき、間接的に、またはアレゴリー的に描かれた。たとえば、ジャン・ノクレによる国王一家の肖像画（図8）は「神話肖像画」であり、あるいは、絵のなかのひとりひとりが特定の神々や英雄たちに見分けることのできるルネサンス期に伝統的な「聖人などの登場する歴史肖像画」と言えるものである。[37] ルーヴル、ヴェルサイユ、チュイルリー、そのほかの王の宮殿における神話上の一群の絵はまた、寓意的に読まれるように描かれていた。ルイ一四世はアポロン（図9）であり、ユピテルであり、ヘラクレス、またはネプチューンでもあった。一六六三年、王の英雄的な行為を描く最高の絵のために企画されたコンクールは、「ダンケルク回復の物語に合わせ、ダナエの姿で表される」ことが要求されていた。[38] ヴェルサイユの有名なラトナの噴水は、アポロンの母をあざけった農民たちをカエルに変えた場面を表し、これはフロンドの乱を示すと解釈されたが、いくぶんもっともな解釈で

7 テオドル・ファン・テュルデン《ピレネー和約のアレゴリー》油彩，カンヴァス，1659年頃。パリ，ルーヴル美術館

8　ジャン・ノクレ《ルイ 14 世の家族》油彩，カンヴァス，1670 年。ヴェルサイユ宮殿

あるだろう[39]（五九ページ）。

歴史上の過去を表現することは、もうひとつのアレゴリーであった。それは、しばしば、現在に間接的に言及するものとして理解されなければならない（そして、一七世紀の鑑賞者はそのように訓練されていた）。ルイがシャルル・ル・ブランに、アレクサンドロス大王の生涯からいくつかの場面を描くよう注文したとき、かれはアレクサンドロスへの賞賛を表明していただけではなく、ルイ自身がアレクサンドロスになっていたのだ（図10）。ルイの臣下たちも、ルイをアレクサンドロスと同一視することが期待された。ラシーヌの悲劇『アレクサンドロス大王』は、文学におけるル・ブランの連作絵画に相当するもので、一六六六年の出版の際に王に献呈された[40]。

ルイ一四世はまた、かれの先任者である同名の聖王ルイ（ルイ九世としても知られる、一二二六年から七〇年までのフランス王）と同一視され、絵画や彫刻において聖王ルイとして表された[41]。かれはこの先任者の先例にならうように助言された。学者のシャ

9 「アポロンとしてのルイ」 ジョゼフ・ヴェルネール《ルイ 14 世の勝利》グワッシュ，1664 年。ヴェルサイユ宮殿

10「アレクサンドロス大王としてのルイ」 シャルル・ル・ブラン《アレクサンドロスの足下にひれ伏すダリウスの家族》油彩，カンヴァス，1660 年頃。ヴェルサイユ宮殿

ルル・デュ・カンジュは、聖王ルイの伝記の一三世紀にさかのぼる版の王への献辞のなかで、ふたりの君主を比較した。八月二五日の聖王ルイ記念祭は、ルイ一四世の治世のあいだに、ますます精巧なスタイルで祝われた。そして、この祭典に聖王ルイを誉めたたえるだけでなく、ルイ一四世も同様に賞賛される慣例が育ってきたのである。[42]

ルイ一四世はまた、フランス最初のキリスト教の王であるクローヴィス、そしてシャルルマーニュにもされた。王自身が叙事詩の英雄になったわけではないけれども、ジャン・デマレの『クローヴィス』(一六五七年、王に献呈)のような詩やルイ・ル・ラブルールそしてニコラ・クルタンによる『シャルルマーニュ』(それぞれ一六六四年、一六六六年)の叙事詩は、ルイ一四世の過去(または未来)の功績をワンクッション置いて叙述したものと見ることができるだろう。また、ルイ一四世はキリストと同一視されさえしたのであり、たとえば、「よき羊飼い」(図11)の絵がそうである。

当時の歴史小説がモデル小説だったことはしばしば

11　ピエール・ポール・セヴァン（?）《良き羊飼いとしてのルイ 14 世》ベラム紙，17 世紀末。ロンドン

で、そこでは宮廷世界に通じている者だけが、隠された意味を理解できるのだった。たとえば、スキュデリー嬢『クレリー』（一六五四—六一年）はルイ一四世を「アルカンドル」と誉めたたえ、またビュシー＝ラビュタンの『ガリア人の恋物語』（一六六五年）は宮廷での陰謀を明け透けに諷したものであった。[43]学問的著作でさえもが寓意的な意味をもつかもしれなかった。外務省付きであったジャン＝バチスト・デュ・ボス師によって書かれた、ヴェネツィアにたいする『カンブレー同盟の歴史』が出版された時期が、ちょうどヨーロッパ列強がフランスにたいして同盟を結んでいた頃であったのは偶然ではなかったのである。[44]

5　王の肖像

この段階で、ルイ一四世のイメージの視覚的そして文学的なコラージュを作り出すことができるのかもしれない。つまり、部分を寄せ集めての合成写真である。[45]王は、一般に、古代ローマのものであれ、中世のものであれ、鎧かぶと姿で描かれるか、ゆりの花の紋章で飾られ、アーミン毛皮をあしらった「王のマント」につつまれて描かれる。

12「模型で終わった不運なベルニーニ作の像」 ジャンロレンツォ・ベルニーニ《ルイ 14 世騎馬像のための模型》1670 年頃。ローマ，ボルゲーゼ美術館

このような古めかしいコスチュームは、しかし、一七世紀後半のかつらと組み合わされてもいる。かれの手には、十字架のついた宝珠や王の笏杖などの指揮命令を象徴するものすべてがある。かれの姿は通常、無感動で不動であり、そして、このポーズもまた力を象徴している。それがおそらく、同時代人たちが王の肖像における偉大さ、または威厳の「風格」と評するときに言及しようとするものであろう。[46]

王の顔立ちの表現について言えば、それは一方で熱い勇気、他方で威厳をもった温厚さという両極のあいだで変化する傾向にある。微笑は、明らかにフランス王には不適切であるとされた。実際、ベルニーニによる騎馬像（図12）が拒絶されることになった、あるいはもっと正確に言うと――というのも、大理石をつぶすのは惜しかったからだろう――、それが古代ローマの英雄に再利用されることになったのは、騎馬像の顔に浮かんだ微笑が無作法とされたからである。[47]

ひとつの図像を例にとって、焦点を当てるのが有益かもしれない。言わずと知れたリゴーによる有名な公式肖像画（図1）である。ルイ一四世はこの作品をことのほか好み、その複製を何枚も注文しただけに、いっそう興味深い。[48] 古典主義様式の円柱（台座の部分には正義を寓意的に描いた女神が見える）とビロードのカーテンは、ルネサンス期の公式肖像画を思わせる。しかし、その絵は一見するところよりも、それほど伝統的ではない。それは、相対立する傾向を上手に妥協させたものである。

第一に、それは理想化された部分とリアルな細部とを組み合わせている。最近のある歴史家はその肖像画を、「疲れた目と、一六八五年に上あごの歯を全部抜いてから以降、沈みこんだ口にいたるまで生き写し」であると解説した。アウグストゥスはいつも、かれが権力を掌握したときの年齢で描かれた。そして女王エリザベス一世は、美術史家たちが「若さのマスク」と呼ぶ肖像で表現された。しかしルイは、肖像画のなかで控えめながら年をとるのが認められる。それでも、リゴーはこの年老いた頭部を若い胴体の上に置いていた。もうひとり、最近の歴史家は、王がダンスをしていた日々を思わせるエレガントな脚部と足の「バレエ・ポーズ」について指摘した。[49]

その肖像画はまた、形式張ったところと形式張らないところとのあいだで一定の均衡に達している。そこでは、王は即位式の礼装をまとう姿で描かれ、王位の標章、王冠、剣と王笏などの王の権力を象徴するものに取り囲まれている。それでも、ルイはまた、一八世紀初頭の基準での近代的君主、つまり王国第一の紳士であろうと欲したのであり、絵のなかでは笏の上部を下に向けて、あたかもかれが公衆の前でいつももっていた杖でもあるかのように(図18)、くつろいだ様子が周到に計算されて描かれていたのである。リゴーはひょっとしたら、ヴァン・ダイクの手になる、狩りをするチャールズ一世の非公式肖像画、そこではチャールズ一世（かれもまた杖を好んでもっていた）が同じような仕種をしている絵をほのめかしているのかもしれない[50]（図13）。また、ルイは腰に中世の正義の剣を下げているが、それは神聖な物というよりもむしろ普通の剣のようである。ボワローと同じように、リゴーは王を、王たる威厳を軽々とまとえるような人物として描き出し、古典からルネサンス期までの伝統をその時代の世界に適応させているのである。

リゴーの肖像画が示唆していることは、当時の芸術家たちは、ゴッフマンから学ぶまでもなく、ゴッフマンが個

13 「リゴー作肖像画のモデル」 アントニー・ヴァン・ダイク《チャールズ1世の肖像》油彩，カンヴァス，1635年頃。パリ，ルーヴル美術館

人の提示における「正面」と呼んでいるものの重要性について熟知していたということである。[51] ルイは常に宝珠、笏、剣、雷電、二輪戦車、そして、いろいろな種類の戦利品のように威厳のある、威厳をあたえる一群の小道具に囲まれて描かれた。ミネルヴァのような女神や「勝利」「名声」などの擬人化された女性が、たとえ実際には「先に述べた大時計のように」月桂樹の冠をかぶせることはないにしても、君主の傍らに立ち、そばにいるのがしばしばである。ライン川のように擬人化された川が、王の偉業に驚嘆して、両手を上げる。二次的な細部においても、打ち負かされた敵軍、すくんでいる捕虜、王にお辞儀する外国の大使などのように服従の態度での人物がいろいろと描かれている。反乱を表すピュトン［アポロンに退治されることになる大蛇］、異端を示すヒドラ、三頭の犬ケルベロス、胴体が三つのゲリオン（最後のふたつは、ルイ一四世に敵対する三国同盟を象徴している）のような怪物たちが足下で踏みつけられる。

図像と異なり、ルイ一四世を文学的に表現したものは、現代の読者にとって、それらの意味が形容詞の用法によってはっきりするという利点がある。古代のアッシリアと帝政期のローマの場合のように、標準的な一群の形容語句が君主に適用された。ある詩人は、五八もの形容詞――最初がaではじまる「心地よい（agréable）」から、zの「熱心な（zelé）」まで――をてんこ盛りにして、一編のソネットを搾り出すことまでやってのけた。[52] 一般的にルイ一四世は、尊厳があり、光り輝き（太陽と同じく）、揺らぐことのない、開明的で、気前がよくて、素晴らしくて、ハンサムで、英雄的で、傑出した、不滅で、無敵で、正しく、勤勉で、寛大で、物惜しみしなくて、信心深く、勝ち誇り、警戒怠ることのない、そして、賢明であると叙述された。一言で言えば、かれは「偉大」であった。この「偉大（grand）」という形容詞は、一六七一年に公式に採用された。[53]「ルイ大王（LOUIS LE GRAND）」は、小文字の文章のなかでもしばしば大文字で書かれた。

読み手（または聞き手）はまた、ルイが臣民に気軽に接することを知る。また、かれが人民の父であることも知らされ、そのほかに、以下のように言われる。すなわち、芸術と文学の保護者（この分野でかれは妥当な判断を下し、「上品な趣味」を示した）[54]、もっともカトリック的な王、異端の調教師（または撲滅者）、法律の再興者、「雷よりも恐れられた人」[55]、「平和と栄光の裁定者」[56]、国境の拡張をなしとげた王、国家の二番目の創立者、「偉大な王たちにとってのもっとも完璧なモデル」[57]、「われわれの目に見ることのできる王」、そして宇宙のなかで最強の君主。[58]

王のイメージはまた過去の英雄とも結びつけられた。かれは新しいアレクサンドロス（すくなくとも一六六〇年代にはお気に入りの比較）、新しいアウグストゥス（れんが造りのパリを見て、大理石のようにする）、新しいシャルルマーニュ、新しいクローヴィス、新しいコンスタンティヌス、新しいユスティニアヌス（法律を編纂する）、新しい聖王ルイ、新しいソロモン、新しいテオドシウス（テオドシウスがアリウス主義者の異端を打ち砕いたように、プロテスタントの異端を根絶する）と述べられたのである。アルルのアカデミー会員シャルル＝クロード・ヴェルトロンは、ペルシアのキュロス王からフランスのアンリ四世にいたるまでの、「大王」と呼ばれてきた君主をルイ一四世と対比する作品集を作った。[59]

寓意化されているかもしれないことを絶えず心にとどめておく必要があるのは、現代の読者がこのような文学の大部分から遠く隔たっているからである。現代の読み手は、「勝利」が翼と月桂樹をもつ女性として、また「豊饒」が角を手にもつ女性として擬人化されているのを見て、ばかげているとは言わないまでも、ちょっと変わっていると思うだろう。もうひとつ、理解を困難にしているのは、高尚なスタイルにたいして評価が変化していることで、それは現代人の耳には耐えられないほど大げさに聞こえる。形容詞が重ねて用いられると、以前であれば良き話者の「語彙の豊富さ」であると評されただろうが、今日では、不必要な冗長さ、「レトリックのインフレ」となるだろう。実際、われわれの多くにとって、「形式」「儀式」同様、「レトリック」も「たんなるレトリック」と言うように、軽蔑的な語になった。重要人物を賞賛する演説について言えば、民主主義時代のわれわれの耳には、へつらい、隷属のように聞こえる。これらの考え方、価値観、「期待の地平」における変化が、ルイ一四世時代の芸術と文学を理解することにたいする主要な障害になっている。それらは時代錯誤の判断を惹起するからである。

このような文化的な距離があるので、その時代の芸術、儀式、文学を現代の読者と視聴者に理解できるようにするためには、他文化理解の専門家である人類学者の戦略を採用することが賢明かもしれない。一九世紀パリの「劇場国家」についてはすでに述べた（一二ページ）。アフリカの一部、たとえば南部のバンツー族のあいだで、またはマリにおいては、賞賛の詩や頌歌の伝統が、かつての古代ローマとルネサンス期ヨーロッパにおいてのように、今もなお花開いている。[60] 賞賛の詩を繰り返し出てくるジャンルと考えてみよう。あるいは、ボワローをグリオ（マリで「吟遊詩人」を意味する語）と想像してみよう。そうすると、一七世紀フランスにかくも一般的なルイ一四世の賛辞にたいして、現代人の感じる自然な抵抗感、――より正確には、文化の違いから来る抵抗感――を減じる助けとなるかもしれない。それは、どれほどすくなく見積もっても、われわれに文化の違いを認識するようにさせてくれるであろう。

第一に、ある特定の詩においてルイに適用される「英雄的な」といった特定の形容語句は、前後関係から外して、君主にへつらう作家によってでっちあげられたうそだと理解してはならない。もし人が王へのオードや、または頌歌形式のようなものを書いているならば、この形容語句は、当然に使用すべき種類の形容詞なのである。頌歌を書くということは、一七世紀には通常のことであった。賞賛と非難のレトリック（当時の用語では誇示的修辞と呼ばれていた）は、雄弁術の主たる三部分のうちのひとつであった。

王に適用される、へつらいの形容詞はもちろん、そのおびただしさに程度の差があるかもしれず、たとえば、ボワローは適度な使用を超えて形容詞を用いる同僚の何人かについて、手厳しいコメントをしていた。ルイ自身、時折、異を唱えた。ラシーヌは、王が自分に「あなたがわたしをそれほど誉めないでくれれば、わたしはもっとあなたを賞賛するだろうに」と言ったことを記録している。

隷属的なくらいにへつらっているのではないかとの考えは時代錯誤というわけではない。しかし、問題は、それがいつ、どこで適用されるのかということであり、この問題は、一部の詩人や廷臣は賞賛する場合とはとても思えないようなときに賞賛するのに巧みであったという事実のゆえに、いっそう重要な問題となる。たとえば、ボワローの有名な『王への演説』（一六六五年）で用いられていたテクニックがそうだった。ボワローは「あまりに王がすばらしくて」王の賛辞を歌うことができないと断固主張し、そして、王を太陽になぞらえ、王自身の偉業の物語でうんざりさせるライバル詩人たちを、大げさで見え見えの韻文作家であると批判したのだ。これはまた、歴史家ポール・ペリッソンのテクニックでもあった。かれはコルベールに宛てた秘密の覚書のなかで、自分のテクニックをつぎのように説明した。「いたるところで王を賞賛する必要があるが、しかし、言わば、賛辞なしにそう言う必要があるのである」[61]。われわれは、古典主義時代にふさわしい、レトリックを拒絶するレトリックに回帰したのだ。

最後に、この種の文学を読んでいるあいだ、心にとどめておく必要があるのは、賛辞は必ずしも純然たる賞賛というわけではなかったということである。すくなくとも時折ではあるが、君主を現実の姿ではなくて、そうあってほしい姿で叙述することは、さりげなく助言するやり方だった。たとえば、ラシーヌは、かれの『アレクサンドロス大王』をルイ一四世に捧げるときに、「歴史上、若き征服者は数多くおります」が、はるかにまれなことは、アレクサンドロスのお年でアウグストゥスのようにすでに振る舞われている王が即位されたことでございます、と語ったのであった。ほかにも、ラ・フォンテーヌがルイへの賛辞を歌ったとき、当時はまだ平和の強調が多くはなかったときなのだが、ラ・フォンテーヌはルイ一四世の軍事的な偉業ではなく、平和的な面での功績をたたえていた[62]。

そのような助言は、ルイ一四世の治世の初期にもっとも自由になされていた。このことを以下の章で論じることにしよう。

3

日は昇る

14 「謀反の象徴的な敗北」 ジル・ゲラン《フロンドを打ち負かすルイ 14 世》大理石。シャンティイ，コンデ美術館

このお顔、陛下の威厳が行きわたり、
そのなかで優美と優しさ、結び合う。
でもこれが陛下の日の出で、こうならば、
日が南中のお年となったら、いかなるや。
――ボードワン『理想の君主』

ルイのイメージに気配りすることは、かれの出生のときからはじまっていた。かれの誕生は、フランス全土で、かがり火と花火、いっせいに鳴らされる鐘楼の鐘の音と大砲による祝砲、そしてテ・デウムの荘厳な歌で祝われ、説教、演説、詩で記念された。それらのなかには、フランスを追放されていたイタリアの哲学者トマーゾ・カンパネッラの手になるラテン語の詩があり、その詩において、かれは、その新生児を一種の救世主とし、その御世に黄金時代が復活するであろうと書いていた。[1]

実際、［まだルイ一三世夫妻に子供がいなかったため］王位継承者の懐妊と子宮のなかの胎児の最初の動きからして、すでに、祝賀の題材だった。というのも、［ルイ一四世が誕生する］一六三八年まで、アンヌ・ドートリッシュとその夫のルイ一三世のあいだにはとても子供ができそうにないと思われていただけに、なおのこと祝賀気分が熱を帯びるのである。[2] この少年に「神からあたえられた」という意味のルイ・ル・デュドネの名が当てられたのはこのような理由からであった。

五年も経たないうちに、一六四三年の父王の死が幼いルイを舞台の中央に連れ戻すことになった。一六四三年の即位は、かれのイメージを大きく変化させた。それまで、ルイは、ほかの子供たちのように、布でぐるぐる巻きにされた赤ちゃんとして、あるいは七歳未満の男の子が一般的に着用する［女の子のような］ローブ服姿で示されていた。しかし一六四三年からは、かれは青い地に金のゆりの花を散らした王のマントを羽織り、そしてまた、かれの先任者であるフランス王アンリ三世が一五七八年に創設した聖霊騎士団の首飾り章をかけた姿で表現されはじめた。五歳か六歳で、すでにルイは玉座にすわり、王笏または指揮杖をもつ姿が示された。ときには、（当代の、あるいは、古代ローマの）鎧かぶと姿でも描かれた。

小さな子供を鎧かぶと姿で描くのは、現代の鑑賞者には、風変わりに、あるいは、遊びのように見えるかもしれない。しかし、鎧かぶとは、王に期待される軍事的才能を象徴し、いつもは将軍や軍隊を通して間接的に行使される武勇を象徴していたがゆえに、絵画がこのようなかたちをとったのだろう。フランスが一六四三年のロクロワの戦いでスペインを破ったとき、当時の版画は王が玉座にすわり、かれの将軍であるアンガン公（コンデ）に祝意を表する場面を示していた。版画のタイトルは「ルイ一四世の初勝利」である。[3]

儀式は、幼い王を人民に披露するためのもうひとつの手段だった。一六四三年には、かれの即位を祝うための荘厳なパリ入城式が行われた。同年、最初のリ・ド・ジュスティス（文字通りには「正義の寝台」）が挙行された。リ・ド・ジュスティス〔親裁座・親臨法廷〕とは、ことばを換えて説明すると、王国の最高裁判所であるパリ・パルルマン法院での儀礼的な会合のことであり、その目的は、亡き父王の遺言条項を変更して、母后アンヌ・ドートリッシュを摂政とし——マザラン枢機卿によって導かれながらであるが——フランスを統治するのを認めさせることにあった。[4]

パルルマン法院は、代表議会という英語の意味での国会ではなかった。それでも、そのメンバーは自分たちを、かれらが王国の「基本法」と呼ぶものの番人であると見ていた。一六四八年、英国議会がチャールズ一世を裁判にかけていたのとほぼ同じころ、パリ・パルルマン法院はフロンドの乱として知られる政治運動で指導的な役割を果たした。この運動は、宮廷の側からは君主への反乱と見られるのにたいし、その参加者たち（貴族やパルルマン法院メンバー）からは、リシュリュー、マザラン両枢機卿が古のフランスの国制＝憲法を破壊したことへの異議申し立てであると考えられた。フロンドの乱は、何よりもまず、王権のふたつの考え方の対立、すなわち、制限王政対「絶対王政」の対立として記述できよう。[5]

第一の見解によれば、フランス国王の権力は、いわゆる王国「基本法」によって制限されており、パリ・パルルマン法院はその番人なのであった。宮廷で一般的な第二の見解によると、王は「絶対的な権力」をもっていた。その意味内容は通常、否定形のかたちで、つまり、制限のない（統制されることなく、制限もなく、条件もなく、留保もない）力として定義された。[6]ルイ一四世は王国の諸法律の上に立ち、個人を法律の働きから免除する力をもっているがゆえに、絶対君主と見なされた。しかしながら、かれは神の法、自然の法または諸国民の法［国際法］より上にあるとは考えられていなかった。したがって、臣下の生命にたいしてまで完全に統制できるとは考えられてはいなかったのである。

フロンドの乱は一六五二年に打ち負かされて終わったが、それは、若い王と王政府が公衆に示されるやり方にかなりの影響を及ぼした。たとえば、一六五四年には、フロンドを象徴する打ち倒された戦士を踏みつけて立っているルイの像がパリ市役所の中庭に置かれた（図14）。同じ年、宮廷で踊られたバレエ『ペレウスとテティス』では、大蛇のピュトン（混乱のもうひとつの象徴）を退治するアポロン（王の別称）が演じられたのである。[7]ルーヴル宮殿の王の居室に掛けられる一連の絵もまた、フロンドの乱の打倒を祝った。たとえば、トロイの町を女神ユノが雷電で打ちのめす図は、明らかに、それを見る人にパリの町と王太后を思わせるものだった。[8]

一六五〇年代のリ・ド・ジュスティスの儀式は、政府がフロンドの敗北を宣言し、絶対君主制の理念を回復し、王を神の地上における代理人として示そうとする、もうひとつの手段であった。指導的なパルルマン法院メンバーのひとりオメール・タロンは、これらの機会のひとつに、王にたいし――ひざまずいて――つぎのように宣言した。「陛下、陛下のおすわりになる座は生ける神の玉座のようにわたしたちの目には映ります。王国の諸身分は、陛下に、あたかも目に見える神にたいするように、栄誉と敬意を表します」[9]。

同じようなことは一六五四年の王の即位式と一六六〇年のパリへの荘厳な入城式典のなかに認められた。儀式は伝統的なものだったが、まさしくそれゆえに、比較的小さな変化が政治的なメッセージを伝えていることを——すくなくとも、一部の公衆は——知っていただろう。

1　聖別戴冠式

ルイ一四世の聖別戴冠式は、フロンドの乱の混乱で遅れ、一六五四年に行われた。儀式は、慣例どおり、ランス大聖堂で挙行された。そこの大司教が新しい王を聖別戴冠する権利をもっていた（ただし、このときは大司教の代理であるソワッソンの司教によって執り行われた）[10]。式典では、臣下の諸特権を維持することを約束する王の誓約が誓われ、そして参会者にたいし、かれらがルイを王として受け入れるか否かが質問された。次いで、いわゆる「シャルルマーニュの剣」、拍車、そして歴史家のドニ・ゴドフロワが「前記のご主人様が王国と結婚するあかしの指輪」と呼ぶものなどを含む王位のしるしの祝福が執り行われた[11]。

そして、ついに聖別の瞬間がやって来た。王の体は、最初のキリスト教のフランス王であるクローヴィスが聖レミによって洗礼を施されたとき、ハトによって天上からもたらされたと言われる聖油びんの神聖な油で塗油された。司教は、王笏を王の右手に置き、「正義の手」の笏杖を左手にもたせ、そして、かれの頭に「シャルルマーニュの冠」を置いた。王国のおもだった貴族が王の前に来て敬意を表し、そして、数多くの鳥が空中に放たれた。

その儀式は外国の大使によって見守られ、そして大勢の普通の人びとによって（大聖堂の外からなので、より多大な困難を伴ってではあったろうが）見物されもした。それはまた、ランスのイエズス会士たちによる劇の上演を含む、ほかの祝賀行事も伴っていた。これらの催しを見逃した人たちも数多くのパンフレットで様子を知ることができ、また、画家のアンリ・ダヴィスに依頼された公式版画で式典の模様を見ることができた。その場面はまた、ルイ一四世治世期の指導的画家のひとりであるシャルル・ル・ブランによってデザインされたタペストリーでも記念されて後世に伝えられた。

参加者と見物人にとって、その催しの意味、とくに儀礼によって映し出される王のイメージの意味はまったく明白だったというわけではない。歴史家が見つける必要があることは、「現に起こった」ことより、同時代の人がそれをどのように解釈したかである。誰もが同じ観点から催しを見ていたとは仮定できない。聖別戴冠式は異なる人びとによって、ふたつの非常に違った解釈がなされてきたように思われる。

この即位聖別儀式は本質的に中世のものだった。それはルイ七世［在位一一三七－八〇］によって体系化されたが、その頃の王は「絶対的」ではなく、権力を貴族たちと分有し、このような王権の理念が、王の誓いと参会者たちによる新王の型どおりの承認に表現されていた。伝統的な制限君主制理念の断固たる支持者であるサン＝シモン公爵は、その儀式を一八世紀でもまだそのように解釈していた。

王を取り巻く側近の者たちは、聖別戴冠式を制限君主制の理念を表現するものと見ていたようには、とても思われない。もしそのような見解を取っていれば、なぜ政府が、フロンドの乱からそれほど間をおかずに、あの時点で聖別戴冠式を実施したのかを理解することが難しくなるだろう。細かな点だが、おそらく伝統的な儀式を解釈しなおそうとする試みを示す意味深長な事実がある。それは、誓いのことばを述べるときに、それまでの王は立ってそうしていたのに、ルイ一四世はすわったままだったのである。[12]

比較的新しい王朝であるブルボン王家にとって、聖別戴冠式がもった意味は、たしかに、クローヴィスから聖王ルイまでの以前の統治者との関係を確立することにより、その正統性を示すことにあった。儀礼はまた、聖なる王権のイメージを映し出すものであった。われわれは――そして実際、同時代人はそう言ったのだが――聖油がルイをキリストのような人物にし、その儀式がかれを聖別した、と言えるのかもしれない。

ルイは後に、王太子にあたえる覚書のなかで（絶対君主制の理論家たちと同様）、聖別によって王になったのではなく、たんにかれが王であることを宣言したにすぎないと主張した。しかしながら、同時に、儀式によって王位が「より尊厳があり、より不可侵で、より神聖な」ものになったとも付け加えていたのである。[13] この神聖さをよく示しているのが、若き王が聖別戴冠式の二日後にはじめてロイヤル・タッチの儀式を行ったという事実であろう。[14] フランス王は、イングランド王と同じく、一種の皮膚病である、るいれき患者を奇跡的に治す力をもつと伝統的に信じられていた。その際、王はるいれき患者に触れて、「王が汝に触れ、神が汝を治す」と言うのだった。ロイヤル・タッチによる治癒力は、王権の神聖な性質を強力に象徴するものとなった。ルイ一四世は、このとき三〇〇〇人もの人にさわった。かれの治世のあいだに、かれはより多くの人に触れることとなった。

2　王の都市入城式

ランス［聖別戴冠式の行われる都市］への王の到着とそこで受ける歓迎も、数多くなされた都市への公式訪問のひとつで、これはしばしば儀式化された王の都市入城式の凱旋形式をとった。このジャンルの儀式は中世後期にさかのぼるものである。すでに見てきたように、ルイ一四世は一六四三年に即位を示すため、パリへの公式入城を行っていた。一六四九年と一六五二年には、今度はフロンドの乱を制圧したことを示すために、再度、パリへの入城式典を行った。かれは一六五八年にリヨンへの公式訪問をした。しかし、王の都市入城式で最も重要なものは、一六六〇年、王の結婚式後に挙行されたパリへの王と王妃の入城式であった[15]（図４）。

パリへの入城式は政府が主催する行事ではなかった。それは、市の側で王を公式に歓迎する行事であって、パリ市長に相当する商人頭と市参事会員によって組織された。しかし、政府は儀礼の式次第も装飾も監督していたように思われる。それらは同時代の多数の出版物において詳しく描写された[16]。

その王の入城式は一六六〇年八月二六日に挙行された。朝、王と王妃は高い壇上の玉座につき、市と市の団体（そのなかには、大学とパリ・パルルマン法院を含む）の「敬意と服従」を受けた。代表がこのように敬意を表しているあいだ、団体メンバーが前を行進した。これはちょうど聖別戴冠式のときに貴族がしたのと同じようなものである。商人頭が厳かに都市の所有を象徴する鍵の数々を王に贈呈した[17]。他方、パリ・パルルマン法院長は、その儀礼の式次第で相対的に小さな役割を果たすにとどまり、王に「深々と敬意」を表して、歩みを進めた。あるひとりの同時代人が記していたように、パルルマン法院がフロンドの乱という違う場面で果たした役割の「償い」として、このような目立たない役をあたえられたのは偶然ではないように思われる[18]。

午後、本来の入城式が行われる。それは、王と結婚したばかりの新婦である王妃が馬で市中を練り歩く華麗な行進で、その際、飾りつけのなされた数多くの門やアーチを通るのだが、その飾りつけはこの行事の重要性を表し、平和が勝利するというテーマのヴァリエーションが奏でられる。それは、一六五九年にフランスとスペインのあいだで署名されたピレネー講和条約が、スペイン王フェリペ四世の幼い王女マリー＝テレーズとルイの結婚によって確固たるものにされたことを祝うものであった。ある門構えには「ルイ平和王に（LUDOVICO PACIFICO）」の文字が刻まれていた。別の門構えには、アポロンと、諸芸術と諸学問を表す九人のミューズたちが平和によって監禁から解放された場面のパルナッソス山が示された。ヌフ・マルシェ広場に立てられた凱旋門には、「地上に平和をもたらしたルイ王に（LUDOVICO PACATORI TERRARUM）」と刻まれていて、そして、オリーブの枝を受けているヘラクレス（当時出版された解説によれば、王のこと）が示された。[19]

のちの祝祭と比較して、これらの装飾の際立った特徴をなしているのは、王への賞賛が穏やかな点である。ルイ一四世が栄光を共有したのは、王妃だけではなく、王母アンヌ・ドートリッシュ、そして、宰相たるマザラン枢機卿もいた。バルコニーから入城式を見ていたアンヌ・ドートリッシュもまた、ある凱旋門には賢明なる助言をあたえるミネルヴァの女神、別の凱旋門には女神ユノ、さらにほかのところでは、自分自身を子供たちのために犠牲にする母親の象徴ペリカンとして登場していた。実際に講和条約の交渉に当たったマザランその人は、痛風のために入城式に参加はできなかったが、しかし、かれが乗ることになっていた空席の車は行列のなかで重要な位置を占めていた。凱旋門にもかれは、メルクリウス神として、ほかのところでは、地球を全力で支える英雄アトラスとして登場した。ラテン語の銘句のひとつは、「ジュール・マザラン枢機卿の献身（ASSIDUIS JULII CARDINALIS MAZARINI CURIS）」と、かれの難業に言及していた。大臣へのこのような敬意は、その後のルイ一四世治世時代には、文字通り想像できないものであった。マザランの死後、ルイは自ら単独で支配している姿で表現されるであろう。

ルイ一四世がこれらの催し物の主役として演じたその見事さは、王を間近で見るまれな機会となった大使を含む同時代人の想像力に強烈な印象をあたえた。かれらは、幼年王の成熟ぶり、その荘重さ、その悠揚迫らぬ態度を強調する。ヴェネツィアの使節は、一六四三年、ルイ一四世がまだ五歳だったとき、かれが人前で笑うことはめったになく、ほとんど動かずじっとしていることを書きとめていた。[20] もちろん当時の観察者たちは、自分たちが見ることを予想したものを見て、自分たちが見たと思ったものを誇張して伝えたのかもしれない。それでもなお、かれらがそういう印象を受けたという事実は、それ自体、重要である。

一七世紀、スペイン人の公式行事の荘重さは有名だったが、ルイ一四世はもちろん、スペイン王女アンヌ・ドートリッシュの息子であった。マザラン枢機卿の王への手紙を読むと、枢機卿もルイ一四世に、人前に現れたときに、いかにも知っている様子や、あるいはまったく知らない振りをする技術も含めて教育していたとの印象をあたえる。一六五二年、ルイ一四世がフロンドの乱の首謀者レッツ枢機卿の訪問を受け、その場で、逮捕するそぶりも見せずにそうしたのだが、青春期に入ったばかりの王はマザランの教えを自分のものにしていたことを示していよう。ルイが自分の役回りを十分に熟知していたことは、そのときに言ったとされる「舞台の上には誰もいてはならぬ」ということばに示されている。[21]

ルイ一四世はまた、文字通り、踊り手として舞台に登場した。一六五一年と一六五九年のあいだに、ルイ一四世は詩人のイザーク・バンスラードによって考案された九つの宮廷バレエに登場し、さまざまな役を演じた。そのなかには、ピュトンを滅ぼすアポロン、そしてまた、黄金色の壮麗なかつらをかぶった「日の出の太陽」(図15)も含まれていた。王が宮廷バレエで踊ることは珍しくはなかった――ルイ一三世は定期的にそうしていた――が、しかし、ルイ一四世の踊りの技術は、廷臣のビュシー゠ラビュタンを含む多くの同時代人によって注目されてきた。こうして、かれは自分自身のイメージへの重要な貢献をなしたのである。

一六五〇年代はじめから六〇年まで、ルイ一四世の視覚的なイメージは比較的すくなく、一六六〇年に、生えはじめの口ひげと短いかつらの大人になったばかりの青年として突如、登場することになった。そのかつらは、一六五八年の病気でルイが多くの髪を失ったことに対処するものとして説明されてきた。この時期にヨーロッパの貴族のあいだでかつらをかぶる習慣が広がりつつあったから、ルイがその流行に従ったのか、ルイがその流行を作り出したのかについて言うのは難しい。いずれにせよ、かつらのおかげで、王が必要としていた印象的な背の高さが可能になった。このとき以降、かつらなしに人前に出ることはなくなるだろう。

15「舞台に立つルイ」 作者不詳の衣装デッサン《アポロンとしてのルイ》1654年。パリ，国立図書館版画室

王のイメージは集団による制作と見なければならない。画家、彫刻家、版画家たちがそれに貢献した。洋服の仕立屋も、かつら屋も、踊りの教師もそうである。詩人、宮廷バレエの振付師、そして、即位式や王の入城式やその他の公的儀式を指図する儀典長たちもそうである。

王のスペクタクルの脚本家は誰なのか。ある意味で、この問いにたいする答えは、誰か単独の個人であるというよりも、むしろ「伝統」であるのだろう。というのも、肖像画は手本に従い、そして儀式は先例にならったからである。にもかかわらず、そこにマザラン枢機卿という演出家がいたと想定するほうが、合理的である。

マザランは、一六四三年から、亡くなる一六六一年までのあいだ、政府の重鎮であった。かれはルイに政治的な教育を施した。かれは、また、芸術の主要な後援者でもあって、フィリップ・ド・シャンペーニュやピエール・ミニャールのような画家の、そしてコルネイユやバンスラードのような作家の作品を評価した。マザランはオペラが大好きで、そのおかげで、ルイージ・ロッシによる『オルフェウス』（一六四七年）、カルロ・カプローリによる『ペレウスとテティス』（一六五四年）（同じテーマのバンスラードのバレエと組み合わされた）、そして、フランチェスコ・カヴァッリによる『恋するヘラクレス』（一六六〇年）（王の結婚式をほのめかして選ばれた主題）の以上三つのイタリア・オペラがパリで上演される運びとなったのだ。舞台の大道具もまた、イタリア人のジアコモ・トレルリとガスパロ・ヴィガラーニによって設計された。

マザランは芸術それ自体を愛好していたが、しかしまた、芸術の政治的な用途も意識していた。この意識をもっともよく示しているのが一六六〇年のつぎのエピソードである。枢機卿はピレネーの講和を祝う目的で、ローマにあるフランス教会、ラ・トリニテ・デ・モン教会までの大階段の建築を計画した。[22] マザランはベルニーニを建築家として考えていて、ベルニーニは案を出したようだが、しかしローマの広場にルイ一四世の像を立てること、そして実際、この講和がローマ教皇の調停なしでなされたので、それを記念することは微妙な政治問題を引き起こした。

これらの問題が解決される前に、マザランは死んだ。しかし、枢機卿の書簡に表されている、一般的には芸術への政治的関心、個別的には一六五九年の講和を記念することへの関心から、マザランもまた、一六六〇年のパリ入城式のテーマがたんに王の結婚を祝うだけでなく、講和、アンヌ・ドートリッシュ、そして枢機卿自身の努力も祝うように方向づけたのかもしれないことがうかがわれる。

一六六〇年、王はまだ、伝統とマザラン枢機卿によってあたえられた役を演じていた。［マザラン枢機卿死後の］一六六一年以降、ルイ一四世は自分の脚本を自ら書く（すくなくとも加筆点検する）ことに熱中することとなるだろう。

4

システムの構築

16　ジャン・ガルニエ《学芸の象徴物に囲まれたルイ 14 世の肖像》油彩，カンヴァス，1672 年。ヴェルサイユ宮殿

陛下の栄光を広め、保つために、ピラミッド、円柱、騎馬像、巨像、凱旋門、大理石やブロンズ製の胸像、浅浮彫りなどのすばらしい手立てがあり、これらのあらゆる歴史的記念物に、フランス製の豪華なタペストリー、フレスコ画、ビュラン版画を付け加えることができましょう。
——コルベール宛シャプランの手紙（一六六二年）

マザラン期に王のお披露目のための基本計画があったにしろ、なかったにしろ、それ以後の時期には、たしかに、そのような計画の存在を立証することができる。一六六一年三月のマザラン枢機卿の死に際し、ルイは宰相を置かずに統治する意図を宣言した。かれは「絶対的な権力」、ほかのことばで言えば、他者と共有されない権力を行使したいと望んだ。もちろん、このことは、王が助言や援助なしに統治したことを意味するものではない。かれの補佐役のなかで、もっとも重要な人物はコルベールであった。[1]

ジャン＝バチスト・コルベールは以前、マザランに仕えていて、マザランが王に推薦した人物である。コルベールは一六六一年から財務顧問会議のメンバーとしてルイに仕え、一六六四年からはさらに建設事業総監として仕えた。この二重の資格において、コルベールは王の芸術への後援を監督し、いわば、ルイがアウグストゥス帝であるとすれば、マエケナスを演じたと言える。コルベールは謹厳で、働き者の男で、国のお金を有益でないものには出し惜しみするという評判だったし、実際、そうであった。しかし、芸術が王の栄光に寄与するとの意味において、芸術を有用と考えていたことも付け加えておかねばならない。

マザラン期には王による後援と言っても、枢機卿自身の後援やかれの補佐役だったニコラ・フーケの後援に比べるとたいしたことはなかった。フーケにたいし、コルネイユはその『オイディプス』（一六五九年）の序文で「財務の総監のみならず文学の総監」と敬意を表した。事実、およそ一六五五年と一六六〇年のあいだ、フーケはヴォー＝ル＝ヴィコントの見事な館を建設し、脚本家のコルネイユ、モリエール、キノー、詩人のラ・フォンテーヌ、画家のル・ブラン、彫刻家のアンギエ、ジラルドン、建築家のル・ヴォーと造園家のル・ノートルを含む綺羅星のごとき才能あふれる芸術家や作家の一群を使用しており、実質的に王国第一の後援者として王に取って代わっていたのである。[2]

コルベールの意図は、王の後援者としての優位を再建することにあった（図16）。王の栄光についてのかれの広範囲にわたる配慮は、かれの公式書簡、とくにジャン・シャプランとの手紙のなかで明らかである。シャプランは詩人であり、批評家であるが、リシュリュー枢機卿を賞賛するオードを書いて、リシュリューの寵を受けていた。かれは、アカデミー・フランセーズが一六三四年から三五年にかけて創設されたときのメンバーであった。コルベールからの要請に応えて、シャプランは、一六六二年、「王の事業の輝きを保持するための」芸術の使用にかんする長文の報告書を提出した。[3]

その計画がコルベールによるのであれ、シャプランによるのであれ、どちらにしろ大胆なものであった。報告書は、文学、とりわけ詩、歴史、頌徳文に焦点を集め、当時の九〇人もの文人の長所と短所のリストを作り、また王への奉仕にふさわしいかどうかまで記載していた。とはいっても、シャプランもまたほかのいろいろなメディアやジャンル、たとえば、メダル、タペストリー、フレスコ画、版画に言及し、ついには「ピラミッド、円柱、騎馬像、巨像、凱旋門、大理石やブロンズ製の胸像のような」いろいろな種類の記念物に言及している。

これらのメディアのかなり多くは王を賞賛するために、とくに一六六〇年のパリ入城式において、すでに用いられてきた。それでもなお、このようなグランド・デザインを証明する文書が、ルイ一四世親政期の、そして王の顧問官としてのコルベールの経歴の非常に早い時期に存在することはとても興味深い。その計画はつぎの十年で実行に移された。そのとき、王に仕える芸術家、作家、学者が動員されて、公的な組織のシステムが構築されるという意味で「文化の組織化」を観察することができる。

リシュリュー時代と同様、アカデミー・フランセーズが重要な役割を果したが、今回はそれに加え、アカデミー・フランセーズの委員会とも言うべき一六六三年設立の通称「小アカデミー」（一六九六年に碑文アカデミーとなる）もいっしょに重要な役割を果たした、ということになる。[4] この頃に設立されたほかの組織には以下のようなものがある。ダンス・アカデミー（一六六一年）、一六四八年に設立され、一六六三年に改組された王立絵画・彫刻アカデミー、芸術家の養成所たるアカデミー・フランセーズ・ローマ支部（一六六六年）、科学アカデミー（一六六六年）、建築アカデミー（一六七一年）、王立音楽アカデミー（一六七二年）にすぐに取って代わられて短命に終わるがオペラ・アカデミー（一六七一年）、そして、流産したスペクタクル・アカデミー（一六七四年の設立は登録されることはなかった）。[5] これらの機関はすべてパリにあったが、治世後期には地方アカデミーがアカデミー・フランセーズをモデルにして設立された（二一〇ページ）。

アカデミーとは、大部分が王のために働く芸術家や作家の団体であった。ただ、アカデミーも後援者となって、ルイ一四世をたたえるような作品を依頼した。たとえば、王立絵画・彫刻アカデミーは、「王の歴史物語」をテーマとして取り上げることになっている「入会作品」をもとにして新メンバーを認可した。[6] 一六六三年には、王の「英雄的な行動」を表現する最高の絵画または彫像に賞をあたえるコンクールを開催しはじめた。一六七一年以降、アカデミー・フランセーズは、毎年、異なる主題で王へ捧げる最高の頌徳文のコンクールを開いた。治世末期には、いくつかのアカデミーが、王を誉めたたえる音楽を書く作曲家を雇っていた。[7]

アカデミー以外の機関もこのようなシステムの一部を構成していた。たとえば、ゴブラン織物の国営製作所（一六六三年に開設）は約二〇〇人もの労働者を雇い（多くの画家を含む）、有名な「王の歴史物語」の諸タペストリー

17 「学芸の後援者としてのルイ」 シャルル・ル・ブラン原画の連作《王の歴史物語》のなかの《ゴブラン織物製作所への王の訪問》タペストリー，1670 年頃。パリ，国有備品保管庁コレクション

（図17）をはじめ、王宮の家具調度品も同様に製造した。[8] また、一六六五年に創刊され、王立印刷所で出版された『ジュルナル・デ・サヴァン』紙は、学者の死亡記事、実験の解説、そして本の書評（当時としては新機軸）を掲載した。本紙は、コルベールを取り巻く文人たちによって編集されていて、学問の世界にかんするニュースを広め、そしてその過程で王の保護奨励を喧伝していたのである。[9] 文学の検閲は、一六六七年に新設された警視総監ラ・レイニーの下で、より厳しくなった。[10]

これらの機関が設立されたことの意味は何だったのだろうか。それは芸術にかんする政府の首尾一貫した政策の表現だったのか。それは王の賛美に限定されたものだったのか、それとも、もっと幅広い目的をもっていたのだろうか。これらの質問に答えるためには、さまざまな芸術・科学への王の保護奨励をもっと近くから観察する必要がある。

文学の場合、シャプランの助言がまじめに受けとめられた。一六六三年以降、毎年、およそ十万リーヴルにも達する年金がいく人かの作家や学者に授与された。かれらの何人かはフランス人であり、「ラシーヌという名の青年」としてシャプランに記載された詩人も含んでいた。[11] また、そのなかにはオランダ人、ドイツ人、イタリア人の外国人もいた。ほかの贈り物の場合と同じように、「恩賜」と呼ばれていたものは、当然、見返りを期待してなされたのである。

このゲームの規則は、コルベールや関係する外国の学者に宛てたシャプランの手紙のなかで――時折、注目すべき率直さで――シャプランによって説明されていた。これらの規則間の矛盾はおそらく、贈り物があたえられるところではどこでも見いだされるものだろう。だが、王の鷹揚さという伝統的な理想から、活字文化に特徴的な広告という方向へと移行していたこの時期には、その矛盾が鮮明に現れた。

一方で、シャプランがイタリアの詩人ジローラモ・グラジアーニに知らせたように、「陛下が有能な人びとに下賜なさるのは、ただ王のごとくに振る舞われている以外の動機はなく、王への賞賛がなされるためなどということは絶対にない」のである。[12] かれがコルベールに語ったように、重要な点は、恩賜が「私心のないものであればあるほど、いっそう高貴なものに見える」ことだった。[13] 作家や芸術家たちへの王の気前よさを記念するために鋳造されたメダルは、「報われた学芸の徳（BONAE ARTES REMUNERATAE）」の銘句と一六六六年の日付が刻まれていた。

他方、「恩賜」の受取人は、そのお返しが期待されていたことについて何の疑いももっていなかった。「王は気前のよいお方だが、しかし何をなさっているかご存知だし、また、欺かれるのを欲してはおられない」と、シャプランはオランダ人学者ニコラエス・ハインシウスへの手紙に書いていた。[14]「陛下の名誉のために必要なことは、陛下への賞賛が自然に起こったように見えなければならないということであり、自然に起こったように見えるためには、王国の外で印刷されなければならない」と、シャプランはグラジアーニに説明した。[15] 大部分の受領者たちは自分たちの作品の「冒頭に王の偉大な名前を置くことに同意した」と、シャプランはドイツの法学者ヘルマン・コンリングに注意を促した。[16] また受領者のひとりは、「あなたがおそらくなしうる最大限の敬意を表する見事なことばで」王への献辞を言い表すように指示された。[17] もうひとりは、ルイ一四世への頌徳文のなかに、王が毎週、公開の会見をあたえる決意についても言及するよう助言された。[18]

詩人、法律家、自然哲学者はみな、異なる理由から保護奨励されたが、しかし、とくに注意が払われたのは歴史家にたいしてであった。王の修史官職への任命は今やフランスで伝統的なしきたりとなった。[19] それでも、コルベールとシャプランは王の偉業を記録し、たたえる歴史家を見つけるのに非常な努力を要した。シャプランが報告した九〇人の作家のうち、一八名が歴史家であった。一六六二年、すでにポストに就いている六人の公式修史官がいて、そのひとりがメゼレーだった。[20] このように困惑するほどの人材の豊富さにもかかわらず、シャプランは、翻訳者としてもっとも知られているニコラ・ペロー・ダブランクールを任命させようと運動したが、うまくゆかなかった。他方、コルベールは、アンドレ・フェリビアンを新設のポストである「王の建設事業修史官」の地位に就けるのに成功した。この肩書きで、フェリビアンは王に依頼された絵画、タペストリー、建築物、祭典の公式解説を発表した。[21]

政府による保護奨励は自然科学にまで広げられた。たとえば、科学アカデミーの創設、天文台の建設、そして科学雑誌の創刊がその証拠である。科学アカデミーという考えは私的な科学者集団に根ざしていたように思われるけれども、この企てにコルベールの影響があるのは容易に見てとれる。[22] そのアカデミーは、コルベールの元図書掛ピエール・ド・カルカヴィによって運営され、コルベールの招きにより、イタリアの天文学者ジャン＝ドメニコ・カッシーニはフランスに来た。そして、『ジュルナル・デ・サヴァン』紙の創刊時の編集者は、コルベールの保護を受けた三名の人物、すなわち、ドニ・ド・サロ（シャプランの友人のひとり）、アマーブル・ド・ブルゼ（かつてリシュリューに仕えていた作家）、ジャン・ガロワ（以前のコルベールの子供たちの家庭教師）であった。

国家による科学の保護奨励がこの時代に珍しかったという事実は強調に値する。英国王立学士院の設立はフランス科学アカデミーに二、三年先立っており、その『学術会報』の出版開始はフランスのライバル紙に二カ月遅れたに過ぎないが、しかし、「王立」のタイトルにもかかわらず、それは政府によって資金を提供されたものではなかった。だが、フランス王は科学研究に、公的に、結びついていたのであり、この結びつきはその一六六〇年代の終わりから、版画のなかで目に見えるかたちをとって表れる。ある版画はルイ一四世が科学アカデミーを訪れ、科学的な器具に囲まれている場面を示している（図18）。ついでに言えば、その訪問は想像上のものだったのではあるけれども。[23]

ルイが教養あふれる人間であることを世間に示すため、コルベールは、王がかれの先任者の王から受け継いできた絵画、像、メダル、手稿、書物などの王家のコレクションを増やし発展させようとした。コルベールの被保護者シャルル・ペローは、「王の陳列室」にあるコレクションを版画にして大量に出版することを担当したが、このようにして、王のよき趣味と偉大さを宣伝したのである。コルベールのもうひとりの被保護者、学者のピエール・カルカヴィは、王立図書館の担当になった。かれこそ（シャプランとコンリングを通してだが）、ヴォルフェンビュッテルの蔵書を購入して王のコレクションに加えようとするコルベールの試みのきっかけをあたえたのである。[24]

芸術の場合には、大使や在外政府職員（とくにふたりのイタリア人聖職者、ローマのエルピディオ・ベネデッティとフィレンツェのルイージ・ストロッツィ）が古典期の彫像、ルネサンス期の大家による絵画などを探し出すよう指示されていた。コルベールの書簡はかれのやり方を詳細なまでに明らかにしている。たとえば、値段を値切るようにとか、鋳造による複製品や模写のほうがオリジナルより安いのでそちらを購入するようにとか、フランス王にその宝物を売却するのをしぶっている個人・機関にたいし政治的圧力を行使するとか、である。この最後の例としては、

18　セバスティアン・ル・クレール《科学アカデミーを訪問するルイ 14 世》クロード・ペロー『動物博物誌覚書』1671 年所収の口絵，ロンドン，英国図書館

ヴェネツィアのセルヴィ修道院所蔵のヴェロネーゼによる「最後の晩餐」がある。ちょうど芸術コレクションが政治に役立つように、政治も時折、芸術作品の収集に役立ったのである。[25]

もちろん、古美術品を買うだけでは十分ではなかった。ルイ一四世は新作の絵画や彫像を注文しなければ――そして、注文しているように見られなければ――ならなかった。コルベールは、ちょうど、文学の事柄ではシャプランの助言に頼ったように、芸術にかんしては、一般に、「王の首席画家」シャルル・ル・ブランの意見に耳を傾けた。[26] 一六六五年にふたりがいっしょにいるのを見たベルニーニによれば、「コルベールは、女主人にたいするかのようにル・ブランにたいし振る舞い、完全にかれの意見に従っている」ということであった。[27] 別の同時代人はル・ブランのことを、「かれにたいするコルベールの信任が厚いおかげで、絵画における一種の専制的な権力を樹立した」と述べた。[28] その表現には現代の歴史家に訴えるものがある。というのも、王の絶対主義と絵画の王国でのル・ブランの支配との平行現象が強い印象をあたえるからである。[29] ただ、何人かの芸術家たちはル・ブランとは独立して王のために働いていたから、この考えはやや誇張が過ぎている。[30]

それでもやはり、ル・ブランは重要なパトロンだった。かれは、王立絵画アカデミー（一六四八年の創設時にかれが手伝った機関）における中心人物としてのほか、「王の歴史物語」がタペストリーの形で製作されていたゴブラン織物製作所長として、また、ルーヴルやヴェルサイユの王の宮殿の室内装飾担当の芸術家として働いていたからである。

ル・ブランやコルベールと仲のよくない芸術家たちは、そうでなければ期待できたかもしれない注文を受けることはなかった。その例としてピエール・ミニャールの場合を挙げることができる。一六六六年にかれの支援者のアンヌ・ドートリッシュが亡くなったあとのミニャールとは違って、王に仕えるル・ブランの被保護者たちは目覚しい経歴をたどってゆく傾向がある。その例として、たとえば、ル・ブランが結婚式に出席した版画家ジェラール・

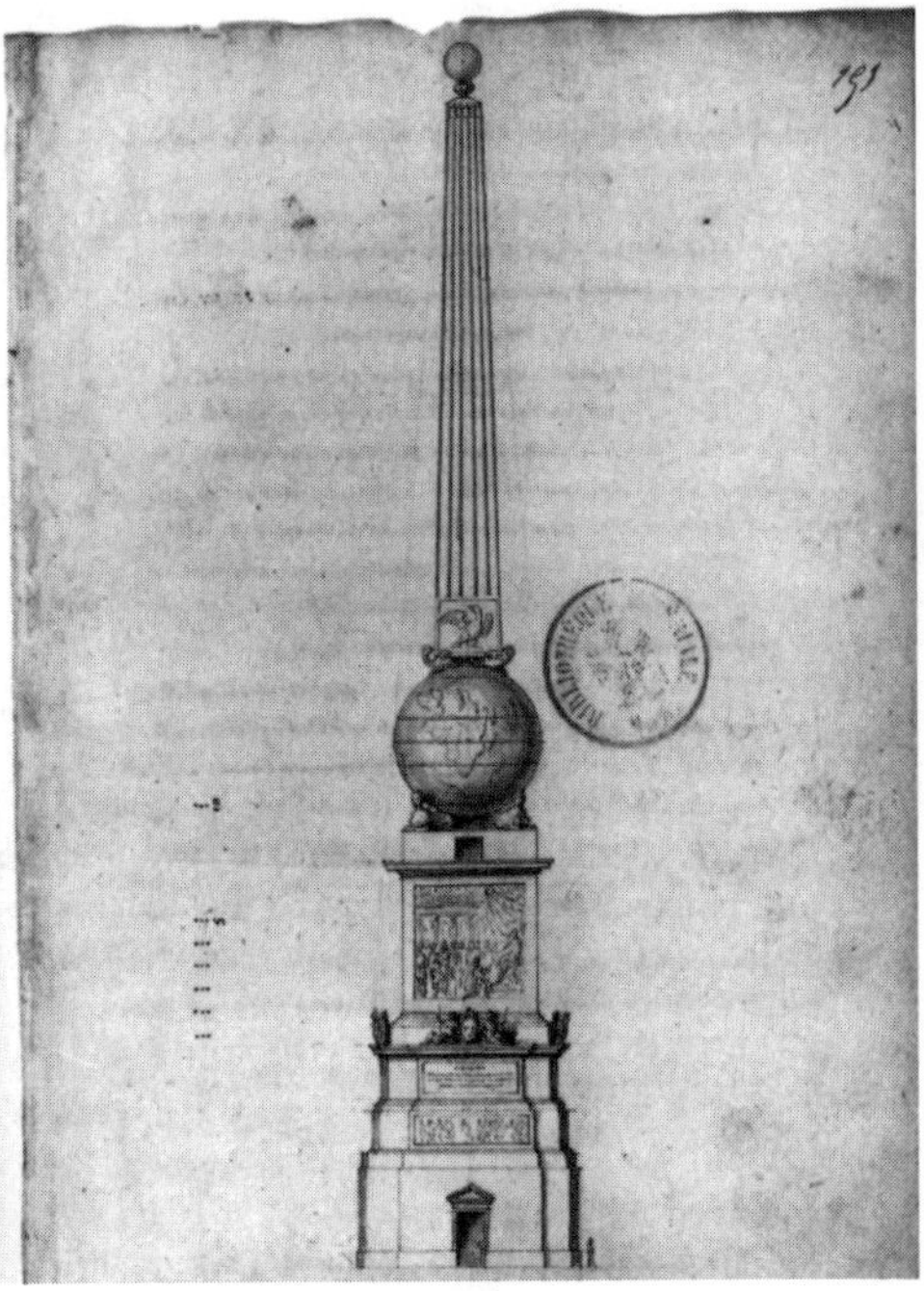

19　クロード・ペロー《オベリスクのためのデッサン》1666年。パリ，国立図書館

エーデリンクがいる。かれは「王の陳列室版画家」になった。また、ル・ブランが証人として結婚に立ち会った彫刻家ピエール・マズリヌはヴェルサイユで働き、王からの年金を受けることになった。

　建築の場合、コルベールの助言者になったのがシャルル・ペローであった。今日、『赤ずきん』のような民間伝承を書き直したことでずっとよく知られているこの文学者は、コルベールが一六六四年に建設事業総監になったとき、監督官として仕えていた。その回想録のなかで、ペローは「王の栄光のために、凱旋門、オベリスク、ピラミッド、霊廟のような多くの記念碑を建てさせる」コルベールの計画に言及して、シャプランの書簡に見られるイメージを裏付けている。[31] 霊廟、より正確には、サン＝ドニ教会の王家の死者を弔う礼拝堂が、一六六五年、建築家フランソワ・マンサールと、そしてまたジャンロレンツォ・ベルニーニによって設計された。オベリスクあるいはピラミッドにかんしては、木製のものがひとつ一六六〇年のパリへの王の入城式典のための装飾にあり、他方、石造りのオベリスクが王を誉めたたえるために一六六六年、クロード・ペロー（シャルルの兄）によって設計された（図19）。凱旋門は一六七〇年代に建てられることになる（一一三ページ）。コルベールは、芸術、音楽または文学を個人的に楽しんでいたような印象はほとんど見られない。かれの前任者のリシュリュー、マザラン、フーケとはおそらく意図して対照的に、私的な後援者としてのかれの活動は極端に限定的なものであった。かれ自身の興味は、芸術よりむしろ学問にあって、かれの被保護者にはシャルル・デュ・カンジュやジャン・マビヨンのような学者がいた。[32]

それでも、この明らかに凡俗な人物は、権力の座にあった二〇年のあいだ、たとえば芸術それ自体のことを気にしていたマザランのような大臣たちよりも、芸術のために多くをなした。コルベールは、かなりの芸術家・作家グループを王に仕えさせた。かれらのうちの数人、たとえば作家のアマーブル・ド・ブルゼ、シャプラン、ジャン・デマレなどは、以前は、リシュリュー枢機卿に仕えていた。ほかの人物、たとえば、詩人イザーク・バンスラード、作曲家ジャン・カンブフォール、作家フランソワ・シャルパンティエはマザランに仕えていた。ル・ブラン、ル・ノートル、ル・ヴォー、モリエールを含む、もっとも才能のある何人かはフーケのところから連れて来られた。ラシーヌは、シャプラン経由で、コルベールの注意を惹くことになり、一六六三年に年金をあたえられたが、そのとき、かれはまだ二〇代前半だった。

外国人を奨励し、かれらの才能を王に奉仕させる周到な政策があったように思われる。すでに見たように、外国の学者にも年金があたえられた。イタリアの天文学者ジャン＝ドメニコ・カッシーニはボローニャからパリに移るようコルベールにより説得された（かれの年金は年九〇〇〇リーヴルであった）。外国の芸術家たちがルーヴルまたはヴェルサイユで働くようフランスに招待された。たとえば、スイスの画家ジョゼフ・ヴェルネールは、フランス大使の好意的な報告書の後、一六六二年、パリに招待された。フランドルの版画家ジェラール・エーデリンクは一六六六年に着いた。「デジャルダン」というフランス語名は、一六七〇年ごろフランスに到着した彫刻家マルティン・ヴァン・デン・ボガートのフランドル起源を目立たなくしている。

コルベールの重要な点は、あらゆる芸術が王の栄光に貢献するようにとの一般的ヴィジョンを打ち出したことにあった。具体的な提案については専門家たち、とりわけシャプラン、ペロー、ル・ブランを頼りにした。しかし、コルベールという大臣こそが、国家の後援の組織化、さらに言えば、その官僚化にたいする責任者であった。「官僚化」ということばを使うことで、わたしは近世における政治の世界同様に芸術の世界でも機能していた後援者、配下、仲介役といった伝統的なシステムが終わったと言うつもりはない[33]。ル・ブランやモリエールのような芸術家や作家は、王の被保護者になる前は、金融家フーケの配下にあった。シャプランは、文学にかんする王の後援システムにおいて仲介役の位置を占めていた。ほかの仲介役たちもまた果たすべき役割があった。たとえば、ラシーヌが自分の最初の詩をシャプランに送ったのは、ひとりの仲介者を通してであった。作曲家のアンドレ・デトゥーシュが王の注目を惹くようになったのは、のちのモナコ大公のおかげだった。この類の事例はいくらでも増やすことができた。

しかし、治世の過程で、芸術の運営は、しだいに増える役人、たとえば、所長、総監、監督官などによってなされるようになった。ル・ブランは「王立ゴブラン織物製作所長」だった。王のバレエ、建築物、図案、音楽すべてにそれぞれ「総監」がいた。そして、「建設事業総監督官」、「美術監督官」、そして「彫刻総監督官」までいた（まるで、これらの像が整列して行進する様子が思い浮かぶ）。

芸術の官僚化とも言えるもうひとつの部分は、いわば、芸術にとっての大学システムに対応するアカデミー・システムが樹立されたことである。それは一七世紀ヨーロッパの国々で発達していった。コルベールは、たんにアカデミーの土台を据えただけでなく、アカデミー・フランセーズの場合におけるように、メンバーの行動も規則正しいものにした。そこでは、メンバーの時間感覚を大臣の望むよう、正確にするために、振り子時計で一定の労働時間が決められた。

同様に官僚的だったのは、しだいに増大する委員会の使用である。たとえば、ルーヴルのための代替案を起草する小グループ、あるいは、もっと重要な小アカデミーがある。この小アカデミーは、元来はアカデミーのひとつというものでは全然なくて、「美術に関連するあらゆることを取り扱う一種の小委員会」というものであった。[34]

この委員会のメンバー（シャプラン、シャルル・ペロー、ブルゼ、カッサーニュ、そして、フランソワ・シャルパンティエ）は火曜日と金曜日ごとにコルベールの館で会合を開いた。その任務は、本質的に、王の公的なイメージの創作を監督することにあった。また、出版前に文章の修正もした。それには、フェリビアンとペロー自身による祭典の解説も含んでいる。[35] また、タペストリーとメダルのデザインを念入りに調べ、解説を書いた。すくなくとも数年のあいだは、治世の歴史物語にも取り組んだ。[36] このグループの設立が示していることは、いかにまじめにコルベールがイメージ作りの作業に取り組み、また、かれの広告感覚がいかに鋭いものだったかということである。

国家の行政と同じように、王の公的イメージの創作は中央からの指示で計画された。[37] 芸術家チームは、後援者の委員会の指示で動いた。ますます進行する官僚制の時代に十分ふさわしく、そのシステムを組織機構図の形で表現できるかもしれない。すなわち、頂上には王がいて、時どき、介入し、個別の作品を注文し、あるいは、すくなくとも代替案のあいだで選定した（九五―九六、一二〇ページ）。ルイ一四世のすぐ下にコルベールがいた。かれの関心事はほかにもあったけれども、あやつり糸すべてを自分の手のなかに握っておこうとしていた。それから、コルベールの配下の者、とくに以下の三人が来る。シャプランが文学について助言し、ル・ブランが絵画と彫刻について助言し、そして、シャルル・ペローが建築についてコルベールに助言した。音楽（バレエとオペラを含む）はコルベールの守備範囲外だった。それはリュリによって統制されていた。

要するに、「栄光作成の部局」と呼ばれたものが、王のイメージの提示を組織するため、より正確には、「王の歴史物語」という治世の主要な出来事を動画にするために設立されたのである。では、組織の問題から、次にそれが生みだしたものに目を向けてみよう。

5

自己主張

22 《ローマ皇帝としてのルイ》シャルル・ペロー『祝典集』1670年所収，ロンドン，英国図書館

このような、君主の下で、われらは無にも等しく、
ご配慮が、われらの上に、なされることとてなく、
恩典を差配されるは、かの御手のみ、
身分や威厳の配分も、お好みしだい。
――コルネイユ『オトー』第二幕、第四場

前章では、ルイ一四世賛美の機構とでも呼べるようなこと、とりわけ一六六〇年代はじめごろからのその機構の創出について述べてきた。本章は、王のイメージそれ自体を、一六六一年の親政開始から六七年のフランドル継承戦争勃発まで取り扱う。これらの年月は「自己主張の時代」と評せるかもしれない。かれの師傅であり大臣であるマザランの死後、若き王は重要な決定を自分自身で下す立場にいた。ただ皮肉なことに、この自己主張は集合的な行為と見なされる必要がある。というのも、そこには王の助言者たちとイメージ制作者たちが加わっていたからである。

1　親政という神話

一六六〇年代に映し出される若き王のイメージは、国務と臣民の福祉に並なみならぬ努力を傾ける統治者というイメージであった。親政を行うことそれ自体が、祝賀されるべき出来事であって、実際、「驚嘆すべきこと」として劇的な方法で示され、そういう意味において、神話化されたと言える。

親政を行うとの王の意図が最初に発表されたのは半分私的な場であり、大臣や長官たちを前に大法官に向けてな

された演説においてであった。[1] 当時の官報ともいうべき『ガゼット』紙はそれについて何も言及していなかった。一六六一年三月九日のマザランの死に際し、『ガゼット』紙は、フランスの聖職者の代表団が王にお悔みの訪問をしたことを報告し、そのスポークスマンは、王が軍事作戦においてだけでなく、国務の指揮においても倦むことを知らぬと断言した。[2] このテーマは四月、『ガゼット』紙自身によって取り上げられ、王が公務にことのほか専念し、訴訟裁定の国務会議にも出席していることを特筆していた。王が狩りをしていることに言及した箇所までもが、これは王が国務に専念している「目を見張るような熱心さ」からのしばしの息抜きとして記述されることになる。[3]

この同じ出来事のより完全な記述は一六六〇年代後半に提供されることになる。一六六六年かそのあたり、王の秘書官たちによって下書きされた内密の覚書がそれである。この覚書は王太子教育の一部として書かれたものだったので、それ自体『王たる者の務め』と呼ばれているが、この覚書の一六六一年の箇所に記述されている。このテクストのなかで、ルイは「とりわけ宰相を置かない」決意を固めたことについて説明していた。有名なくだりで、かれは次のように述べている。「あらゆることに通じ、一番下の臣民の言うことにも耳を傾け、いかなるときでも余の軍隊の兵員と資質、および余の要塞の状態を詳しく知っており、あらゆる必要に絶えず指示をあたえ、急使を謁見して至急便を読んでは、そのうちのいくつかに自分で返事を出し、ほかのいくつかには秘書官に回答を指示する。そして、余の国家の歳入歳出を調整する」。[4]

親政決断の出来事はさまざまなテクストと図像でより広く公衆に示された。先に引き合いに出した『ガゼット』紙における記事だけで、おそらく、一六六四年にフォンテーヌブローの宮廷で初演されたコルネイユの劇『オトー』はそのアクチュアリティーをその時代の観客に理解させるのに十分だったであろう。その劇は、古代ローマのガルバ帝の治世の時代に設定されていて、その大臣のひとりが、君主にとって従属者はさして重要でなく、君主はかれらに頼ることはなく、君主自身が贈り物や官職を分けあたえると、指摘しているのである（本章のエピグラフ

20　シャルル・ル・ブラン《王が自ら統治する》天井画，1661年。ヴェルサイユ宮殿

参照）。

その出来事はまた、治世の後期に視覚に訴えるイメージで記念された。そのなかでもっとも有名なものは、ル・ブランによるヴェルサイユ宮殿グランド・ギャラリーの天井画で、「王は自ら国家の指揮を取られ、仕事に全身全霊を捧げられる」と刻まれたものである[5]（図20）。今やルイ一四世が国家という船の船長であることを示すために、かれは舵を取る。そして、美の三女神がかれを戴冠しようとする傍らで、フランスを表す女性が「不和」を消し去り、結婚をつかさどる神ヒュメーンが豊饒を意味する角をもつ。知恵の女神ミネルヴァは王に、「勝利」と「名声」を伴う「栄光」が王に戴冠する準備ができていることを示している。天上では、神々がルイに援助を申し出る。[6]

だが、王の親政をもっと正確に解釈してみせたのは、一六六一年の日付をもつ三個のメダルだろう。[7]第一は、「統治の職務を引き継ぐ王（REGE CURAS IMPERII CAPESSENTE）」と刻まれており、そしてこの出来事に続く「秩序と幸福」を表現する。このことばは、さらに、一七〇二年の公式解説書で、悪弊の改革、芸術と科学の再興、豊かさの回復に言及して用いられた。ほかのふたつのメダルはこの絵に細部を加えたものである。そのうちのひとつは「国務会議における王の勤勉」と題されているが、解説書が説明するように、そのときに別の用事があったり、病気になったりしたにもかかわらず、精励していたのである。もうひとつのメダルは、「君主への近づきやすさ（FACILIS AD PRINCIPEM ADITUS）」である。[8]

一方で、刻まれている銘句や解説書の注と、他方で、王太子のための『覚書』と『ガゼット』紙とのあいだに表現の類似性があることは、強調に値する。第一のメダルが表現していたのは、『覚書』同様、「いたるところ混乱が支配していた」時代のあと、秩序が再建されるしるしとしての親政である。[9] 第二のメダルは、『ガゼット』紙同様、「勤勉」ということばを用いている。臣民に王が近づきやすいことを強調する第三のメダルは、『覚書』に対応している。異なるテクストと異なるメディアのあいだでなされるこの種の相互参照は、同時代のルイ一四世の表現では一般的であって、複数の手段が連動して王を特別のアングルで示そうとしているかのような印象をあたえる。この印象は、イタリアの作家ダティにたいしシャプランがあたえた指示、すなわち、頌徳文のなかで王の近づきやすさについて言及しておくこと、との指示によって確認できる。[10]

2　競争関係

一六六〇年代初期の出来事が示しているのは、若き王とその助言者たちが国内外の公衆に直接、印象をあたえようと決めていたことである。用いられた手段は外交と祝典であり、どちらも注意深くほかのメディアでも報告された。

赤木昭三／赤木富美子著

サロンの思想史

―デカルトから啓蒙思想へ―

四六判・360頁・3800円

女主人が主宰する優雅で洗練された社交の場は、デカルト思想、新科学、啓蒙思想、フェミニズムなど、新しい思想の創出・交流・伝播を担う重要なメディアにして公共的空間でもあった。一七・一八世紀の思想を動かしたフランス・サロン文化の役割をあますところなく描きだす。

4-8158-0470-2

小林傳司著

誰が科学技術について考えるのか

―コンセンサス会議という実験―

四六判・420頁・3600円

専門家や行政は信用できない？　素人は何もわかっていない？――社会の中の科学技術のあり方をめぐって専門家と市民が対話する「コンセンサス会議」。日本で初めて行われたこの新たな試みをヴィヴィッドに紹介するとともに、その背景や科学をめぐる公共空間の行方について考察する。

4-8158-0475-3

長尾伸一著

トマス・リード

―実在論・幾何学・ユートピア―

A5判・338頁・4800円

スコットランド啓蒙を代表する思想家であり「常識哲学」を建設したとされるトマス・リード。本書は、哲学者リードと、科学者・社会思想家リードの結びつきを問い、リードの知的体系の総体を明らかにするとともに、その不完全性が内包する現代的意義を抉出した新しい解釈／批判の試み。

4-8158-0478-8

成田善弘著

贈り物の心理学

四六判・236頁・2800円

人はなぜ贈り物をするのか？　日常生活の場面から神話や昔話の贈り物まで、さらには精神療法の過程で交わされるプレゼントから「命の贈り物」と呼ばれる臓器移植まで、人間社会のさまざまな局面で登場する贈り物の意味について幅広く考察を加え、その背後に働く心の世界を解き明かす。

4-8158-0471-0

吉田博之著

景気循環の理論

―非線型動学アプローチ―

A5判・236頁・4800円

景気循環はどのようにして起こるのか。カオス理論など動学理論の最新の成果をふまえ、数学的解析とシミュレーションをバランスよく用いることによって、有効需要はもちろんマクロ安定化政策の効果を組み込んだ循環的成長モデルを構築。混迷する経済政策に確かな基礎を提供する。

4-8158-0469-9

山本有造著
「満洲国」経済史研究
A5判・332頁・5500円

膨張する日本帝国のもと、満洲国経済はいかなる位置を占めたのか？　対外経済関係、周辺交易をも視野に、大豆から鉱工業にいたる満洲国生産力をマクロデータを駆使して復元、緻密な数量経済史的分析により、建国から未解明であった四〇年代までの満洲国経済の全体像を初めて示した労作。

4-8158-0474-5

高　哲男著
現代アメリカ経済思想の起源
―プラグマティズムと制度経済学―
A5判・274頁・5000円

今日「世界標準」になったとも言われるアメリカ経済思想の核心を、一九世紀末から二〇世紀初めの進化論、プラグマティズム、制度主義などの知的潮流に探り、自由主義における保守と革新のダイナミズムを軸に、イーリー、ヴェブレン、ミッチェル、コモンズらの制度変革の思想を描き出す。

4-8158-0477-X

金井雄一著
ポンドの苦闘
―金本位制とは何だったのか―
A5判・232頁・4800円

両大戦間期イギリスで、戦争、恐慌などの曲折を経て最終的に放棄された金本位制の実態を、イングランド銀行金融政策の精査により解明、今日のマネタリズムにも及ぶ金本位制の神話的理解を斥けて金融政策の本質に迫るとともに、戦後へと続く戦間期の資本主義史に新たな展望を拓く労作。

4-8158-0479-6

中辻憲夫編
再生医学の基礎
―幹細胞と臓器形成―
B5判・212頁・6500円

将来の臨床応用に向けて、再生医学への期待が高まっている。本書は、肝臓・脳神経・骨など全身の臓器・組織について、発生生物学的な基礎的知見を丹念に整理すると同時に、ES細胞・組織幹細胞などを用いた最先端の研究の状況、今後の展望まで系統的にバランスよく記述した。

4-8158-0466-4

西澤邦秀編
放射線安全取扱の基礎 ［第二版］
―アイソトープからX線・放射光まで―
B5判・200頁・2400円

人体への影響や放射線計測手法、諸法令や緊急時の対応など、放射線を扱う上で必要不可欠な知識を、図・写真を多用して幅広く解説。第二版にあたり、X線取扱・電離則を中心に大幅に増補した本書は、放射線を扱うすべての学生や、資格取得を目指す人に最適のテキストである。

4-8158-0480-X

外交面ではふたつの出来事が政策の転換を示した。ひとつはロンドンでの、もうひとつはローマでの出来事である。一六六一年、フランス大使とスペイン大使のあいだで上席権をめぐって紛争が起こり、このことをサミュエル・ピープスは、ロンドンの通りでもかれらの従者たちが「小競り合い」をするにいたったと記している。事件は時と場所を選ばぬ見苦しい乱闘以上のものとなり、公式行事（チャールズ二世の下へのスウェーデン大使の到着）を台無しにした。ルイ一四世は自国の代表団の行動を支持し、この出来事について謝罪したのはフランス宮廷にいるスペイン大使のほうであった。

換言すれば、その事件は周到に計画され、フランス君主がスペインの同等者たる、かつルイ一四世のおじで義父でもあるフェリペ四世にたいする優位を象徴的に主張しようとしたということもありそうなことである。[11] この解釈は、一六六二年、ローマ教皇のコルシカ衛兵がローマ駐在フランス大使にたいしてなした無礼行為へのフランス側の反応でも当てはまる。謝罪したのは、今回は、ローマ教皇のほうで、それは一六六四年、ローマ教皇の代表キージ枢機卿を通してなされた。

このふたつの外交的勝利は図像で表現された。ル・ブランによってデザインされた大きなタペストリーのふたつが、ローマ教皇とスペイン王（図21）の公式謝罪を図示している。同じテーマがル・ブランによるグランド・ギャラリーの装飾でふたたび取り上げられる。ひとつは「スペインによって承認されたフランスの優位」で、もうひとつは「コルシカ兵の攻撃の償い」と刻まれていた。スペインの謝罪についてはまた、明らかに「ほかの国々を勇気づけるため」、豪華な「［ヴェルサイユの］大使たちの階段」の浅浮彫りにも描かれた。そこではスペインは、「その国の憤慨を象徴するために、自分の服を引き裂く」女性として表現された。[12] オランダの学者ハインシウスは、コルシカの衛兵事件についてのラテン語の警句で恩賜を得た。おまけに、事件を記念するためのメダルが、さらには、その記念を記念するメダル、たとえばコルシカ事件のしるしのためにローマにピラミッドを建てたこと（のちに壊

21「プロパガンダとしてのタペストリー」　シャルル・ル・ブラン原画の連作《王の歴史物語》のなかの《フェリペ4世とルイ14世の会談》タペストリー，1670年頃。パリ，国有備品保管庁コレクション

される）を記念するメダルが鋳造されたのだ。[13]

一六六二年にチャールズ二世から購入したダンケルクの領土回復も大勝利として祝われた。コルベールはシャプランを通して、シャルル・ペローに、それについて書くよう依頼した。[14] ル・ブランは、新たに取り戻された町を背景にして乗馬姿の王の肖像を描いた。[15] ダンケルクはまた、王立絵画アカデミーが行った最初の懸賞付きコンクールのテーマにもなった。[16]

3　壮大さ

ヨーロッパにたいして印象づけるため用いられたもうひとつの方法は、それほど暴力的なものではなかった。儀式、芸術、建築は、すべて、自己主張の道具として、いわば、ほかの手段による戦争・外交の継続として見ることができるかもしれない。ルイ一四世の治世のあいだ、すばらしく気前のいい後援者という王のイメージは、大いに強調され、かれの政治的・軍事的な役割と同じように、これまた神話化された。ルイは「王の治世のほまれたる、名高き人びとの数々を世に出し、または、育成して」こられたと、王立絵画アカデミーでの講演のなかで会員のひとりは述べていた。[17]

この時期のほかの出来事には、諸アカデミーの設立や文人への恩賜授与があり、これらはのちにメダルで記念された。[18]

一六六二年、治世最大の公開スペクタクルのひとつ、チュイルリー宮に面する広場での騎馬パレードが催された。騎馬パレードは騎馬競技であって、走りながらの「輪入れ」などのほか、中世以来、人気のある技量を競う競技を含んでいた。ただし、ルネサンス後期には一種の騎馬バレエに変容していた。観衆の数は今回のほうがはるかに大勢だったけれども、「ローマ人の皇帝」に扮して馬にまたがり登場したルイ一四世は、ちょうど宮廷バレエの舞台に登場するようなものだった。五つの貴族のチームがすばらしいコスチュームを着て、ローマ人、ペルシア人、トルコ人、インド人、アメリカ人に扮した。それぞれの競技者は自分自身のモットーが盾にあり、王のエンブレムは「見たときには、勝てり（UT VIDI VICI）」の銘句で、太陽をかたどったものであった。実際、王は競技を上手にこなし、そのイヴェントはシャルル・ペローによる解説文付きの、素晴らしい二つ折り判版画集として記念出版された（図22）。治世最初の本当に壮麗な娯楽である、その出来事の政治的な重要性は、王太子のための『覚書』のなかで強調された。[19]

一六六〇年代最大の芸術的なプロジェクトは、もちろん、ルーヴルとヴェルサイユの改築である。ルーヴルは中世の宮殿で、フランソワ一世の治世期にルネサンス様式で建て直された。それは一七世紀の宮廷の必要を満たすにはあまりに狭すぎ、一六六一年に起きた火事が宮殿の一部を破壊したため、改築が喫緊の課題になっていた。新しい宮殿を建て、その設計を多くの主要な建築家に注文する決定がなされた。建築家のなかには、ルイ・ル・ヴォー、

22 《ローマ皇帝としてのルイ》シャルル・ペロー『祝典集』1670年所収，ロンドン，英国図書館

フランソワ・マンサール、クロード・ペロー、カルロ・ライナルディ、そしてマザラン枢機卿の注意を惹いていた芸術家ジャンロレンツォ・ベルニーニといったように、フランス人もいれば、イタリア人もいた[20]。

ベルニーニは一六六五年、フランスに招かれた。このことは、たんにマザランがかつてベルニーニの仕事に関心をもったからなのか、あるいは、教皇アレクサンデル七世からもっとも偉大な芸術家を奪うことによって、教皇にいっそう恥をかかせるためだったのか、どちらであるのかを知るのは興味深いことだろう。かれがフランスに到着したとき、ベルニーニは大いなる礼節をもって遇され、王を喜ばせたのだが、しかし、かれはコルベールと、そして、自分のデザインを批判したシャルル・ペローと衝突し、ルイ一四世の有名な胸像を制作はしたけれども、結局、注文を得るにはいたらなかった[21]。

コルベール（あるいは、かれの部下ペロー）はメモを作成し、ベルニーニのプロジェクトが非実用的であって、フランスの気候にうまく適応しておらず、安全に十分な関心を払っておらず、要するに、表面の装飾以上のものではなく、「王の快適さにかんする限り、あまりに思いつきがまずくて」、したがって、一千万リーヴルを出費しても、以前と同じくらいに狭苦しいままである、と論じた[22]。ベルニーニの側では、フランス政府はただ「トイレと水回りのパイプ」だけにしか関心がないと辛らつな文句を言っていた。

結局、公式の承認を勝ち得たルーヴル改築プランは、ル・ブラン、ル・ヴォーそしてクロード・ペローから構成された小委員会によって作成された。その計画が実施され、多くのメダルが記念として作られた。[23] しかし、王は比較的すくない時間しか、この宮殿では過ごさなかった。その代わりに、それはイメージ製作者たちの本部になった。何人かの一流の芸術家たちは、ルーヴルのなかに宿舎とアトリエをあたえられた。たとえば、ジラルドンは一六六七年にそこに移った。アカデミー・フランセーズもまた、ルーヴルのなかに部屋をあたえられ、そして、この出来事のためにまた記念のメダルが作られた。[24] この主題にかんする王とコルベールのあいだの書簡を読むのは興味をそそられる。コルベールは、ルーヴルのほうがアカデミーに「よりふさわしい」だろうが、王立図書館のほうがアカデミーにはより便利だろうとも言った。ベルニーニの計画のときのように、ここでもかれは実際的な考慮を繰り返していた。しかし、アカデミー会員には不便かもしれないが、ルイはルーヴルを選んだ。[25]

この間、王の注意が向けられたのはヴェルサイユだった。ヴェルサイユは一六二四年に、ルイ一三世のために造られた。そのときにはまだ小さな城だった。親政開始後まもなく、ルイは城の拡張をル・ヴォーに、庭園の設計をル・ノートルに注文し、コルベールから、「こんな館」（ルーヴル宮殿と比べて）に、しかも陛下の栄光よりもずっと陛下の楽しみと気晴らしに関心が寄せられ、お金が浪費されているとの抗議が出されることになった。[26]

後世の人間にとっては、太陽王の栄光はヴェルサイユときわめて密接に結びついているので、コルベールの抗議のことばは奇妙に響く。われわれは若き君主の政治的な感覚を、または宣伝の感覚をかれの大臣よりも鋭いと認めるべきだろうか。治世のこの時点では、ルイ一四世が本当に考えていたのは、気晴らしであり、祝祭開催の場所であり、あるいは、ラ・ヴァリエール嬢と比較的親密に会える場所というほうが、ずっとありそうなことだし、また、ヴェルサイユが四二年もの歳月をかけて建築と改築を繰り返すことについても、コルベールよりも何か考えがあったとはとても思えない。[27]

若き王と中年の大臣とのあいだの、この有名な衝突が中心的な問題を提起する。すなわち、一体、誰が決定を下していたのか。ルーヴルの場合、思い通りにできたのはコルベールであった。王は、直接自分で、委員会の提案した選択肢のなかから最終プランを選んで、それを認可した。[28] しかし、われわれは、王がベルニーニの第二のプランにずいぶん心を動かされていたということを知っている。[29] コルベールはルイに自分の好みをあきらめるように説得したと思われる。ベルニーニは問題の所在を知っていた。かれは、かつて、もし自分がフランスにとどまるのであったならば、「建築については陛下とだけ直接話し合えるように王に頼んだことであろう」と述べた。[30] ルイは壮大さのほうを便利さよりも高く評価していたのである。

したがって、ルーヴルについての論戦ではコルベールの考えに軍配が上がったとしても、ヴェルサイユの場合に勝利したのはルイのほうであった。音楽、ダンス、スペクタクルにかんしても、ものを言ったのは王の趣味だった。ルイ一四世は一六六〇年代を通して宮廷バレエに参加し続けた。演じた役にはアレクサンドロス大王、ペルシアのキュロス王、騎士道の英雄ロジェルがあった。一六六一年のダンス・アカデミーの創設は王の個人的な関心に非常によく合致しており、また、同年のジャン＝バチスト・リュリを王の室内楽総監に任命したのも同様である。宮廷の祭典の組織化は王の寵厚き貴族、サン＝テニャン公爵の手にゆだねられ、そして、これらのスペクタクルへの王の個人的関与は周知の通りである。

たとえば、一六六四年に催された『魔法の島の楽しみ』のテーマをタッソーから選んだのはルイであったし、のちのキノーの『アマディス』もそうだった。[31] モリエールは、ルイが自分の演劇『うるさがた』（一六六一年）に登場人物をひとり付け加えてくれたこと、そしてまた、『豪奢な恋人たち』（一六七〇年）の筋を提案してくれたことを明らかにしている。

王は、この時期、王立図書館とか像のコレクションとかにはほとんど関心を示さなかったように見える。これらの壮大さの形態は、たんにかれの公式的な人格の一部にすぎなかった。[32] 他方、絵画、すくなくとも、たとえば戦闘場面を描いたような特定の種類の絵画には関心を寄せていた。一六六九年、王はフランドルの戦闘画家アダム＝フランソワ・ヴァン・デル・ムーランを迎え、画家の生まれたばかりの息子を洗礼盤の上で抱くほど、礼をもって遇した。

王の個人的な関心がル・ブランの描いたアレクサンドロス大王の絵にあったことはよく知られている。ラシーヌがル・ブランに着想をあたえたにしろ、逆であったにしろ、画家と劇作家が同様にアレクサンドロス大王を選択したことは――同じテーマの一六六五年のバンスラードのバレエに言及しないにしても――、一方の若き征服者［ルイ一四世］が自らを他方の若き征服者［アレクサンドロス大王］に同一視していることに敬意が捧げられたということである。

6

勝利の時代

23　ジャン・ヴァラン《ルイ大王》メダル，1671年。パリ，国立図書館メダル室

ご覧あれ、「勝利」の女神と「栄光」の女神がよろこんで、かくも高潔なる君主の頭上に冠を置くのを。

――『ガゼット』紙、一六七二年

一六六二年から六四年にわたる外交攻勢のあとに期待されたのは、ただ、ルイが栄光への王道、つまり、対外戦争で成功する道を選ぶことだった。実際、かれの最初の戦争は成功裏に終わった。一六六七―六八年の帰属戦争［フランドル戦争］、そして、一六七二―七八年のオランダ戦役――すくなくともその初期の局面――がそうだった。本章が取り上げるのは、この時期の勝利を収める英雄としてのイメージについてである。とりわけ、一六七二年のオランダ共和国への侵攻、そのなかでもとくに、王の軍隊によるライン川渡河という有名なひとつのエピソードに焦点を当ててみるつもりである。

1　帰属戦争

帰属戦争は、ルイ一四世の妻マリー＝テレーズ［マリア＝テレサ］の名の下に、つまり、一六六五年に彼女の父スペイン王フェリペ四世が亡くなったことに伴い、スペイン領ネーデルラントの所有権が妻に帰属するとルイ一四世が主張して［ブラバントの法では、フェリペ四世の後妻の子であるカルロス二世ではなく、初婚の子のマリア＝テレサに帰属］、戦われた。まず、自分の正当な権利以外は何も欲してはいない統治者ルイを好意的に描く諸冊子によって地ならしがなされた。定期的に恩賜金を受けている外国の学者のひとり、ヘルムシュテット大学の法学教授ヘルマン・コンリングが王を支持する文書作成を買って出た。[1] 王立印刷所は、「スペイン君主制のさまざまな領地にたいする、いともキリスト教的な王妃［フランス王妃を指す］の権利」と題する、匿名のフランス語論文を出版した。その論文は、ブルゼ（小アカデミーのメンバー）を長とするワーキング・チームによって作成され、シャプランとシャルル・ペローの点検を受け、そして、ただちにラテン語、スペイン語、ドイツ語に翻訳された。[2]

シャルル・ソレルとアントワーヌ・オーベリーもまた、王の権利主張を支持する文章を書いた。王の修史官（以前は弁護士の書生）ソレルはフランス王の諸権利についての論文を発表し、他方、パリ・パルルマン法院弁護士オーベリーは『帝国にたいするフランス王のいくつかの正当なる要求』を出版した。後者のパンフレットは、ドイツの君主たちからの抗議を受けると、著者はバスティーユ監獄に送りこまれたけれども、その『正当なる要求』が当局に促されて書かれたものだったのはありそうなことである。[3]

パンフレットでの議論のあと、数週間程度で、フランス軍によるスペイン領ネーデルラント侵攻が続いた。この戦役で王は傑出した役割を果たした。伝統にのっとり、ルイ一四世は自ら軍隊を指揮した。しかし、伝統を破って、ルイは宮廷を戦場に連れて行った。そのなかには王妃と王のふたりの愛人、すなわち、ラ・ヴァリエール公爵夫人とモンテスパン侯爵夫人もいたのである。

ふたりの芸術家もまた王について行くよう招かれた。それはおそらく『王の歴史物語』を描くのに、より本物らしさをあたえるためであったのだろう。そのうちのひとりはシャルル・ル・ブランで、もうひとりは、最近、宮廷画家に任じられたアダム＝フランソワ・ヴァン・デル・ムーランであった。その名でわかるように、ヴァン・デル・ムーランはフランドルの人であったから、こうしてかれは自分の国が侵入されるのに立ち会うことになったのだ。

24「塹壕のルイ」 アダム＝フランソワ・ヴァン・デル・ムーラン《1667年のドゥエの攻囲》版画，1672年頃。ロードアイランド州プロヴィデンス，ブラウン大学図書館，アン・S・K・ブラウン軍事コレクション

その戦いの主要な出来事は、上記ふたりの画家による絵画や、また、版画、タペストリー、メダル、詩、そして同時代の治世の歴史で表されているように、ドゥエ（図24）、リール、オーデナルド、トゥルネーの包囲攻撃であり、それらとともに、ブリュージュ近くの戦勝、そしてフランシュ＝コンテの征服（図25）だった。一六六八年にエクス＝ラ＝シャペルで講和条約が結ばれたときに、フランシュ＝コンテはスペインに返されたが、しかし、リールはフランスに併合された。戦争の終結を祝い記念する祭典がヴェルサイユで催されたが、それにはル・ヴォー、ヴィガラーニ、リュリ、モリエールが寄与するとともに、「近時なされた講和（Pax nuperrime factum）」と題されたパフォーマンスがマインツ駐在フランス大使によって企画された。[4]

その戦争はまた、より永続的な形で賞賛された。王立絵画アカデミーは「ヨーロッパに平和をあたえるルイ」という課題のコンクールを行うことを発表した。ヴァン・デル・ムーランは、オーデナルド、アラス、リール、ドールでの王を描きながら、フランドルへ旅行したが、

25「征服者ルイ」 シャルル・シモノー《フランシュ＝コンテの征服》シャルル・ル・ブラン原画にもとづく版画，1680年頃。ロンドン，英国図書館

その四カ所での絵はすべて版画になって、より広く流布することになり、そして、シャプランが解説文を監修した。[5] ル・ブランによってデザインされ、治世の出来事を取り上げたタペストリーのシリーズは、その戦争から五つものエピソードを選んでいた。すなわち、ドゥエの攻囲（そこでは大砲の玉が塹壕に立っている王をちょうどかすめた場面）、トゥルネーの攻囲（そこではルイが塹壕前の盛り土の上に顔を出している場面）、そして、リールとドールの占領、最後にブリュージュ近郊の戦闘場面。[6]

その後の治世の『メダルによる歴史』においても、個々のメダルがその戦争と講和、フランシュ＝コンテ征服とそのスペインへの返還、七つの都市の占領、すなわち、トゥルネー、ドゥエ、クルトレー、オーデナルド、リール、ブザンソン、ドールの占領を記念して出された。ドゥエの包囲攻撃を記念するメダルは、タペストリー同様、塹壕のルイを示し、「指揮官であり兵卒でもある王（REX DUX ET MILES）」との銘句で、戦闘における王の役割をさりげなく言及していた。[7]

王が自らすべてを行っているように提示する手法は、特筆に値する。われわれは、才能きらめく、また経験豊かな将軍チュレンヌが本当の指揮官だったと思うかもしれないが、しかし、公式的には、かれは王の命令を実行したというように記述された。私信のなかで、シャプランはコンデをフランシュ＝コンテ征服の「立役者」と評した。しかし、シャプランも人前では、そして詩においては、その征服の功績を王に帰していた。[8] このパターンは、その後の勝利の説明でも踏襲されるだろう。このことは、賛辞文の慣例から説明できるかもしれないし、同様に、王が自分の栄光を他人と分かち合うのを渋るという周知の事実からも説明できよう。

これらの勝利の結果、王は「ルイ大王（Louis le Grand, Ludovicus Magnus）」と呼ばれるようになった。大王という形容語句は、一六七一年、パリ市により王をたたえて作られたメダルの銘句のなかで最初に用いられたと思われる（図23）。[9] その例がすぐにほかのメダルや、当時パリに建てられた凱旋門にも引き継がれることになった。シャルル・ペローは回想録のなかで「フランドルとフランシュ＝コンテの征服ののち、コルベール氏が王の栄光をたたえて凱旋門の建立を提案した」と記録した。[10] その凱旋門はシャルル・ペローの兄クロードが設計し、そして王がその建設模型を一六七〇年に承認した。

しかし、玉座広場［現在のナシオン広場］の凱旋門は建設に着手はされたが、ついに完成することはなかった。コルベールのメモでは、凱旋門と新しい天文台（一六七一年開館）とが結びつけられ、まるで天文台もまた王の栄光の記念碑であるかのように「地上での征服に凱旋門、天上での征服に天文台」と記されたのである。[11] 王がヴェルサイユにまったく新しい城を建設することを決め、ル・ヴォーに依頼したのは、一六六八年のこの頃であった。ル・ヴォーによって設計されたヴェルサイユの大階段は、凱旋門のように、「王が輝かしい征服から戻られるときに、この偉大な君主をお迎えするに値する」建築物として設計されたものである。[12]

詩人と歴史家も王の栄光にたいする貢献をなした。たとえば、シャプランはフランドル侵攻、フランシュ＝コンテ征服、マーストリヒト攻囲に際してソネットを作った。[13] P・Dなる人物は「王の遠征」を一日ごとに叙述していったが、それは詩で盛り沢山で、またネーデルラントにたいするフランスの主張を正当化し、王の「驚嘆すべき英知」に言及し、「それは過去何世紀もの政治家の英知を超えている」と述べるのである。[14] 七三歳のジャン・デマレは、ルイ一三世とリシュリューを賞賛することに自分の年月を費やしてきたが、フランシュ＝コンテの戦役にも詩を捧げた。モリエールもその主題でソネットを書いた。他方、コルネイユは、「月桂樹の冠をかぶられた」「偉大な征服者」として「フランドルから帰還される」王に詩を捧げ、王の「偉大な武勲」と「堂々たる誇り」を賞賛し、そして、王の征服の迅速さについて、あまりに速いので詩人にそれらについて書く暇もあたえてもらえないとコメントした。[15] 一六六七年の勝利をたたえて、イエズス会士シャルル・ド・ラ・リュによってラテン語で書かれた詩をフランス語に翻訳したのもまたコルネイユであった。そこでは、戦場での王の役割を十字軍における聖王ルイのそれと比較し、王の塹壕への訪問にもう一度言及していた。[16]

2　オランダ戦役

帰属戦争の際にルイは芸術家たちを遠征に連れて行ったが、オランダ戦役では歴史家たちを連れて行った。一六七七年はペリッソンが公式修史官の立場でフランドルにいたが、一六七八年にはボワローとラシーヌが修史官としてかれに取って代わった。帰属戦争ですでに芸術家も作家も戦争を記念するできる限りのことをしていたから、一六七二―七八年のオランダ戦役について言うべき新しいことは何ものこっていないと考えられるかもしれない。実際、戦闘画や賛辞のオードのようなジャンルに固有のステレオタイプ化を認めるにしても、この二番目の戦争（フランシュ＝コンテの再征服を含む）の表現は、最初の戦争とかなり多くの共通点をもっている。しかし、すくなくとも、ひとつのエピソード、すなわち、一六七二年のライン川渡河のエピソードは詩人にも画家にも革新の機会をあたえ、そして、かれらは両手でそのチャンスをしっかりつかんだのだ。わたしもまた、この機会を利用して、この出来事のイメージをとくに詳しく論ずることにしよう。

王の栄光へのシャプランの最後の寄与のひとつは、その戦争の公式解釈を広めるのを助けることであった。ヘルマン・コンリングに宛てた手紙のなかで、かれは、王がオランダと戦いをしたのはただ、オランダの忘恩行為を見せしめとして懲らしめるためだけであると主張した。コルベールに送ったソネットでも、かれは擬人化された共和国に自分の「うぬぼれ」、「横柄さ」、「不誠実さ」を嘆かせた。かれはまた、その戦争についてラテン語の詩を作っていたフリシュマンなる人物を見出し、そしてかれをコルベールに推薦したが、その根拠は、ドイツ人作家によって陛下の主張の正しさと戦勝が祝福されるのは「陛下に有利であろう」という点にあった。[17]

その戦争の原因の公式見解を簡単に示すために、われわれは一六七七年、（ボワローとともに）王の修史官に任じられたラシーヌに目を向けよう。そのポストは閑職といったものではなく、とくに戦時にはそうではなく、したがって、数年のあいだ、ラシーヌは演劇の仕事を離れ、王の「歴史的頌徳文」、つまり、一六七二年から七八年までの王の戦勝報告を製作することに注意を傾けた。[18] ラシーヌによれば、ルイはすでに「偉大な政治家のみならず、優れた指揮官」でもあることを証明したのだから、もうひとつ新たに戦争をする必要はなかった。「臣民からは崇められ、敵からは恐れられ、全世界からはたたえられ、かくも堅固に樹立された声望を平和のうちに享受する以上に何もすることはないように思われた。が、そのとき、オランダが、王の名を高からしめるような、さらに新たな機会を提供して、そして軍事行動への道を開いた。その記憶は決して滅びることはない[19]」。

王を挑発したのはオランダ人の「横柄さ」であった（コルネイユもまた、一六七二年の詩のなかで、オランダ人を「あの横柄なバタヴィア人」と呼んだ）。ラシーヌによれば、その共和国は「フランスの敵国と同盟し」、カトリック教徒を抑圧し、フランスの通商と張り合い、「そして、自分たちだけで王の征服を押しとどめたことを自慢した」。ルイはオランダ人を「懲らしめる」ことに決め、そして、自ら遠征を指揮し、宮廷での楽しみごとを打ち捨てて、身を危険にさらし、戦争の労苦に立ち向かった。たった一日で、四つの要塞（ラインベルク、ヴェーゼル、ビュリック、オルソワ）が攻略され、その出来事は、「勝利」の女神が、普通はひとつなのだが、ここでは四つの月桂樹のリースをもつ図柄のメダルで記念された。フランスの侵攻は「永遠の勝利」に変わり、なかでも、もっとも有名なエピソードがライン川渡河であった。

この勝利は、もちろん、まず新聞で報告された。『ガゼット』紙は「この驚嘆すべき君主」の「輝かしい軍事行動」の特別号を出したが、そこでのスタイルは、いつもの簡潔な説明の仕方ではなく、頌徳文に近く、王が「王の軍隊のもっとも下の下士官または一兵卒」のように「骨惜しみしなかった」と記し、そしてまた「王の知性が見逃すものは何もなかった」と書きとめた。あたかも王の絵または像を記述するかのように、『ガゼット』紙は、「ご覧あれ、『勝利』の女神と『栄光』の女神がよろこんで、かくも高潔なる君主の頭上に冠を置くのを」と評した。[20]「有名なライン川渡河」としてつとに知られていた出来事について、その新聞はカエサルも匹敵しえない偉業として記述した。というのも、カエサルは橋を利用したのであり、他方、「カエサルよりもあらゆる難事を克服する能力のある」ルイ一四世は、そのような機械の助けに頼ることなく、渡河に立ちはだかる困難を乗り越えたからである。フランス軍はたんに泳いで横切ったのだ。『ガゼット』紙の第二の特別号は、王の帰還に伴う祝賀行事、すなわち、ノートルダム寺院でのテ・デウム、そしてチュイルリー宮での花火のスペクタクルに紙面を割いて、アポロン、「勝利」、そしてこの戦役での王の偉業の「唯一の目的」が正義であることを示すため、正義の手と「くびきの下に」屈服されたオランダを描いた「光り輝く絵」を付けていた。[21]

つぎに、詩人たち――コルネイユ、ボワロー、フレシエ、フュルティエール、ジュネなど――がほどなく、これらの偉業を韻文にした。コルネイユは、アルバやファルネーゼのようなスペインの指揮官はライン川を渡ってオランダ人を追討できなかったことに注目し、王の口から「ローマ人の業績をしのぐ」必要を宣言させた。かれは、一定数の泳ぎ手の名前を挙げていくが、かれらの勇気がたんに「陛下がおありになったことの効果」であるとルイに語るのだった。[22] その詩の生き生きとした細部のなかには、王の偉業に「びっくり」したライン川そのものの記述がある。同じ主題にかんするボワローの『第四書簡詩』とシャルル＝クロード・ジュネのオードもまた、川の神の震えを描写していた。[23]

詩のあとは、芸術家の番である。王立絵画・彫刻アカデミーは、ライン川渡河を一六七二年の懸賞作品コンクールのテーマにした。[24]「太陽の宮殿」に変わりつつあったヴェルサイユにおいて、一六七〇年代と一六八〇年代の装飾的な計画は、多数の王の偉業にそれとなく言及するものとなるだろう。[25] 一六八〇年に完成し、しかし一八世紀に破壊されるヴェルサイユの有名な「大使の階段」の装飾のうち、浅浮彫りのひとつは「王が敵にたいする攻撃命令を出し、尚武の勇気が空を飛び、老人の姿をしたライン川が恐怖を表現する仕種をしている」場面が描かれていた。[26]

ヴェルサイユ宮殿のグランド・ギャラリーで、一六八〇年代に、ル・ブランはオランダ戦役について九枚の絵を描いた。そのひとつは、ルイが手に雷電をもって、二輪戦車に乗り、ミネルヴァとヘラクレス、および、擬人化された「栄光」と「勝利」を伴い、ライン川を渡る場面が表現されていた（図26）。ここでもまた、コルネイユとボワローの韻文の描写と同じく、ル・ブランも「恐怖に捉えられた」川の神を示した。[27] ヴェルサイユの装飾にかんする同時代のよく知られた解説が読者の注意を向けるのは、図像よりは渡河それ自体、つまり、「過去の何世紀にもわたって例を見たことの決してない、かくも大胆にして、かくも驚くべき、かくも忘れられない行為」のほうであ

26　シャルル・ル・ブラン《1672年のライン川渡河》天井画，1678–86年頃。ヴェルサイユ宮殿

り、また、ルイの「勇猛果敢さ」と「かれの勇気の壮大さ」のほうに注意を向けるのである。[28]

ル・ブランの絵は、この渡河を描いた多くの同時代の図像のなかでもっとも有名なものであるにすぎない。彫刻家のミシェル・アンギエはそのテーマを寓意的なかたちで表現した。つまり、「しり込みしているような」ライオンの上に、女性の姿のオランダがすわっているというものである。[29] 画家のジョゼフ・パロセルはマルリー宮殿のギャラリー用にその場面の一枚を制作したが、それは「王の目にとまり、いたく気に入られて、ヴェルサイユ宮殿の閣議の間に置かれる」ことになった。[30] ヴァン・デル・ムーランはこのエピソードの印象的なイメージを制作したもうひとりの芸術家だった（図27）。一六七二年の出来事はまた、一連のメダルにおいて記念され、そこにはオランダの敗北、オランダの町の占領、そして、重要なライン川渡河が示された。宮廷芸術家たちは、翼のある「勝利」の女神を描くのに飽き飽きしていたにちがいない。[31]

勝ち誇った調子はオランダ戦役のその後の場面、とく

27 アダム＝フランソワ・ヴァン・デル・ムーラン《ライン川渡河》油彩，カンヴァス，1672年頃。カーン美術館

に一六七三年の一三日間でなされたマーストリヒトの要塞攻略、そして一六七四年の二度目のフランシュ＝コンテ征服の公式表現に維持された。デマレがオードを書き、そのなかでルイはたんにファルネーゼやオラニエ公だけでなく、同様にポンペイウスとアレクサンドロスもしのいでいたと宣言する一方、ピエール・ミニャールが攻略された要塞を背景にして馬の背にまたがるルイ一四世の有名な肖像画を描いた（図28）。フランシュ＝コンテの再度の征服についても、年老いたデマレとアントワーヌ・フュルティエール（かれは小説と辞書のほうでより知られている）がこの征服を賞賛する詩節を書いた[32]。

この征服をたたえて、王の帰還後の一六七四年七月と八月、一大祭典がヴェルサイユで執り行われた。この催しの五日目、王の勝利が戦勝楯などで表現された。たとえば、ライン川渡河を描いた金色の浅浮彫り、「神秘的な」、言い換えると、視覚的な「なぞかけ」の装飾、たとえば、ヘラクレス（「陛下の無敵の力と行動の壮大さ」を象徴している）、ミネルヴァ（王の英知を表している）、ドラゴン（ねたみの象徴）、そして、もちろん、太陽を含む装飾があり、ルイの栄光のしるしとして

28「勝利者ルイ」 ピエール・ミニャール《マーストリヒトのルイ》油彩，カンヴァス，1673年。トリノ，絵画美術館

29　アダム・ペルレ《サン＝マルタン門の凱旋門》版画，1674 年頃。ロンドン，英国図書館

オベリスクもある。[33]

その祝典は、パリのサン＝マルタン門の凱旋門建設によって、より永続的なかたちをとった（図29）。この凱旋門には「ルイ大王に（LUDOVICO MAGNO）」という――今もなお、往来する交通のなかで読み取れる――銘句があり、王が月桂樹の冠を授けられている場面と王が敬意を受けている場面の浅浮彫りで飾られた（図30）。これがシリーズ五番目の凱旋門であったことは重要である。明らかに、玉座広場の凱旋門はローマ時代以降、ともかくも建立された最初の永続的な凱旋門だったけれど、それはすぐに引き続いて、サン＝タントワーヌ、サン＝ドニ、サン＝ベルナール、サン＝マルタンの古い門構えを凱旋門で取って替えていった。[34]

この賞賛の大合唱のなかで、わずかだが、王に穏やかに、陛下は十分遠くまで行かれましたから、戦時の勇気をひとまず置いて、地上に休息をおあたえください、とすすめる二、三の忠告を探し出すことができる。[35] それでもなお、戦争は続いた。一六七六年と一六七七年の戦役は、マーストリヒトの救出、ヴァランシエンヌ、カンブ

30《敬意を受けるルイ》サン＝マルタン門の凱旋門三角小間の浅浮彫り，1674年

レー、サン＝トメールの攻略、カッセルの勝利といった出来事を祝賀するメダルによって記念され、そして、それらはポール・タルマン、ボワロー、そして、今一度、コルネイユ（「ルイが現れるだけで、壁が崩壊する」）による詩でたたえられた。[36] 祝賀行事は一六七八年に最高点に達した。そのとき、テ・デウムが五回、すなわち、イープル、ピュイセルダ、そしてとりわけガン（六日を要しただけ）の占領、そして、ナイメーヘンで署名された講和の諸条約のために歌われたのである。

短期間で終わった帰属戦争の場合がどういうものであったにしても、オランダ戦役の場合には、公式の説明と現実の戦争とのあいだの一定の矛盾を覆い隠すのは難しかった。一六七二年、ライン川渡河の数日後、オランダ人は堤防を切って自国を水浸しにし、こうして、フランス軍が水浸しの地域で軍事行動をすることができないようにしたのである。ルイは決定的な勝利を得ることなく、フランスに戻らなければならなかった。一六七三年、マーストリヒト攻略のあとには、フランス軍はオランダ共和国から撤退した。[37] 一六七四年に軍事行動の舞台がフランシュ＝コンテに移ったこと自体、オランダ人の抵抗の強さを物語るものであった。一六七八年にナイメーヘンの和平会談で同意された妥協案も（英国とスペインが三国同盟でオランダに加わったという事実に励まされて）同様のことを示していた。

31「休息する征服者」 ノエル・コワペル《ナイメーヘン和約の後に休息するルイ》油彩，カンヴァス，1681年。モンペリエ，ファーブル美術館

しかし、公式説明によれば、困難があったとしても、それはただルイによって乗り越えられるためだけにあったのである。オランダ共和国の洪水氾濫へのまれな（そして、おそらくは機転の利かない）言及をしていたひとりデマレは、敵よりもむしろ王が「堤防と壁」を壊したかのように述べている（冬の水で増水した流れのごとく、ルイは岸を抑え、だが堤防と壁を壊す）[38]。

コルネイユの言い方によれば、王は妥協案を受け入れるというよりむしろ、オランダに平和をもたらすかのように示されていた。「君が口を開くや、平和が生じ、君が全能であることを全世界に納得させる」[39]。このようにして、和平が一六七九年に、『メルキュール・ガラン』紙に掲載された韻文で、ゴブランで上演されたバレエで、トゥルーズの儀礼式典などで祝われたのである。和平は王の弱さをではなく、王の強さ、「穏健さ」、「善良さ」を明らかにし、また、ヨーロッパに「休息」をあたえたのである[40]（図31）。

コルネイユが軽蔑的に三国同盟を「策略」または「謀反」（まるで三国がフランス王の臣下でもあるかのようだが）として言及していることだけが、かれの状況認識をおのずと示している[41]。それは、三頭の犬ケルベロスを踏みつける王という、付きまとって離れない繰り返し表現される図像と符合する。勝利したとの公式レトリックとフランスが敗北したという現実のあいだの不一致の問題は、治世後期にはもっと大きくなるだろう。

7

システムの再構築

32 「イメージ制作者のイメージ」 ニコラ・ド・ラルジリエール《シャルル・ル・ブランの肖像》
1686 年。パリ，ルーヴル美術館。ル・ブランが指し示しているのは図 25 の絵

さあ、見においで、王たちのモデルのこの方の、心惹かれるお姿を、
この方に、地上でも海上でも、負かされた諸国民よ、
あなたたちはみな、この方の名前だけで何度、震え上がったことか、
その腕を振り上げるだけで、世界征服もかなうはず。
――ル・クレール、ヴィクトワール広場の像のマドリガル

ナイメーヘンの和約は一六七八年九月二九日、パリの一一カ所で、太鼓とトランペットの鳴り響くなか、厳かに布告され、地方でも祝砲、花火があげられ、テ・デウムが歌われた。[1] そして十年ほどの比較的平和な時代がつづき、ルイは栄冠をかぶってくつろぎ、臣下の敬意を受けることができた。この時期までにまだ用いられたことのなかった賞賛の形式を考え出すことは、簡単だったはずはないが、しかし、王をたたえる地名の創出は言及する価値があるかもしれない。一六八〇年代に造られたザールラントの要塞は、王の記憶を永遠なものにするため「サールルイ」と名づけられた（現在はドイツ領であるけれども、町は今もルイの名前をつけて呼ばれている）。[2] ラ・サール騎士が北米大陸の一部を「ルイジアナ」という名前にしたのも、また、この時期の一六八二年のことだった。

平和の十年間はまた、以前よりふんだんに資金を芸術のために使うことができた。たとえば、ヴェルサイユがジュール・アルドゥアン・マンサールによって改築され、ル・ブランとその協力者によって改装されたのは、この十年のあいだであった。宮殿の機能は変わりつつあったので、宮殿も設計し直された。宮廷が公式に、中央官庁とともに、ヴェルサイユへ移ったのは一六八二年のことであった。ルイはほかの住居、たとえば、フォンテーヌブローやシャンボールで時間を過ごすこともあり続けたが、しかし、一六八三年の王妃の死と数カ月後のマントノン夫人との秘密結婚以降は、ヴェルサイユにいくぶん定着するようになった。王妃の死後は、［王のウイングと王妃のウイ

ングというように」宮殿の公式居室の二分割制度はやめ、王の居室は宮殿の中央に位置するようになった。[3]

後世の人間にもっとも強く印象づけられているのは、この治世後期に再構築されたヴェルサイユというシステムのイメージで、これはサン゠シモンの回想録における王、宮廷、そしてかれが言うところの「機構」についての有名な叙述のおかげである。

一六八三年は王妃が亡くなった年というだけでなく、コルベールが死んだ年でもあった。コルベールは、第4章で論じたように、ヴェルサイユとは別のもうひとつのシステムであるが、ルイ一四世賞賛の機構を作るために最大の貢献をなした人物であった。コルベールの後継者ルーヴォワの下で、このシステムもまた、再構築されることになった。

1 宮殿

ジュール・アルドゥアン・マンサールが宮廷建築家に任命された一六七五年以降、王のマンサールにたいする覚えは大変にめでたく、王のいる所はどこにでも随行した。[4] かれこそが、有名なグランド・ギャラリー、戦争の間、平和の間、大使の階段を含むヴェルサイユの再設計の主要な役割を果たした人物であった。装飾については、ル・ブランとその協力者の仕事であったが、これはおそらく「王の歴史物語」のなかでももっとも忘れがたいものになっているだろう（図32）。『メルキュール・ガラン』紙におけるこれらの装飾にかんする解説文は、装飾による治世の説明が廷臣よりも幅広い読者にまでとどくことを保証するものだった。同様に、ヴェルサイユについて出版されたフランソワ・シャルパンティエ（小アカデミーのメンバー）、ピエール・ランサン（王のメダルの管理官）、そしてのちになるが、ジャン゠フランソワ・フェリビアン（王の建設事業修史官の息子）の本も幅広い読者層を対象としていた。[5]

グランド・ギャラリーの当初の計画案は神話から題材を取ったもので、ヘラクレスの生涯とかれの取り組む難事業を表していた。一六七八年に、この計画案をやめて、王の事跡の歴史に取り替える決定が、枢密国務会議という高度の政治レヴェルで下されたことにはたしかに意義深いものがあった。[6] 九枚の大きな絵と一八枚の小さな絵があり、「ピレネーの講和からナイメーヘンの講和にいたる王の物語」が取り扱われていた。[7] 大型の絵のうち、八枚はオランダ戦役に当てられ、一枚だけが親政開始を表すもので（図20）、そこでは「若さに華やいだ王が、栄光の女神のほうに目を向け、結婚の後は、国務の舵を取り、そして……臣民を幸福にし、敵を屈服させる方法に思いをめぐらす」。[8] その背景には国内の治世の出来事（司法・財政の改革、芸術の保護、パリの警察制度の整備など）が描きこまれていた。[9] 観る側の者が図を正しく解釈できるように、絵画には題辞が付けられていた。これらの題辞が重視されていたことは、たとえば、シャルパンティエによる当初のものが、それがあまりに「仰々し」すぎるということで、ルーヴォワの命によってのちに消され、ボワローとラシーヌによるもっとシンプルなものに取って代えられることになったという事実によって判断されよう。[10]

同時代の人にとって、グランド・ギャラリーの絵とほとんど同じくらいに壮観だったのは「大使の階段」だった。それは、戦争から王が凱旋帰還するのを祝うために造られた大階段で、そのあとは、王への謁見のために外国の大使たちが到着するような公式儀礼の機会に用いられた。一六八〇年代に装飾がなされるが、一八世紀に壊されたその階段については、同時代の記述によって再構成が可能である。[11] 主要なテーマとなるのは、またもや勝利であって、数多くのトロフィーと二輪戦車が目立っていた。フランスに打ち負かされた敵はヒドラとピュトンという寓意的なかたちで登場したが、しかし、紋章がしるされていたから、観る者は何の疑念もなく、それがスペインと神聖ローマ帝国を示していることに気づいた。その階段の浅浮彫りには、治世の有名な出来事が表現されていた。たとえば、

33 アントワーヌ・コワズヴォ《敵を踏みつけるルイ 14 世》スタッコの浅浮彫り，1661 年。ヴェルサイユ宮殿

34 アントワーヌ・コワズヴォ《ルイ14世の胸像》大理石，1686年頃。ロンドン，ウォーレス・コレクション

司法の改革、ライン川渡河、フランシュ＝コンテの降伏、フランスの上席権のスペインによる承認を含んでいた。スペインやオランダや神聖ローマ帝国の大使たちがこの階段を上りながら、どのような感情が心中去来したかについては読者の想像にお任せするほかない。[12]「戦争の間」は勝利の印象を再度、強めた。アントワーヌ・コワズヴォの手になる、その有名な浅浮彫りは、大理石浅浮彫りにもとづく石膏製のもので、馬の背にまたがる王がふたりの捕虜を踏みつける図を示していた（図33と図34）。

2 宮廷

今日、「ヴェルサイユ」の名前は、単に建物だけではなく、ひとつの社会、宮廷の世界、とくに、王の日常生活の儀式化をも喚起する。朝に起き、夜に寝る動作は、ご起床の儀とご就寝の儀という儀礼に変わり——前者のご起床の儀は、公式度の低い小起床と、より公式的な大起床の二段階に分かれる。国王の食事もまた、儀式化されていた。ルイはより公式的に食事（大晩餐）をするかもしれないが、より非公式的な食事（小晩餐）、あるいは、さらに公式度の低い「極小晩餐」でさえも、三つのコース料理からなり、多くの品がテーブルに乗った。[13]これらの食事は観衆の前でなされるパフォーマンスだった。王の食事を見ることが許されるのは、ひとつの名誉であったが、食事中に王によって話しかけられるのは、より大きな名誉であり、さらに、かれに食物を出すよう言われ、あるいは、王といっしょに食事するよう招かれるのは最高の名誉であった。出席者は誰でも帽子をかぶるが、王に話しかけるとき、あるいは王から話しかけられた場合には、帽子をとった。ただし、テーブルに着いている場合は別である。[14]

社会学者のノルベルト・エリアスが、ロイヤル・タッチにかんするマルク・ブロックの議論と類似する議論のなかで指摘していたように、これらの儀式を単なる珍奇な骨董品的なものとしりぞけてはならない。それらは、その取り巻く文化――絶対君主制、社会階層など――について語ってくれるから、そのことがらを分析しなければならない。[15] 当然のことながら、このアプローチを王ののこりの日常生活にまで――毎日のミサ、顧問官たちとの会議、そして遠征、狩りの旅、庭園の散策さえも含め――拡張できるのかもしれない。だが、分析をこの方向に延長すると、「儀式」ということばの意味そのものが水増しされて、その意味の大部分を失うことになると思われるかもしれない。しかし、当時の観察者たちは、あらゆる王の行動が、「もっともわずかな仕種にいたるまで」手順が決められていたことに注目していた。毎日、同じ時刻に同じことがなされたので、王の行動によって時計の時間を合わせることができるくらいだった。[16]

このスペクタクルに参加するためにはいくつかの形式的なルールがあった。たとえば、誰が王にお目どおりを許されるのか、どの時間に、宮廷のどの階層がそうなのか、その人物は立ったままでいなければならないのか、それとも椅子にすわれるのか、スツールにすわれるのか、といった規則がそうである。[17] 王の日常生活は、たんに繰り返しの行動というだけでなく、象徴的な意味を帯びた行動から構成されていた。というのも、王の行動は、その人格が神聖とされる王によって、公開でなされたからである。ルイは、起きているあいだ、ほとんどずっと舞台に出ずっぱりだったのだ。王にもっとも密接に結びついた物質も、今度は、それらが王を表すがゆえに、神聖さを帯びることになった。それゆえに、王の肖像画に背を向けたり、王のいない寝室であったとしてもひざまずかずに入室したり、王の晩餐の用意されたテーブルのある部屋で帽子を被ったりしていることはルール違反だった[18]（一四ページ）。

理想としては、宮廷における秩序の社会学的分析には、儀礼の創造・発展の歴史が伴っていなければならない。われわれは、今日、儀礼なしのルイ一四世を想像するのが難しいからといって、儀礼がずっとそこで同じままだったと仮定してはならない。儀礼の起源の問題は自明であるが、同時に、このことは無視されていて、問うことは簡単だが、答えるのは難しい。ヴェルサイユの伝統の「創造」と呼ばれるかもしれないものについては、はっきりしないままなのである[19]。日常的な儀礼がはじまったのは、ルイがヴェルサイユ宮殿を永住的な住居とした一六八二年なのだろうか。それ以前のヴェルサイユへの滞在のあいだ、あるいは一六八二年以後のほかの宮殿の滞在中はどうだったのか。王が儀式を自ら案出したのか、それとも助言者たち、あるいは儀典官たちの作品なのか、それとも伝統に従っただけなのか。儀礼は政治的な理由のために作り出されたのか。

これら毎日の儀式が、ルイ一四世のイメージを構築する際に重要だったのであれば、それらについて知られていることがらをまとめておく価値がある。ほとんどあらゆる情報は、治世の比較的遅い時期のものである。もっとも完全で、もっとも鮮明で、もっともしばしば引き合いに出されるのがサン＝シモンの回想録であり、著者言うところの「この君主の生活の外皮」の記述が見られることになる。その回想録において、とくに儀式の問題を取り上げた箇所は、おそらく一七四〇年代後半になって書かれたが、しかし、それはサン＝シモンがルイの廷臣のひとりとして宮廷に参内した一六九〇年代のかれの手記から引いてきたものである[20]。もうひとつの、日々の儀礼にかんする、それほど詳細ではないが価値のある説明は、ブランデンブルク選帝侯の大使エゼキエル・シュパンハイムによる『フランス宮廷についての報告』で、これは一六九〇年にかれの主人のために書かれたものである。シュパンハイムは、一六八〇年代を通じてずっと大使であったので、一六八二年［ヴェルサイユへの宮廷の恒久的な移転］前後にあったかもしれない変化について何もコメントしていないのは、たしかに意味深長である。

サン＝シモンにしてもシュパンハイムにしても、そのシステムを全体として記述している。ただしかし、一六九〇年以前についての情報は断片的である。残念なことに、ダンジョーの浩瀚な日誌がはじまるのは一六八四年からでしかない。イタリアの貴族プリミ・ヴィスコンティは、かれの回想録の一六七四年のところで、王の小起床の儀について短い叙述をしており、王が「穴あきおまる椅子にすわって」いたときでさえも、廷臣たちに取り囲まれていたことに驚いていた[21]。一六七一年、元外交官のアントワーヌ・クルタンはエチケットにかんする本を出版したが、それはヴェルサイユ宮殿における振る舞い方の教本ともなっていた[22]。サヴォワ公国の大使は、一六六一年、ルーヴルでの王のご起床の儀に群衆も出席していることに注目した[23]。アンリ四世とルイ一三世の宮廷もスペイン宮廷よりははるかにリラックスしていたように思われるけれども（二四五ページ）、それでもある程度の形式があったことが認められる。

ヴェルサイユという伝統の創造についての情報データがこのような状態であるから、確固たる結論を出すことははじめから問題外となる。断片的な事実を集め、一貫した説明にした仮定的結論ということになるが、それはつぎのようになるのかもしれない。王の日常生活は、親政の開始以前にすでに、かなりの程度、儀礼化されていたが、しかし、儀式はスペインのモデルをフランスの状況に適応させることによって、その後、洗練されるにいたった。ダンスとスペクタクルへの王の関心、そして儀礼儀式で主役を演じることへの関心は、ルイ一四世自身によって振り付け変更がなされ、あるいは、すくなくとも、きちんと監督されていたとの推測をもっともらしく思わせる。ヴェルサイユで組み立てられた日常生活のための、ますます精巧になる舞台装置は、これらの儀式をより魅力的なものにし、そして、より厳密なものにし、時計仕掛けの効果を生むのに寄与した。

宮廷の日課における、ひとつの大きな変化の日付は、比較的正確に示すことができる。一六八二年のヴェルサイユへの移転に続いて、王は王の居室を、週に三回、カード遊びやビリヤードのような「気晴らしの娯楽」のため、一般（と言っても上流階級）に開放し、そのときには「王、王妃と王族の方全員が高みから降りて来られて、集まった者と親しく遊ばれた」[24]。「王の居室の夜会」という、新しい習慣のこの公式解説によれば、重要な点は王への近づきやすさを臣民に示すことにあった。そして、そのテーマはメダルや王太子にあたえる『覚書』のなかで強調されたのである（九〇ページ）。

3　組織者

王の公的イメージの提示の仕方における変化は、ほかにも、一六八〇年代中頃に起こった。それらの変化がコルベールの死とルーヴォワの昇格に結びついて起こったのは、ありそうなことである。コルベールとルーヴォワは長らくライバル関係にあった。前者は内政で、後者は外交で優勢であった。一六八三年のコルベールの死によって、ルーヴォワは芸術領域にまで勢力を拡大する機会を得た。建設事業総監の官職は、この地位にあった父コルベールの後を継ぐべく教育されていた、コルベールの四男、ブランヴィル侯爵によって受け継がれてはいた。しかし、その若者は満足のゆく仕事を果たせなかった[25]。それゆえ、王はその官職購入をルーヴォワに認め、そうして、たんに王の建設事業だけでなく、ゴブラン織物製作所や諸アカデミーの監督をすることも許したのである。ルーヴォワはすぐに、王立絵画・彫刻アカデミーの保護者としての新しい肩書きで、芸術家たちに賞品をばらまいた[26]。

一六八三年のこの監督交代劇は当時の後援システムの機能を照らし出す。そのことを一九、二〇世紀アメリカの「猟官制［選挙で勝った政党が、公職の任免権を一手に握る制度］」と比較することは、たんなる気まぐれではない。猟官制それ自体、近世の政治主導の官職配分のスタイルが生きのこったものと見ることができるかもしれないからだ。おもな違いは、一七世紀には制度としての政党が存在しなかった点であり、このことは一七世紀のシステムのほうがより恣意的（または、より柔軟）であることを意味した。「パトロン」が、既存の官吏を取り替えるべきかどうか自由に選べたのである。

したがって、総監の交代はル・ブランの立場にとっては脅威であった。というのも、すでに見てきたように、ル・ブランはコルベールの配下にあって、他方、ルーヴォワはル・ブランのライバルのミニャールを支持していたからである。ル・ブランは、公式の地位を失いはしなかったが、影響力は失った。ルーヴォワによって押しのけられたもうひとりのコルベールの配下は、シャルル・ペローであった。かれは、小アカデミーのメンバーと建設事業監督官の地位を失った。[27] 新しい建設事業監督官——そして、小アカデミーの書記——になったのは、ルーヴォワの被保護者ラ・シャペル殿だった。ラ・シャペルとル・ブランのあいだには対立が生じた。[28] ほかのコルベールの元配下の者たちも地位を失った。アンドレ・ル・ノートルは引退を余儀なくされた一方で、ピエール・ド・カルカヴィは科学アカデミーと王立図書館の監督権をなくした。

ピエール・ミニャールは、ついに自分の時代が来たことがわかった。かれにはヴェルサイユの小ギャラリーの絵が注文され、爵位が授けられた。そして一六九〇年のル・ブランの死後はル・ブランに代わって「王の首席画家」の地位に就いた。彫刻家のピエール・ピュジェは、コルベール期にはこの大臣と衝突した結果、何年も不遇をかこっていたのだが、新たなチャンスが開けてきた。もうひとり、ルーヴォワの被保護者で『メルキュール・ガラン』紙の編集者ジャン・ドノー・ド・ヴィゼはこの時期に王から定期年金を得た。芸術評論家ロジェ・ド・ピールもルーヴォワの配下の者で、かれはオランダ共和国にスパイとして、また同様に、王のための絵を買い付けるために派遣された。オランダ当局はかれの偽装を見破り、そしてピールは監獄にいるあいだ、著書の一冊を書く時間を得たのである。[29]

人員の交代よりももっと重要だったのは、政策の変更、あるいはより正確に言えば、戦略の変化であった。というのも、王をたたえるという政策の基本目標は同一のままだったからである。建設事業総監としての八年のあいだに、ルーヴォワは一連の壮大なプロジェクトを進めることで名を上げた。まず、ヴェルサイユへの予算を二倍にした。[30] 王立図書館とアカデミー全部を収容するためにヴァンドーム広場［当時のルイ大王広場］の建物の建設を計画した。ルーヴル宮殿の外側にルイの記念碑を建てるというコルベールとル・ブラン共同のプロジェクトはやめさせ、一六八五―八六年の「王像キャンペーン」と呼ばれたものを推進した。それは、言い換えると、基本的に、馬にまたがる王の像を二十ほど注文し、パリや地方都市の広場に設置するというものであった。その都市はエクス、アンジェー、アルル、ブザンソン、ボルドー、カーン、ディジョン、グルノーブル、ル・アーブル、リモージュ、リヨン（図35）、マルセイユ、モンペリエ、ポー、ポワティエ、レンヌ、トゥール、トロワだった。[31] そのなかには、建てられるにはいたらなかったのもあれば（ブザンソン、ボルドー、グルノーブル）、ルイ一四世の死後になったのもある（モンペリエ、レンヌ）。それでもやはり、計画のスケールの大きさは印象的で、近代

35「地方のルイ 14 世像」 フランソワ・ジラルドン《リヨンのロワイヤル広場の像の模型》ろう，1687 年頃。イェール大学アート・ギャラリー，ジェームズ・W・フォズバーグ夫妻の寄贈，1933 年

36「勝利者ルイ」 ニコラ・アルヌー《パリのヴィクトワール広場のデジャルダンによるルイ 14 世像》版画，1686 年頃。パリ市カルナヴァレ美術館

の君主より、むしろアウグストゥスのようなローマ皇帝を想わせる。

王をたたえるこれらの記念碑のひとつひとつの除幕式（おそらく「奉献式」と言うべきかもしれない）それ自体が、祝賀の機会となっていた。たとえば、カーンの像の除幕式は、一六八五年の王の誕生日に、パレードあり、演説ありで、トランペットと太鼓、そして鐘が鳴り響き祝砲もとどろいて、厳かに行われた。その様子は『ガゼット』紙や『メルキュール・ガラン』紙のほかパンフレットでも記述されたのである。[32] 一六八六年、『メルキュール・ガラン』紙は「いたる所で、王をたたえる像の建立ラッシュが起きている」と報告した。[33] たいていは騎馬像であるが、王の立像もあった。もっとも壮観だったのは、パリのヴィクトワール広場のためのマルタン・デジャルダンによる像で、即位式の衣装をまとった一三ピエ［約四メートル］の高さの立像がケルベロスを踏みつけ、そして、勝利の女神である「大きな翼のある女性が、王の背後のすぐ近くにいて、月桂樹の冠を前にもち、王の頭上に置こうとする」場面になっていた（図36、図37、図38）。[34] 像の足下には「不滅の男に（VIRO IMMORTALI）」の献辞があり、そして、大理石の台座部分にはルイ一四世の治世の十の主要な業績リストの銘が刻まれていた。この建物は、さらに、四人のブロンズ製の捕虜の姿を含

37「勝利者ルイ」 作者不詳《ヴィクトワール広場の風景》版画，18 世紀初期。パリ，国立図書館版画室

み、また、治世期のなかでもっとも輝かしい出来事を記念する六つの浅浮彫りがあり、毎晩ともされるたいまつを戴く四つの円柱があった。[35]

この像の除幕式は、それにふさわしく、パレード、演説、祝砲、音楽、花火で祝われ、とてもすばらしいものであった。[36] 一六八七年、ポワティエの旧マルシェ広場に建てられた、地元の彫刻家ジャン・ジルアールによる王の立像の除幕式は、聖王ルイの祭日に行われた。[37] 同じ年、パリを訪問するのがまれになっていたルイ一四世がパリを訪れたときに、かれはヴィクトワール広場の自分の像を見に行き、同様に、もうひとつの像が計画されていたヴァンドーム広場にも赴いた。そこにはふたりの彫刻家、デジャルダンとジラルドンが付き従っていた。[38]

この王像キャンペーンというアイディアは元来、王の建築家マンサールから来たもののように思われる。そして、これらの像のなかでもっとも壮観な、ヴィクトワール広場の像は、一私人たるラ・フイヤード元帥によって注文された（リシュリュー公爵はリュエイユの自分の城のためにもうひとつ注文した）。しかし、ルーヴォワの支持なしに、これら

38 「勝利者ルイ」　《ヴィクトワール広場の風景》ノースリー『地形図学』1702 年所収の口絵，ロンドン，英国図書館

のプロジェクトも成功の見込みはなかっただろう。地方の像にかんしては、それらに刻まれた題辞が示しているように、王への自然発生的な献呈として地元で注文されたのであり、また『メルキュール・ガラン』紙を読むと、この印象を強くする。たとえば、「グルノーブル市は」その市参事会員たちに「陛下にたいし、陛下の像を町の中心広場に建てるのをお許しいただけるよう、最大の謙虚さでもってこい願う」任務を負わせたことを記していた。[39] さらにまた、「カーン市は、陛下の像を最後に建てる町でありたくはない」と言い、マルセイユもまた王の像を請願した。[40]

しかし、この忠節の開陳がまったく自然発生的なものではなかったという証拠もある。市当局、地方三部会は、こういう意思表示をするように、地方長官、地方総督、そのほかの政府筋から、命令されたとは言わないまでも、勧められたのだ。たとえば、カーンでは、主導したのは地方長官のバリヨンであり、グルノーブルでは地方長官ルブレ、ル・アーブルではサン゠テニャン公爵、そして、レンヌではショーヌ公爵だった。これらの政府高官にしても、かれらの側からすれば、もしパリから命令がなければ、異なる地方で、同時に、このような提案をしはしなかったであろう。[41] ルイ一四世をたたえる記念碑のいくつかの題辞や細部も中央政府によって定められた。アルルでは、地元のアカデミーによって考案された銘は、公式修史官ペリッソンによって作られたものに取って代えられた。ディジョンでは、マンサールが、地方三部会は計画していなかった追加措置を強く主張した。リヨンの場合、題辞の決定に介入したのはポンシャルトラン（ルーヴォワの死後、小アカデミーの責任者）であった。[42]

地方での王のイメージにたいする中央政府の関心がますます増大していることは、若干の強調に値する（二一二ページ）。すでに指摘されてきたことだが、王像キャンペーンが集中したのは、いわゆる「三部会地方」（ノルマンディー、ブルターニュ、アルトワ、ブルゴーニュ、ラングドック、プロヴァンス）であった。そこはフランスに編入されたのが遅かった地方であり、地方の独立性をより多く保持していた。ほぼ同じ時期に、パリをモデルにした地方の機関の創設が見られる。たとえば、ニームの王立アカデミーから、マルセイユのオペラ劇場までがそうである（二一〇ページ）。地方における世論を培養しておく必要を政府当局が新たに認識したのは、ある程度まで、一六七五年のブルターニュ農民の反乱（その責任について地元エリートは非難されていた）へのひとつの応答であったのかもしれない。

ルーヴォワはまた、出版――特徴的なのは大判での出版ということだが――を通して王の栄光を押し進めようとした。これらの出版のいくつかは科学アカデミーと関係していた。[43] もっと直接にルイ一四世のイメージと結びついた別のプロジェクトがルーヴォワによってはじめられた（あるいはとにかく再活性化された）。「メダルによる歴史」がそれである。メダル（または金銀通貨）による歴史は、書物形式で治世を説明するものとして計画され、特定の出来事を祝って鋳造されたメダルすべてを版画にして年代順に並べ、説明文が付けられる。このプロジェクトにたいする大臣の関心は以下の事実によって示される。すなわち、王のメダルのための題辞を案出していた小アカデミーが、一六八三年に拡大され、その新メンバー（ボワローとラシーヌのほか）のひとりに貨幣学者ピエール・ランサンがなったという事実である。かれはルーヴォワの配下の者であった。ルーヴォワの権限の強大さについては、ヴェルサイユ宮殿グランド・ギャラリーの絵の題辞をめぐって、本章のはじめに言及した通りである。[44] ルーヴォワの晩年には再び戦争が勃発するが、かれは『ガゼット』紙での報告記事を入念にチェックした。記事のいくつかは批判にさらされ、また記事原稿のいくつかには手が入れられた。[45]

コルベール時代と同様、この時期もチームワークが重要であったが、それでもなお、この頃のプロジェクトが、君主よりも大臣（粗野で、野蛮で、行き過ぎる傾向のある）のパーソナリティを反映していると言っても現実からかけ離れていることはないだろう。たしかに、制作したのはデジャルダン、ミニャール、ランサンなどの手である。しかし、声はルーヴォワの声なのだ。

4　出来事

一六八〇年代は比較的平和な十年ではあったけれども、この時期の出来事には類似した強調点を聞き取ることができる。祝賀記念のために選ばれた行事にはふたつの海戦、ふたつの外交上の出来事、病気からの王の回復、そして、ほかの出来事を断然引き離して優越しているナントの勅令の廃止があった。選ばれた海戦は一六八三年のアルジェの砲撃、そして、一六八四年のジェノヴァの砲撃であった。最初の都市（オスマン帝国の一部）は、それが海賊を停泊させたとの理由からであり、第二の都市（まだ独立都市国家）は、その政府がスペイン海軍のためにガレー船建設を認めていたからである。これらの出来事を記念するために鋳造されたメダルがどのように表現されたかは、このときの当局の態度について多くのことを語ってくれる。ひとつのメダルの題辞は「雷に打たれるアルジェ

（ALGERIA FULMINATA）」（図39）で、ルイとユピテル（しばしば雷電で表現される）（図40と図41）の類似性をほのめかし、そのことはほかでは、たとえば、ヴェルサイユ宮殿のル・ブランの絵のなかで、明白に示されている。もうひとつの銘は「嘆願者としてのアフリカ（AFRICA SUPPLEX）」である。[46]

ジェノヴァの砲撃を記念するふたつの異なるメダルのうち、ひとつは「驕れる者に雷は叩きつけられる（VIBRATA IN SUPERBOS FULMINA）」、そして、もうひとつは「懲らしめられるジェノヴァ（GENUA EMENDATA）」（図42）である。[47] これは極端な父親的温情主義の表現である。というのも、ジェノヴァ共和国のような独立国家でも、フランスの公式芸術家と作家の手にかかると、過ちのために「懲らしめられ」なければならない子供として表現されるからである。[48]

傷口に塩をすりこむかのように屈辱を再確認させるため、ジェノヴァ総督は自ら謝罪の意を示しに、『ガゼット』紙に言わせれば、ルイへ「降伏しに」、パリまで来なければならなかった「ジェノヴァの総督は、その在任中、国を離れてはならないとされていた」。ちょうど、アルジェリアの大使がそうしたように、である（そしてスペインと教皇庁の使節もまた、ルイ一四世の治世初期にフランス大使の馬車やコルシカ衛兵をめぐる事件の場合にそうしたのである）。総督は四人の議員とヴェルサイユに到着し、謝罪の演説をした。その演説のあいだ、かれはルイ一四世の名前を出すたびに、自分の帽子をとったのだった。ルイが慈悲深くも謝罪を受け入れ、総督が三度低くお辞儀をしながら退出したあと、ジェノヴァ代表団には晩餐が振る舞われ、贈り物があたえられ、そして、ヴェルサイユをガイドつきで案内されたのだ。[49] かれらの降伏は新聞雑誌だけでなく、クロード・アレの絵（図43）によって、また、ゴブラン織物製作所で織られたタペストリーによって、そして、「ジェノヴァの屈服（GENUA OBSEQUENS）」のような題辞をもつメダルによっても表現され、記念されたのである。[50]

39 《雷に打たれるアルジェ》のメダルの表と裏，『ルイ大王の治世の主要な出来事についてのメダル』1702 年所収の版画，ロンドン，英国図書館

40 《雷に打たれるハイデルベルク》のメダルのためのペンとインクによるデッサン，『1694 年以前のアカデミーの図案集』所収，ロンドン，英国図書館手稿コレクション

41 《空気》4枚のニードルポイント刺繡壁掛けの1枚，おそらく1683-84年頃。ニューヨーク，メトロポリタン美術館，ロジャーズ基金，1946年

42　フランソワ・シェロン《懲らしめられるジェノヴァ》のメダルの裏，1684 年。ロンドン，大英博物館通貨・メダル部

43　クロード・アレ《ヴェルサイユ宮殿のジェノヴァ総督》油彩，カンヴァス，1685 年。マルセイユ，カンティーニ美術館

44「世界がルイに敬意を払う」《王によりあたえられるシャム外交使節団の謁見》『1687 年王国年鑑』所収，パリ，国立図書館

メディアのなかで多大の注目を集めた外交使節団は「シャム王によって派遣された高官たち」（一六八六年）だった。というのも、おそらく、ルイ一四世が「世界中でもっとも偉大な君主」であるとの主張を裏付けてくれるものだったからだ。『メルキュール・ガラン』紙は四つも特別号を発行して、この訪問を取り上げた。そして、訪問者がルイ一四世にたいして表明した賛辞を記事にした。シャムからの使節団がゴブラン織物製作所、王立絵画アカデミー、ル・ブランの「アレクサンドロスの歴史」を含む多くの美術作品を見に連れて行かれたことは、たしかに示唆的である。というのも、今度は、その使節団が絵や版画（図44）や浅浮彫りやメダルで表現されたからである。[51]

5　ナントの勅令の廃止

しかしながら、さまざまな表現テーマにかんする限り、ナントの勅令の廃止という出来事を前にすると、この時期のほかのすべての出来事も影が薄くなる。プロテスタンティズムを非合法化するという王の決定は、およそ二〇万人ものフランス人男女を亡命させることになり、後世の歴史家によってしばしば批判された。ここで強調したい点は、その当時のメディアにおける好意的コメントの重要性である。コメントの一部は、自画自賛の政府当局によるものと言うことができるが、コメントのなかには、イエズス会士や在俗の聖職者のような政府の外側から来たものもあった。このナント勅令廃止にかんする同時代の表現をより仔細に見てゆくと、ルイ一四世のイメージが、太陽の光のように、単一の中心点から発散するものではなかった、ということを想わせる。それは、公式・非公式の作家、芸術家、後援者たちによる共同制作であった。

その出来事の公式表現については、まず新聞、とくに『メルキュール・ガラン』紙からはじめることができよう。本紙は、その主題に多くの紙面を割いていたからである。読者はすでに、有力なプロテスタントの人物たちが改宗したとの以前の説明で、ある程度のニュースの予想はついており、有力者の改宗はかれらの「党派」が、力に訴えなくとも、おのずから弱体化していっていることを示していた。[52] ナント勅令廃止に向かっての歩みは、その一歩一歩ごとに、陛下のいともキリスト教的「熱意」にたいする喝采でもって迎えられた。[53] ついに廃止勅令のニュースが到着すると、一切コメントなしで、報じられた。[54] しかし、そのあとの号では、多くの紙面が「横柄な」異端を根絶した王を祝福する詩に割かれた。

横柄なる、そして反逆する異端の絶滅、
この大君が主張なさるのは、この勝利。
他の誰が、さらなる栄光を果たせよう。[55]

ナント勅令廃止の公式表現には、またメダルもあり、小アカデミーによって「勝利せる真の宗教（RELIGIO VICTRIX）」、「根絶された異端（EXTINCTA HAERESIS）」、「滅ぼされたカルヴァン主義者の寺院（TEMPLIS CALVINIANORUM EVERSIS）」、「教会に戻される二〇〇万のカルヴァン主義者（VICIES CENTENA MILLIA CALVINIANORUM AD ECCLESIAM REVOCATA）」のような題辞が考案され、メダルに刻まれた[56]（図58）。デジャルダンによる、ヴィクトワール広場のルイ一四世の像には、ナント勅令廃止を描いた浅浮彫りがあった。王立絵画アカデミーは卒業制作のテーマとして「教会の勝利」と「足下で踏みつけられる異端」を選んだ。ギー・ルイ・ヴェルナンセル（かれは一六八七年にアカデミー会員になった）による絵は二番目のテーマを描いた（図45）。教会は、いつもどおり、女性で表現され、ルイによって守られている。他方、異端者たちは逃げまどい、地面に崩れ落ちる。フィリップ・キノーは、宮廷バレエとオペラのための台本作者としての二〇年のキャリアの最後に、「根絶された異端」という題の叙事詩を書き、他方、シャルル・ペローは「新しく改宗した者」へのオードを書いて、かれらを

45 「信仰の擁護者としてのルイ」 ギー・ルイ・ヴェルナンセル《ナント勅令廃止のアレゴリー》 1685年頃

「度量の大きい」君主とともに祝福したのである。[57]

ナント勅令廃止は聖職者によっても祝われた。もっとも聖職者たちは王に進言しつづけていたのだから、このことは驚くには値しまい。実際、この機会に、聖職者たちはルイ一四世を自分たちの目的のための「道具」として利用したと議論されてきた。[58] ナント勅令廃止というこの特別な措置を断行した王をたたえる賛辞のなかで、もっとも有名なものは、先の大臣ミシェル・ル・テリエの葬儀でなされたボシュエの説教である。かれはルイを「この新しいテオドシウス、この新しいマルキオン、この新しいシャルルマーニュ」と述べた。[59] とりわけ、イエズス会士たちがこのテーマを繰り返し論じた。パリのイエズス会コレージュ——それはその後「ルイ大王」コレージュと名前を変えるが——の教授フィリベール・カルティィエは、「異端を根絶したことで（pro extincta haeresi）」王をたたえる頌徳文を発表した。一六八五年のコレージュ主催のバレエのテーマは、フランスでキリスト教を確立した王「クローヴィス」であった。二年後、別のイエズス会士ガブリエル・ル・ジェイはその頌徳文、題辞、銘句のテーマとして「宗教の勝利」を選んだ。[60] あとになってから考えた場合、以前のバレエと弁論は、イエズス会による反プロテスタント・キャンペーンの奨励と解釈できるかもしれない。たとえば、ストラスブールが強制的にカトリックに戻るようにされた一六八一年の年に上演された『コンスタンティヌス、宗教の勝利』、そして『ルイ敬虔王（Ludovicus Pius）』（一六八三年）がそうである。

ナント勅令廃止にたいするフランスの内外のほかの反応は、はるかに非好意的なものだった。振り返って見ると、この措置が王のイメージを良くしたというよりも、むしろ害したことは明らかである。王のイメージは治世の後の時代になると、さらにもっと色あせることになろう。

8

日は沈む

46「老いてゆくルイ」 アントワーヌ・ブノワ《ルイ 14 世の肖像》ろうと画材の組合せ，1706 年。ヴェルサイユ宮殿

王の軍隊が戦場において敵軍に敗れることを余儀なくされた点では、ホフシュテット［ブレンハイム］の事件は敵国よりも不利な結果に終わったにしても、敵のほうがはるかに多数の戦死者を出したのだ。

——『メルキュール・ガラン』紙、ブレンハイムの戦闘にかんする一七〇四年一〇月の記事

一六八八年、ルイ一四世は五〇歳であった。かれはすでに四五年ものあいだ王位にあり、そして、二七年のあいだ親政を敷いていた。一七世紀の基準からすれば、かれは老人であった。誰も、かれの治世がさらに四分の一世紀も続くとは思わなかっただろう。王の健康状態はけっして良くはなかったし、一六八〇年代後半に二回の手術を受けなければならなかった。その最初の手術で大部分の歯を失うことになった。第二の、より大きな手術はフィステル［痔ろう］——公式声明などでは「ご不調」——スキュデリー嬢は「陛下のご不調」を題材にしたマドリガルを書いた——、ないしは「ご不快」などのように婉曲表現によって述べられる病気を治療するものであった。[1]この病気の結果、ルイ一四世はあまり出歩かなくなった。実際、一六九二年のナミュールの攻囲戦に宮廷を引き連れてから以後、王が遠征に行くことはまったくなかった。

ルイは次第に痛風が悪化したので、ますますじっとしたままになった。かれの晩年には、ときどきヴェルサイユの宮殿や庭園を車椅子（かれの移動用キャスター）で移動する姿で見られることになった。それでもまだ、かれは自己表現に注意を払っていて、一七〇四年のある日のこと、風邪をひいてしまったのだが、その理由は、いろいろなかつらのうちどのかつらを着用すべきか決心するのに時間が長くかかりすぎたからだった。かれは次第に人前に出なくなりはじめた。[2]公開でなされるご就寝の儀は一七〇五年に廃止された。そして、一七〇一年のリゴーによる有

47 「ルイのモットー」 ジャン・ヴァラン《多数に匹敵せざることなし》のメダルの裏，1674年。パリ，国立図書館メダル室

名な肖像画（図1）と一七〇六年のブノワによるろう製の像（図46）以後、王のやつれた姿の表現はよりまれになった。

政治でも傾向は落ち目になっていった。長期に及ぶ親政の後半部分は、前半部分よりもうまくいかなかった。それは平和でも勝利でもない時期だった。フランスが敵国の大同盟を打ち破ることができなかった時代には、「多数に匹敵せざることなし（NEC PLURIBUS IMPAR）」という誇り高いモットー（図47）も次第に不適切なように見えてきたにちがいなかった。アウクスブルク同盟戦争は一六八八年から九七年まで続き、スペイン継承戦争は一七〇二年から一三年まで続いた。これらの戦争は出費がかさみ、国を借金漬けにして、たとえ個々の戦勝があったにしても、とくに前者の戦争ではそうだったが、王の栄光に付け加えるものはほとんど何もなかった。これは、後世の歴史家たちの判定であると同様、フランス人であれ外国人であれ、同時代人の判断でもあった。

これらの理由からして、治世の最後の二五年間は王の「日没」と言えるだろう。それだけに以前よりもいっそう、王の公的イメージと同時代人の認識した現実とのあいだで生じうる乖離をできるだけ細かく検討する必要があろう。そうすれば、この問題を当時のイメージ制作者たちがどのように取り扱ったかがわかる。

この困難な時期に、ルイ一四世にはリオンヌやル・テリエやコルベールのような器の大きい大臣の助言や支えがなかった。最後の大人物とも言うべきルーヴォワは一六九一年に死んだ。ヴィラセルフ（一六九一年に建設事業総監になったのがこの人物で、かれはコルベール閥のメンバーで、しかし一六九九年に起きた財政スキャンダルで辞任）、あるいは、ポンシャルトラン（ルーヴォワのあとアカデミーの監督を継いだ人物）のような役人は同じ部類にあるとは言えなかった。おそらく、ルーヴォワ後でもっとも有能だったのは、有名なコルベールの甥のトルシー侯爵であったろう。かれは一六九六年に外務大臣となり、とくにスペイン継承戦争のあいだ、国外の王の公的イメージを担当していた。[3] 作家やアカデミーに年金をあたえるというトルシーの配慮は（政治学アカデミーを創設したのはかれである）、コルベールへの回帰を意識的に示している。

このイメージをつくった芸術家や作家たちもまた、以前ほど卓越してはいなかった。モリエールやラシーヌのような人物はおらず、ラ・シャペルのような小粒の脚本家たちがいるだけだった。歴史家たちは、この時期の人材不足を「フランス文学の危機」と言うまでにいたった。[4] 音楽や絵画においてもリュリ（一六八七年に死ぬ）やル・ブラン（一六九〇年に死ぬ）に取って代わるような人物は実際出てこなかった。ヴェルサイユ宮、マルリー宮、そしてグラン・トリアノン宮殿の新しい装飾は、ルネ・アントワーヌ・ウアス（ル・ブランの元被保護者）、ノエル・コワペル、シャルル・ド・ラフォス、ジャン・ジュブネのような二流の芸術家たちの仕事だった。[5] 彫刻家ジラルドンは現役のままだったが、一七〇〇年には王の寵を失っており、それにその頃には優に七〇歳を超えていた。ナント勅令の廃止は、それまで王に仕えていた一部の芸術家、たとえばダニエル・マロなどの亡命を引き起こした。かれはオラニエ公ウィレムに忠誠を誓うことになった。

壮大なスペクタクルはまだ宮廷で催されていたが、これまた、作曲家アンドレ・デトゥーシュやミシェル゠リシャール・ド・ラランド、あるいは、詩人のアントワーヌ・ド・ラモットのような比較的二流の人物によるものだったし、王太子の死［一七一一年］とその子、つまりルイ一四世の孫、ブルゴーニュ公爵の死［一七一二年］はその種の開催そのものを不適切なものにしてしまった。ラシーヌは一六九九年まで、ボワローは一七一一年まで長生きしたが、しかし、ラシーヌは一般の演劇作品を書くのをやめてしまったし、ボワローの仕事ももはや峠を過ぎていた。より若い世代でもっとも才能ある作家と言えば、ジャン・ド・ラ・ブリュイエールで、かれは時折、王と王の治世を賞賛した。[6] しかし、かれがもっとも知られているのは当時の宮廷社会の批評によってであった。

そのほかには建築家ジュール・アルドゥアン・マンサール（一六九九年に建設事業総監になった）や彫刻家アントワーヌ・コワズヴォ（一七〇二年に王立アカデミー院長になった）そして肖像画家イアサント・リゴー（一七〇九年に授爵された）がいた。これら三人は才能ある芸術家であったが、しかしかつて太陽王に仕えていた綺羅星のごとき人材に代わるものではなかった。

宮廷による後援と国家による後援――ふたつのカテゴリーは重なってはいるが、完全に一致しているわけではない――は、ますます断片的なものになった。ブルゴーニュ公爵とオルレアン公爵の「衛星」宮廷とでも呼べるようなものが次第に、絵画・音楽双方を後援するますます重要な中心点になっていった。ルーヴォワが死ぬとすぐ、王の建設事業と王立アカデミーにたいする責任体制は分割され、その結果、小アカデミーはそれまであった建築とのつながりを失って、よりいっそうメダルや碑文に集中することになった。

いずれにせよ、国の財政問題が当然、国家の後援活動を制限した。一六八九年から一七一五年の時期は「予算の大削減」時代と記述されもしよう。一六八九年にヴェルサイユの銀製家具を鋳つぶしたことは、芸術をめぐる戦いの影響の大きさを示す、もっとも悪名高い事例にすぎない。ヴェルサイユの建設事業と装飾はしばらく中断した。ルーヴォワの死後、ヴァンドーム広場［ルイ大王広場］の再建作業は王の命令で中止された。年金の支払いも停止され、そして、王の報道活動もそうだった。『メダルによる歴史』の出版も遅れ、科学アカデミーも『植物博物誌』

のような、そのもっとも有名なプロジェクトの一部を放棄しなければならなかった。[7]

本章では、年老いてゆくルイ一四世に、よりはっきりとピントを合わせるために、ふたつのテーマに絞って見てゆくことにしよう。ひとつは勝利なき時代における戦争の表現である。もうひとつは王をたたえるふたつの主要な計画の完成、すなわち、ルイ大王広場の巨大な像の完成と王の治世を表現する公式の『メダルによる歴史』の出版である。

1　軍事行動

一六八八年から九七年まで十年間続いたアウクスブルク同盟戦争の出来事は散文や韻文でたたえられはしたが、しかし、それは一六六〇年代または一六七〇年代の比ではなかった。トマ・レロー・ド・リオニエールは、頌徳文形式で一六八九年の軍事上の出来事の歴史を出版した。ボワローもナミュールの占領についてのオードを書いた。この出来事は絵画や版画でも祝われた。[8] また、これらの出来事は四五ものメダルによって祝われた。これらのメダルのうちの一六は陸上または海上での戦いを表現し、そのなかにはフルリュス（フランドル）、スタッファルド（ピエモンテ）、ロイツェ、シュタインキルケ、プフォルツハイム、ネールヴィンデン、マーサリア、テルでの戦闘場面を含んでいる。[9] また二〇のメダルはモンス、ニース、ナミュール、シャルルロワ、バルセロナなどの領地や都市の征服や攻略を記念する。ただし、その二〇のなかにハイデルベルクの破壊を祝うために作られ、のちに除外された評判のメダルは含まれていない[10]（図48）。それらを見る人たちは、南アメリカのカルタジェナ占領、カナダ沿岸でのイギリス艦隊敗北のメダルによって、近年のある歴史家が呼んだようなこの「最初の世界大戦」の軍事行動の劇的な規模がわかろう。[11]

48「ハイデルベルクの略奪」 ジェローム・ルーセル《ハイデルベルクの抹殺》のメダルの裏，1690年頃。ロンドン，大英博物館通貨・メダル部

と同時に、以前の軍事作戦を描いたメダルと比較すると、表現媒体としてのメダルの一種の価値低下も想わせる。比較的マイナーな出来事が祝賀記念の対象となったのだ。たとえば、敵軍からの穀物護送隊救出とか、スヘルデ川河口までの王太子軍の行進とか、または、ダンケルクを破壊しようとした敵軍の砲撃の失敗（DUNKERCA ILLAESA）とかで、その最後のメダルはアディスンによって「ここでフランス軍は自慢できるような何をしたというのか」と茶化されたものである。[12] フランスの水兵にメダルを配る場面を描いたメダルさえあった。

　一七〇二年から一三年にかけてのスペイン継承戦争のためのメダルは、ある種、沈黙が雄弁に物語っているように、フランス軍の情勢がうまくいっていなかったことを示している。というのも、一二年間の戦争中に発行されたメダルは二四種類だけだからである。戦闘での九回の勝利と敵軍の一一の要塞を奪取した記念メダルに並んで、ふたつのメダルはフランス軍の要塞（トゥーロンとランドルシー）を救出する作戦についてであり、このこと自体、フランスがときどき守勢に立たされていたことをはっきりと認めるものである。[13] 最後のふたつのメダルは勝利や征服についてのものではなく、一七一二年と一七一三年の「遠征」にたんに触れたものにすぎない。[14]

　いずれにせよ、フランス軍の勝利した地名（リュザーラ、フリドリンゲン、エケレンなど）は、フランス軍がマールバラ公爵とサヴォィアのオイゲン公に指揮された軍隊によって打ち負かされた合戦地であるブレンハイム（一七〇四年）、ラミイー（一七〇六年）、オーデナルド（一七〇八年）、マルプラケ（一七〇九年）のような最近の出来事に比べ、同時代人たちにとっても耳慣れない、そして響きにしてもうつろでしかない。マルプラケは実際、フランス軍よりも敵軍のほうが多くの犠牲を出したが、しかし、そのメダルがないということは、ルイがそれを祝うにふさわしい出来事と考えてはいなかったことを示唆する。翼をもつ勝利の女神や月桂樹の冠への需要は暴落したのである。

これらの戦闘が当時の公式報道においてどのように記述されたかというその手法も、また示唆に富んでいる。王の私信では、かれが敗北の事態を認識していることを十分に示している。[15] バイエルンのブレンハイム（別名ホフシュテテット）の戦闘においてフランス軍が敗北し、フランス軍の指揮官タラール元帥が捕虜になったとの知らせが宮廷に衝撃をあたえたことをわれわれは知っている。このニュースがヴェルサイユに届いてから間もない頃に書かれたマントノン夫人の手紙は、王がその知らせを受け取ったときの穏やかであきらめきった様子とともに、「王の苦痛」についても語っていた。[16]『メルキュール・ガラン』紙は、敵軍のほうがフランス軍よりも「はるかに多数の戦死者を出した」ことを根拠に、ブレンハイムでの戦いがまったくの敗戦というわけではないことを思わせようとするが、しかし、シュルヴィル侯爵のような同時代人たちは、そのような主張が空疎なものであること、また、政府がその敗北から注意をそらそうとして、海戦での勝利にテ・デウムをすぐ命じたことを書き留めている。[17]

さらにまた、一七〇八年の『ガゼット』紙の読者たちは、オーデナルドの合戦でヴァンドーム公爵とブルゴーニュ公爵が敗北を喫し、さらにリールも失ったこの年に、何も戦闘はなかったかのようにさえ思ったかもしれない。[18] 非公式月刊紙である『クレ・デュ・カビネ』紙もオーデナルドでの闘いが敗北ではないと思わせようとし、『ガゼット』紙のほうは三月にブリュッセルから「当地の国民は敵の同盟国軍が商業にあたえた壊滅的打撃、および、自分たちの取り扱いに非常に不満である」と報告し、七月のスペインからのニュース、すなわち、フランス軍がトルトサを攻略したので、テ・デウムやかがり火その他の公的祝賀行事によって祝われたニュースを掲載した。その間、つまり、三月から七月のあいだに戦争への言及はほとんど見当たらない。[19]『メルキュール・ガラン』紙はオーデナルドの闘いを「長期的戦闘」としてより、むしろ「短期的交戦」と記述し、同盟国軍の損失がフランス軍より「限りなく」大きかったこと、そして、「敵の防御壁を突破できていれば、わが軍が勝っていただろう」とまで付け加えるのである。[20]このように、オーデナルドの戦闘は起こらなかったとまでは言わないにしろ、取るに足らない出来事に格下げされた。この試練の時期には、祝うこともほとんどなく、ただ、敗北にたいしても王が落ちついていること――小アカデミーが一七一五年のメダルで採用した禁欲主義的なことばを使うならば――王の「粘り強さ」だけしか祝うものとてなかった。[21]

トルシーは、むしろ別のアプローチをとり、王の名で一七〇九年に司教や地方総督に書簡を出し、栄光に言及する伝統的なやり方ではなく、人民への配慮を言明するように指示した。ルイは雲の上の人物としてではなく、人民の「安らぎ」だけを欲する人民の父として提示されることになる。「わたしの人民への愛情は、自分の子供たちにたいする愛情と同じくらい大きい[22]」。このような表現はまったく新しいというわけではなかった。すでに、グランド・ギャラリーの銘句には「人民のためになるようにとの陛下の父親のような配慮」に折にふれ言及している。[23]それでも、強調点の変化はまったく著しかった。

2 国内の情勢

ルイ一四世の治世の最後の四分の一世紀は、その長さにもかかわらず、メダルで記念されるような非軍事的あるいは国内の出来事はきわめてまれだった。その例外が、一六八七年のフィステルのための外科手術が成功して、王の健康が回復したことである。この出来事は、アカデミー・フランセーズの臨時会合によっても祝われたし、王の臨席の下に開かれたパリ市庁舎での晩餐会、彫刻作品(図49)、山のようなオードとソネットによっても祝われ、それらすべてが詳細に報道されたのである。[24]

メダルは、また、聖王ルイ騎士団の創設(一六九三年)、ブルゴーニュ公爵の結婚(一六九七年)、王像の除幕式(一六九九年)、商工会議所の創設、贅沢取締り勅令および物乞い取締り勅令、そして、アンジュー公フィリップのスペイン王位就任(以上、一七〇〇年)を祝って作られた。すでに何度も指摘したように(二六、九〇ページ)、これらのメダルのうちのふたつにおいては、そこで祝賀記念として表現されているのが、ほかのメディアによって王がたたえられている場面であるという循環形式に留意しておきたい。

治世後半の国内の出来事でもっとも忘れられないものは不幸な出来事のほうであって、一六九三年の飢饉、一七〇二年のセヴェンヌのプロテスタントの反乱、一七〇九年のすさまじく厳しい冬、一七一一年の王太子の死、そして、一七一二年のブルゴーニュ公爵および公爵夫人の死である。[25] このような状況では、メディアそれ自身以外に祝うべきものはほとんどなかった。実際、心理学的な意味での補償の必要が、シュルヴィル侯爵のような同時代人の表現を用いれば(一五三ページ)、「注意をそらす」必要があったのだ。

聖王ルイ騎士団の設立は、聖王ルイとルイ一四世との同一性、あるいは、ともかくふたりの王の類似性を示そうとする動きの頂点にあった。その動きはルイ一四世の父のルイ一三世にしてもそうだったのだが、ルイ一四世が子供のころからずっとなされてきた。たとえば、一六四八年、十歳になろうとする王ルイ一四世は、八月二五日の聖王ルイの祭日にサン・タントワーヌにあるイエズス会の教会[現在のサン・ポール・サン・ルイ教会]で、聖人聖王ルイの頌徳文を聞いた。一六六八年、碩学のシャルル・デュ・カンジュは聖王ルイの伝記の中世時代の版を復刊し

49「病から回復するルイ」 ニコラ・クストゥー《王の快癒のアレゴリー》大理石の浅浮彫り，1693年。パリ，ルーヴル美術館

たが、それはルイ一四世に献呈され、ふたりの統治者の比較が付されていた。また、ルイ一四世の容貌での聖王ルイの図像が、すくなくとも三点、作られたことが知られており、その日付は一六五五年ごろ、一六六〇年、一六七五年である。[26]

治世のあいだ、両者の比較は制度化され、聖王ルイの祭日はルイ一四世をたたえる機会になった。たとえば、一六六九年の場合、サン゠ジェルマンではモリエールによる劇の上演もなされて、お祭り騒ぎのようになった。[27]アカデミー・フランセーズは八月二五日を王のメダルを賞として授与する日とし、ふたりのルイへの賛辞を結び合わせた頌徳文を発表して祝うのが慣例になった。[28]聖歌が聖王ルイの祭日に作られ、一七〇三年にはメダルが当日、王に献呈された。[29]ポワティエに立てられた王の像は聖王ルイの祭日に除幕された。一六八六年のマントノン夫人による「聖王ルイの貴婦人会」（サン゠シールに作られた貧しい貴族の子女のための学校）の設立は、一六九三年の聖王ルイ騎士団創設と同様、より一般的な潮流の一部であったのだ。[30]ヴェルサイユ宮殿の礼拝堂もそうであって、そこには聖王ルイに捧げられた礼拝堂があり、かれの生涯の場面が飾られた。

一六九九年八月一三日、ルイ大王広場のためのジラルドンの手になる像の除幕式は、おもだった勝利のときと同じくらいに大きな情熱でもって祝われた。その像自体（二六ページ）、巨大なものだった。王の命令で、ルネ・ウアスは広場まで像を運ぶ場面を描いた二枚の絵を制作した（図50と図51）。像はフランス革命期に破壊されたが、この像は版画（図52）（ヴィクトワール広場のデジャルダンのときと同じように）だけでなく、もうひとつの広告形態とも言えるミニチュアの複製（そのうちの六つは現存）からもわかる（図53）。

その記念碑の除幕式を行うために、パリ市当局はセーヌの川岸に「栄光の寺院」を造った。それは栄光への道のりの困難さを示すために、（有名なベルニーニの手になる王の像のように）岩の上に建てられた（図54）。そこにはまた、すばらしい花火も描きこまれ、ヘラクレス、アレクサンドロス、クローヴィス、シャルルマーニュのような伝

50 ルネ・アントワーヌ・ウアス《1699年のルイ14世像の運搬：カプチン修道会出発》油彩，カンヴァス，1700年頃。パリ市カルナヴァレ美術館

51 ルネ・アントワーヌ・ウアス《1699 年のルイ 14 世像の運搬：ヴァンドーム広場［当時はルイ大王広場］到着》油彩，カンヴァス，1700 年頃。パリ市カルナヴァレ美術館

52 「巨像」 作者不詳《王の騎馬像》ジラルドン作騎馬像の版画，1697 年頃。ロンドン，英国図書館

統的な王の図像の絵だけでなく、ペルセウス、イアソン、テセウス、キュロス、テオドシウス、ファビウス、ポンペイウス、カエサル、フィリップ・オーギュスト、アンリ四世の絵もあった。今や六八歳で、引退生活に入っていたイエズス会士のメネストリエは、絵入りのパンフレットでその祝賀行事を記念した。[31]

メネストリエは、また——非公式にではあったが——王をたたえるもうひとつの大プロジェクト、すなわち、かなり以前から計画されていた治世の場面を描いた「メダルによる歴史」の企画にも加わっていた。その企画には小アカデミーが一六八〇年代の中頃に着手していたが、最初はなかなか進まず、一六八九年、小アカデミーとは関係がなかったメネストリエがかれ独自の作品、すなわち、『メダルによるルイ大王の歴史』を出版した。その本は、治世期間の国内外の出来事を描いた一二二のメダルの版画のほか、それとともに、ジュトン［コイン］や王をたたえる銘句、エンブレム、題辞の抜粋を含んでいた。その出版が小アカデミーから独占権の侵害と見られていたことは、小アカデミーが本書の再版に抗議していたことから明らかである。[32] ここで思い出されるのは、アントワーヌ・フュルティエールがアカデミー・フランセーズを出し抜いて（アカデミー・フランセーズの『辞典』の十年前）、一六八四年にかれの有名な『辞典』を出版したエピソードである。チームワークは、必ずしも、進取の気性に満ちた個人の仕事よりも効率的であるというわけではないのである。

メネストリエの挑戦に直面し、王の建設事業の担当から解放されて（一六九一年）、小アカデミーはその仕事の速度を上げた。一六九五年の年末に、この仕事は治世の一六七二年までの分を終了した。一六九九年に、王は、印刷中の公式の『メダルによる歴史』を見たくて「たまらない気持ち」を表明していた。一七〇二年、ついに、王立出版所から贅を凝らした二つ折り判が出版された。ちょうど、その時期は戦争と戦争のあいだの時期に当たっており、

53「縮小模型」《騎馬姿のルイ 14 世》ルイ大王広場の像のための模型，1691 年。ニューヨーク，メトロポリタン美術館，ヒューイット基金，1911 年

54　ニコラ・ゲラール《栄光の神殿》クロード＝フランソワ・メネストリエ『メダルによるルイ大王の歴史』所収の版画，ロンドン，英国図書館

55「賞賛されるルイの賞賛」 ノエル・コワペル原画のデッサンにもとづくルイ・シモノーの版画，アカデミーの『ルイ大王の治世の主要な出来事についてのメダル』1702年所収の口絵，ロンドン，英国図書館

このような壮大なプロジェクトのための資金を見つける困難もいくらか和らいでいたのだ（図55）。それにまた、より安価な四つ折り判もあった。この『ルイ大王の治世の主要な出来事についてのメダル』（おそらくメネストリエの書物と区別するために、「歴史」のことばは入れていないのだろう）は、二八六のメダルの版画を含み、年代順に並べられた。ある種のメダルを除外する決定が最高度の判断としてなされた。添付される文章には、たんにメダルの図像の解説だけでなく、記念されている出来事の「歴史的説明」も含んでいる。換言すれば、本書は、多くの王の修史官が制作するように任じられながらも、決して出版されることなく終わったもの、すなわち、治世の正史を提供していたのだ。地方長官たちはこの参考書を机上に置くよう命じられていた。

王自身、再版に際し改訂作業に加わり、今回はメダルが三一八となるが、結局、ルイ一四世はその結果を見ることはなかった。一七二三年に出来上がったときには、すでに、ルイは八年も墓のなかにいたからである。そして実際、その書物の最後のふたつのメダルが王の死を記念するものとなっている。

3　最終場面

ルイ一四世の病は最後の最後まで効果的に演出され、何度か王は死の床で廷臣たちに別れを告げ、後継者である五歳のひ孫に助言をあたえた。後世にもっとも記憶されているかれのことばは「わたしは戦争をあまりにも好みすぎたが、この点と、またあまりに大きすぎた出費の点において、わたしをまねてはなりません」というものであった。[33]

王の葬儀の公式報告書によれば、壮大な印象を受ける。何しろ一六四三年以降、フランス王の葬儀はなかっただけに、大喪の礼は印象的であったに違いない。しかしながら、同時代人の証言では、一般のムードは感嘆するというよりも、むしろほっと安堵したというものだった。[34]

ルイ一四世の追悼演説が五〇以上も出された。[35] それらは、王によって聞かれることなく、王の治世を要約して話すユニークな機会を説教師にあたえることになった。ある説教師たちは、王の死について延々と述べるのを好み、キリスト教の意味での良き死であって、そのうえ、勇気と粘り強さをもった人物の「見事な光景」であると解説した。[36] ルイ一四世の生涯と治世についてより多く述べた説教師たちもいた。かれらはルイのモラルを批判し、とくに若いころの王が「欲望の奴隷」であったことを批判しようとした。また、「あまりにも頻繁に起こった戦争がフランスにもたらした苦しみと悲惨」にも言及した。[37]

56「非ルイ化」　アントワーヌ・ワトー《ジェルサンの看板》の部分，店の看板，1721年。ベルリン，シャルロッテンブルク宮殿

それでもなお、これらの説教の一般的トーンは王の勝利を強調するものであって、説教壇からでさえ、フランドルでの勝利とアルジェとジェノヴァの屈服を喚起していた。芸術にたいするルイの愛情もまた、言及された。後年の王の宗教にたいする熱意と慈善事業（とくに廃兵院とサン＝シール学校の創設）が、しつこいくらいに賞賛されたことは言うまでもない。

王の最後のイメージは、一七一四年にマルリーで書き上げられた遺書、および、死の数日前に書かれた王太子宛ての手紙――それは一七二七年の一七歳の誕生日に届けられることになっていた――のなかに映し出された。[38] その手紙は、将来のルイ一五世に、ローマとの関係を決して断たないこと、戦争より平和を好むこと、税を下げておくことを勧めていた。このテクストは治世の間違いを認めたものと解釈すべきだろうか、それとも、後世に良い印象をあたえようとする最後の努力と解釈すべきであろうか。

もし後者であるとするなら、それは成功しなかったように思われる。というのも、王の死後、治世についての不敬なコメントがどっとほとばしり出ることになるからである（第10章）。摂政時代［ルイ一四世死後の一七一五年から二三年まで］のムードはルイ一四世にたいする反動と言えるようなものであって、そのことをはっきりと象徴しているのは、画商の地下倉庫に、もはや需要のないルイ一四世の肖像画がしまわれている場面を描いたワトーの有名な絵である[39]（図56）。

9

伝統的表現の危機

57 《歴史研究》ティトマーシュ（W・M・サッカレー）『パリのスケッチブック』1840年所収の口絵，ロンドン，英国図書館

時が経ち、事情が変われば、廃止や修正をしなければならないこともありうる。
——ビニョン

王の公式のイメージと、王の日常的な現実とのあいだには、王に好意的な同時代人であっても認めざるを得ない厄介な不一致点がいろいろあった。もちろん、こういうことはルイ一四世という特定の統治者だけに限られるものではなかったが、しかし芸術家、作家など、王のイメージの「管理運営」とでも呼べるようなことに関係している人たちの仕事を複雑にした。

たとえば、ルイは背が高くはなかった。かれの身長はおよそ一・六メートルぐらいしかなかった。かれの実際の背の高さとかれの「社会的高さ」と呼ばれるかもしれないようなものとの不一致は、さまざまなやり方でカムフラージュされなければならなかった。かれの息子の王太子のほうは背が高く、しかし、王太子が王といっしょに「絵や版画で描かれる場合の位置は通常、それほど出しゃばらないようにされた」[1]。かつらとハイヒール（図1と図57）もルイ一四世に堂々とした印象をあたえる助けとなった。かつらはまた、かれが一六五八年にかかった病気のときに大部分の頭髪を失った事実を隠しもした。かれの肖像画も、ルイ一四世自身は自分が年相応に見られても、さらに歯がないことがわかっても平気だったけれども（四七ページ）、かれの外観を良く見せる傾向にあった。

もうひとつ別の考慮すべき不一致点がある。すでに述べたように（七七、一五三ページ）、いくつかのケースでは、王の偉業の公式報告とほかの情報源から得られた情報とのあいだにはっきりした矛盾があった。無敵の英雄という神話は明らかにフランスの敗北とは相容れず、公式メディアがそのような出来事をどのように取り上げているか——あるいは取り上げていないか——を見るのは意味深いものがある。いくつかの出来事は、フランス軍隊によるハイデルベルクの壊滅の有名なケースのように、その時点では祝われたが、あとになって取り消された（一五一ページ）。ビニョン師（公式検閲人、のちにフランスの全アカデミーの長）が控えめに記したように、ニュース報道についても「政治情勢が変化すれば、廃止したり、修正したりする必要があるかもしれない」ということである。[2]また、廃止とは逆に、つまり、別のことばで言うと、アメリカの歴史家ダニエル・ブアスティンが「狂言事件」と呼んだような、実際は起こらなかった出来事を祝賀記念するような事例を見つけだすことも可能である。[3] 一六七〇年ごろ、セバスティアン・ル・クレールはルイ一四世が科学アカデミーを訪問している場面を版画にしたが、その時期にはそのような訪問はなかった。[4]

これらの事例は、統治者たちを公式に表現する際に「繰り返し起きる」、あるいは「ノーマル」な問題と呼ばれるものごとについて明らかにしてくれる。しかし、一七世紀後半には、もうひとつの種類の問題、または、問題群が浮上していた。わたしはこの問題群を一七世紀の「表現の危機」として、むしろ劇的なかたちで言及してみたいと思う。以下では、ふたつの部分、すなわち、表現において古代のモチーフが減退していくこと、そして、照応表現が減退していくことのふたつの部分に分けて、論じることにする。

一七世紀フランスにおける文化的なモデルとしての古代の減退は、一般的には、「古代―近代」論争、あるいは、ジョナサン・スウィフトの言い方を用いれば「書物合戦」の標題で論じられるものである。この議論は一六八〇年代末がその絶頂にあった。ボワローとラ・フォンテーヌは古代人のほうを擁護し、ペロー兄弟とフォントネルは近代人のほうが優れていると論じた。[5] その論争の主要なテーマは、古代の作家、とくに、作家のウェルギリウスとホラティウスが当代の作家たちより優っていたかどうかという点にあった。議論は、当代の文化（学問も含め）が古典古代のそれより優れていたかどうかという問題も含んで、自然に広がった。ほかの論点としては、詩や劇の主人公に古典時代以後の英雄（たとえば、クローヴィスまたはシャルルマーニュ）を選ぶことの適否、記念碑の碑文に現代語を用いることの適否（二一四、二二〇ページ）、これらの記念碑に当代の武器（マスケット銃、砲弾など）を描くことの適否、同時代の人物、たとえば王に近代の衣装をまとわせて肖像画を描くことの適否を含んでいた。[6] 結局、一方のリーダーであるボワローが自ら負けを認めたという意味で、近代派のほうが戦いに「勝利」はした。

この論争は、純然たる文学的問題というわけではなかった。論争に参加した者たちは、その政治的な含みを十分意識していた。もしルイ大王の年齢がアウグストゥスの年を越えれば、ルイその人がアウグストゥスを超えたことになった。シャルル・ペローはアレクサンドロスをその「途方もない優越感」で批判し、アウグストゥスをその「残忍さ」で非難するところまでいった。[7] ルーヴル宮殿の円柱に、伝統的なドリス式でも、イオニア式でも、あるいは、コリント式でもなく、新しい「フランス様式」が選ばれたことに見られるような、一見すると、美学上の決定も政治的な含意を有していた。実際、そこには政治的なメッセージがこめられていたのだ。

表面上、近代派の勝利はルイ一四世の勝利であった。とにかく、その運動を引っ張っていった近代派の支持者たちというのはコルベール配下の者であった。[8] それでも、君主を表現する際には古典的な伝統の威光と密接に結びついていたから、その伝統の重要性が減退すると、芸術家や作家の仕事には厄介な事態となった。たとえば、一六七二年の戦役についてボワローが書いた『第四書簡詩』の主要テーマのひとつはそのことであった。

第二の問題は、照応、すなわち、西洋の知識人たちが世界を巨大な機械として見るようになった頃の「有機的類推《アナロジー》」と呼ばれていたものが減退していく問題である。そのことは、科学、哲学、文学、政治思想の歴史家たちにはよく知られている。[9] 実際、その問題は一九三〇年代からずっと議論されてきた。[10] また、美術史家たちの注意も多少、惹いてきた。[11] しかしながら、わたしの知る限り、統治者の表現の分析と関連させた議論はなかった。

中世およびルネサンスの統治者の神話は、かなりの程度、伝統的な世界観・物の考え方に依拠していた。この時期の統治者が、たとえば、ヘラクレスで表現されたとすれば、このことは、かれが強い人間であると言う比喩、あるいはさらに、かれは、さまざまな仕事を易々と成し遂げたヘラクレスと同じくらい簡単に、王国の問題を解決するだろうとまで言う比喩よりももっと多くのことを意味していた。国家と船（図20［王は右手に舵をもつ］）、あるいは国王と父親、あるいは政治形態と人体、あるいは小宇宙と大宇宙の照応の場合におけるように、ふたつのものの結合、その当時、ときどき呼ばれていたことばで言えば、「照応《コレスポンダンス》」は比喩よりも強力だった。[12] ヘラクレスと結びつけられる統治者は、語のいくぶん本来の意味において、同一だとされたのであり、あたかもヘラクレスのような半神のオーラが統治者に乗り移ったようになっているのだ。こうは言っても、これはあまり正確な表現ではないのだが、しかし、そもそもこの種のプロセスを正確に表現することが難しいのであって、それは意識的なレヴェルでよりも、無意識なところで働いているからである。

これらの類推は人為的に構成されたものとしてではなく、客観的に一致しているものとして論じられてきた。政治的な議論はその現実性を当然のことと前提して、たとえば、「なんじの父、母を敬え」という戒律から王にたいする抵抗は禁じられると主張したのである。[13] したがって、われわれは、二〇世紀はじめにフランスの哲学者であり人類学者でもあったリュシアン・レヴィ＝ブリュールが提唱した「神秘的融即（participation mystique）」の概念との類似性に、かれの「原始的な」という形容詞は避けて、注目し、「神秘的な物の考え方」について語ることができるのかもしれない。レヴィ＝ブリュールは「神秘的な」という語を、たとえば、ある部族ではふたごと鳥とが同一とされていたように、観察できない結びつき、ないし、同一視に言及するために用いていた。[14]

実際にこのような物の考え方が機能している良い例は、王が王国と結婚するという神秘的な考えに見られるかもしれない。その考えはフランス王の即位式（われわれが第3章で見たように）のほかにも、ヴェネツィアの「海との結婚」にも見られる。議会との対立の過程で、ジェームズ六世にして一世［スコットランド王としては六世、一六〇三年イングランド王位を継承したので一世］もまた、あたかもその考えが自明のことであるかのように、「わたしは夫で、全島はわたしの法律上正当な妻である」と、結婚の観念に依拠して訴えた。王と太陽の類推もまた、観察しがたいという意味で「神秘的」であるのだが、それは政治秩序を「自然にする」、換言すると、政治秩序を自然そのものと同じくらいに必然的で議論の余地のないようにさせるという重要な機能を果たしているのである。

一七世紀のあいだ、西ヨーロッパのいくつかの地域（すくなくとも、フランス、イングランド、オランダ共和国、北イタリア）の一定のエリート層のあいだでは、知的革命が進行しており、この神秘的な物の考え方の前提が掘り崩されつつあった。この革命は、とくに、デカルトとガリレオ、ロックとニュートンに結びつけられているが、しかし、それほど知られていない多くの人物がこの革命に参加したのである。

本書は、この知的革命の起源や結果について詳細な説明をする場所ではないし、この革命の経済的・社会的な変化（たとえば、封建制度から資本主義への移行のような）にたいする関連、あるいは、一四世紀の哲学者オッカムの名前に結びつけられる唯名論のような以前の知的運動（知的意味においても社会的意味においてもより狭い運動）との関連について詳細に論じる場ではない。ただ、ここでは以下のことを言っておけば十分だろう。すなわち、その革命の決定的な結果というのは、いわゆる「魔術の衰退」、すなわち、魔法の効き目にたいするエリートの側の懐疑論が増大しているという意味でそうであり、このことは世俗化、あるいは、社会学者のマックス・ヴェーバーによって議論された「世界の脱呪術化（Entzauberung der Welt）」の全般的な運動の一部をなしている、ということである。[15]

その新しい物の考え方によれば、世界はむしろ機械として見られるのであり、有機体や「動物」とはもはや見なされない。新しい宇宙とは、デカルトのいわゆる「ビリヤードボールの宇宙」であって、そこではほかの何かが触れない限り、何も動きはしないのであり、パスカルが言ったように、神がその指の一突きですべてを動くようにするのである。

この新しい物の考え方で等しく重要なのは、類推の占めていた位置の変化であった。つまり、客観的な照応から主観的な隠喩にシフトしているのである。象徴主義が意識的に用いられるようになった。この変化に伴い、「たんなる」比喩にすぎないと次第に呼ばれるようになった象徴とか儀礼の価値は低下していった。この理由から、この知的革命は「文字志向の精神の到来」と呼びたくもなる。もちろん、より正確には、文字と象徴の相違を次第に意識する精神の到来と言うべきかもしれないが。[16] ヘラクレスは強さの表現だけに、ライオンは勇気の表現だけに引き下げられたのはこの時点においてなのであり、見る人や読み手は神話などより抽象的な性質のほうに通じているかのようになったのである。

要するに、より抽象的に考える形態が、より具体的に考える形態に取って代わったのだ。その思考「形態」という語は強調に値する。わたしは、一七世紀における経験主義の重要性、すなわち、自然界の具体的な細部への関心の重要性を否定しようとは思わない。大事な点は、より抽象的なカテゴリーが、中世およびルネサンス期の思考にあった照応に取って代わったということである。これらの変化といっしょに、理性崇拝の高まりと、「文化的相対主義」と呼びうるようなものの高まりが到来した。「文化的相対主義」とは、言い換えると、特定の社会的・文化的な制度装置は神によってあたえられた必然的なものではなく、偶然によるという考えである。それらは場所によって異なるし、時代に応じて変化させられるかもしれないのである。

たしかに、西欧のほんの一握りの知識人たちだけしか、一七〇〇年までに、自分たちの世界観をこういう風に変えはしなかったのだろうが、しかし、その変化のもたらした結果は深甚なものがあり、魔女狩りの衰退からペストと戦う方法としての宗教行列の否定にまでいたる。儀式の意味は再定義され、とくにルイ一四世時代のフランスのベネディクト会修道士クロード・ド・ヴェールによる研究のなかで、いわゆる「文字通りの」説明が儀式についてなされ、それは先ほど説明した「文字志向の精神」の良い例を提供している。

たとえば、なぜミサのあいだロウソクは祭壇に置かれるのか。一三世紀のドゥランドゥスによって定式化された伝統的な理論によれば、ロウソクはキリストが世界の光であることを示すものだからである。他方、クロード・ド・ヴェールは、「神秘的な」説明とかれが呼ぶものをしりぞけ、歴史的な説明をとる。かれによると、ロウソクはミサが地下墓地で執り行われていた時代に必要だったのであり、そして、その有用性がなくなったあとも習慣は生きのこったというのである（社会学者たちが今日、「文化的時差」と呼ぶようなプロセスである）[17]。

その知的革命は宗教的にも重大な結果をもたらしたが、政治的にも同様に重大な結果をもった。統治者たちは、ピエール・ブルデューが象徴資本と呼ぶようなもののかなりの部分を失った[18]。これらの結果がもっともはっきりと見てとれるのは、国王と父親との類推にたいするロックの有名な批判であろう。ロックが覆そうとしたのは、ロバート・フィルマー卿による『家父長制論』の本のなかでその妥当性が想定されていた国王と父親との類推だった[19]。一言で言うと、王は身にまとっていた象徴を失ったのだ。つまり、神話性・神秘性をはぎ取られたのである。

そういうわけで、ユルゲン・ハーバーマスの有名な「正統性の危機」という表現をこの時期に当てはめることも不合理ではないかもしれない。わたしは別に、一七世紀半ばにヨーロッパの統治者たちがかれらの正統性を失ったと言おうとしているわけではない（チャールズ一世は偶然、ちょうどこの時期にかれの頭を失ったわけだけれども）。わたしが今言おうとしていることは、正統性のひとつの重要な様式がその効き目を失いつつあったということである。

このことはどのようにルイ一四世のイメージと関係するだろうか。すでに見てきたように、ルイもほかの統治者たちと同様（そしておそらく、かれの時代の統治者よりも多く）、父親的温情主義と家父長制的なことばづかいで、人民の父であると説明された。ルイは聖王ルイ、ヘラクレス、アポロン、太陽の姿かたちで描かれた。かれは聖なる統治者と考えられ、そして、かれのロイヤル・タッチはもちろん、奇跡的な治癒の力をもつと見なされていた。

そのような力が、デカルトやガリレオの機械論的な宇宙観と相容れないのは明らかだった。ロイヤル・タッチは、ルイ一四世の死の数年後に出版されたモンテスキューの『ペルシア人の手紙』のなかで、からかわれていた。その本のなかで、ペルシアからの訪問客は本国への手紙にフランス王は「大魔術師」であると書き送っているのである。[20] 王のかかえていた問題とは、ますます非宗教化していく世界にあって聖なる統治者であるということであった。同一視ないし照応というロジックが問題に付されるようになった時代に、ルイ一四世は太陽と同一視されたのである。ルイ一四世が王太子にあたえた覚書のなかで、太陽は天体中「もっとも高貴」なものであるがゆえに、太陽は君主にふさわしいイメージであると説明される。このころまでに、ガリレオはすでに、「高貴な」とか「完璧な」とかいう道徳的な色合いを帯びたことばを無生物の自然に用いることに反対する強力な議論を展開していた。

知的革命はルイ一四世の周辺で知られていなかったわけではなかった。何といっても、主要な文化的相対主義者のひとりであるラ・モーテ・ル・ヴァイエは王の家庭教師であった。その有名な『辞典』のなかで象徴にかかわる単語にはごく簡単な定義しかあたえようとしなかったフュルティエールは、また、王をたたえる詩の作者でもあった。科学アカデミーは、王が学芸の偉大な後援者であることを示す計画の一部として一六六六年に設立された。ペロー兄弟は、ルイ一四世の公式イメージの製作と同様に新しい科学とも関係していた。シャルル・ペローは古典的な若干の神話は子供にだけふさわしい寓話として、しりぞけていた。[21] ベルナール・ド・フォントネルは、古典的な神話体系を使って王を賞賛したオペラの台本作者というだけではなく、神話を寓意に還元することで神話のもつ力を掘り崩した『寓話の起源』という評論の著者でもあった。それが発表されたのは、ルイ一四世の死後であるが、実際にはそれ以前に書かれていたように思われる。

何がなされるべきだったのか。もちろん、まるで何事も起こらなかったかのように続けることもできた。ボシュエは君主制を神聖で温情主義的なものであると解説し続けたし、ルイ一四世はるいれき患者に（一六九七年の復活祭の土曜日には二〇〇〇人以上に、四年後にも一八〇〇人に）触れ続けた。[22] ヴェルサイユ宮殿では、王のご起床の儀が太陽の日の出と照応するかのごとく行われ続けた。その代わりに、デカルトを教えるようなことは遠ざけられ、フランスの大学では禁止された（その決定は王に個人的に責任があったように思われる）。[23]

表現の危機にたいするほかの反応もあった。るいれき患者に王が手を触れるときに述べる決まり文句は、ルイ一四世のときに修正されたことが注目される。かれより以前の王は「王が汝に触れ、神が汝を治す」と言ったと考えられるが、新しい、そして、より用心深い決まり文句では「神が汝を治されますように」となったのである[24]［ただし、この点は、ルイ一五世からとする研究者もいる］。

一六八〇年ごろより前ではないにしても、それより以降、ルイとその助言者たちが新しい戦略を取っているのを見ることができる。[25] ルイ一四世＝太陽というテーマは決して放棄されることはなかったけれども、一六五〇年代ないし一六七〇年代のバレエを踊っていたときのような重要性はなくなった。アレクサンドロスやアウグストゥスへの参照が低下したことは、先に見たとおりである。一六七九年、ヘラクレスに焦点を当てていたグランド・ギャラリーの神話に彩られた当初の計画案は、王自身の事跡の表現に取って代えられた。このころますます数多くの種類が発行されたメダルも（二七八ページ）、寓意によるよりも、むしろ直接的に王を表現した。一六八〇年ごろに古典的な神話体系が否定されたことは非常に重要なことに思われる。

ルイの新しい神話は新しいレトリックに依拠したのであり、古代にではなく現在に、寓意にではなく文字通りの

58《教会に戻されるカルヴァン主義者200万》のメダルの表, 1685年。パリ，国立図書館メダル室

解釈に、依拠したのである。[26] 王の武勲を記念する以前のメダルはその銘句を古代ローマの皇帝のものにならって作っていた。しかし、今や、統計で実例を見ることができる。一六七二年から一七〇〇年のあいだに発行されたメダルのうち二二はその銘句に数字を含んでいる。たとえば、以下のように、である。「たったひと月で王太子により占領されたライン川沿いの都市二〇（VIGINTI URBES AD RHENUM A DELPHINO UNO MENSE SUBACTAE）」（一六八八年）、攻略された都市八〇（一六七五年）、建てられた教会三〇〇（一六八六年）、捕虜にされた囚人七〇〇〇（一六九五年）、徴募された水兵六万（一六八〇年）、そして、「教会に戻されるカルヴァン主義者二〇〇万（VICIES CENTENA MILLIA CALVINIANORUM AD ECCLESIAM REVOCATA）」（一六八五年）（図58）。これらの大見出しは二〇世紀の新聞を思わせる。[27] この時代は、何といってもコルベールとヴォーバンの時代なのであり、ふたりは、とりわけ、統計データの偉大な採集者であった。[28]

　この傾向はフランスにだけ見られるものではなかった。イギリスにもまた、統計、一七世紀当時のことばで言えば「政治算術」の専門家がいた。ウィリアム・ペティ、グレゴリー・キング、ジョン・グラントがそうである。一八世紀初め、ロバート・ウォルポール卿は、英国下院の演説でなされる議論を聞くときには、「修辞の綾（figure)」よりも「統計の数（figure）」のほうをまじめに受け取るようにと述べたのであった。ルイ一四世の絵画等の表現、きわめて多数のメダル、騎馬像、タペストリーなどにつぎ込まれたフランス政府の多大なる努力（とくに治世の後半）は、また、上述の危機にたいする、しかもひとつの危機というより、より正確には、一連の危機にたいする反応であったと論じることができるかもしれない。

第一に、そして、これがもっとも明らかなことだが、フロンドの乱の時期の政治的な危機があり、それはいわゆる全般的な危機、あるいはすくなくとも、ヨーロッパにおける一八四八年がそうだったように、一六四八年を革命の年とした一連のヨーロッパの反乱という危機と一致していた。第二に、治世の後半の時期における政治的な困難が挙げられる。フランス軍はかつてほど勝利に恵まれず、財政的な問題もより重くのしかかっていた。第三に、王を英雄的に描くイメージが増大していくことは（王のイメージにおける若干の変化と同様）、表現の危機に一定程度関係していると言いたい。今日の有名な政治的コミュニケーションの分析者であるハロルド・ラスウェルはかつて以下のように指摘していたのであった。「安定したイデオロギーというものは、……ほとんど計画的な宣伝なしにそれ自体を永続的なものにする。……確信を植えつける方法や手段について考えがめぐらされるときには、すでに、確信が衰弱してきたということなのである」[29]。

10

メダルの裏面

59 「強奪者ルイ」 作者不詳《強奪者の衣装》オランダの版画，17 世紀初期。個人蔵

じいさんはほら吹きで、
息子は間抜け、
孫はおく病者。
ああ、すばらしい一家。

——一七〇八年ごろの匿名の歌

英雄的イメージだけが、ルイ一四世の唯一のイメージとして流通していたわけではなかった。治世末期の手書きの詩が指摘しているように「メダルの裏面」があったのである。[1]太陽王のもうひとつのイメージが相当数のこっているが、それらは公式イメージよりもかなり辛らつである。[2]そこでは、ルイはアポロンとしてではなく、日輪の戦車で飛び立つが、制御できなくなってしまったパエトンとして、ときどき——とくに、オランダの芸術家ロメイン・デ・ホーヘによって——描かれた。一部の批評家にとって、ルイ一四世はアウグストゥスではなく、ネロであった。聖書を中心にすえるプロテスタントにとっては、かれはソロモンまたはダヴィデなどではなく、ヘロデまたはファラオであった。公式の賛辞と同じく、もうひとつのイメージも、一般的に言って、月並みな紋切り型で構成されていた。しかし、この場合にもまた、共通のテーマにたいして創意に富む変化を生み出そうとする者がいた。[3]

「メダルの裏面」という概念は、パロディーや逆転が支配的である文章やイメージの集合体に適切であるにしても、やはり、集中力を要する分析にはあまりに漠然としすぎている。すくなくとも、ルイに好意的な公式の提示とは異なる、つぎの二種類の批判的提示を区別しておくことが必要である。

ひとつは、個人によって表現されたものであって、かれら自身は自分を忠実な臣下であると見なし——すくなくとも、そういう風に自分を示し——、ビュシー＝ラビュタンのように、やんわりと宮廷をからかい、あるいは、フェヌロン大司教のように、王に歓迎されないにしても、良き助言をあたえようとするものである。もうひとつの種類は、ルイ一四世とその体制に公然と敵対する者による表現で、自国（英国、オランダ共和国、神聖ローマ帝国）がフランスと戦争中のときにその多くが書かれた。ユグノーによる王の批判は、前者のやり方ではじまり、後者に移行したものである。

これらの批判的見解のイメージが伝達されたメディアには、絵画、メダル、版画、詩、そして、いろいろな種類の散文テクスト（フランス語だけでなくラテン語、オランダ語、ドイツ語、英語、イタリア語）がある。また、ルイ一四世が唯一の標的というわけではなかった。ルイ一四世の治世を通じ、アンヌ・ドートリッシュ、マザラン、コルベール、ルーヴォワ、マントノン夫人、ブルゴーニュ公爵、王の聴罪司祭ラ・シェーズ神父、そして、ヴィルロワのように、さほど勝ち戦の多くはない何人かの将軍たちにもまた、諷刺の矢が放たれた。

これらのテクストの形式、文体、調子はきわめて多様であった。それらのいくつかは、簡単な非難のことばであり、たとえば、「フランスの暴君」、「フランスのマキアヴェリ」、「フランスのアッティラ」、「フランスのネロ」などである。しかしまた、その時期の可能な限り豊富な諷刺のレパートリーが調べられて、さまざまなタイプのパロディーが利用されている。

たとえば、「主の祈り」のパロディー（近世ヨーロッパの民衆文化には珍しくはない）がある。「マルリーにおわすわれらの父よ、御名はもはや栄光に包まれず、御国も終わろうとし、御意ももはやなされません……」[4]。スキュデリー嬢やラファイエット夫人が物語小説を書いた時代に、パロディー小説を見出しても驚くことはない。そのような小説のひとつは、「偉大な騎士ナソニウス」（つまり、ナッサウのウィルヘルム）と「強く巨大なガリエーノ」こと「一部の人びとから最大の巨人と呼ばれた人物」とのあいだの闘いを物語った[5]。

もうひとつ好まれたパロディーのジャンルは偽遺書で、たとえば、『ルイ大王の遺書』や、マザラン、コルベール、ルーヴォワのものとされる政治的遺言が書かれた。もうひとつ、偽の外交文書があり、たとえば、『フランス宮廷の報告』がそうである。ほかにもまた、偽の教理問答集、偽の懺悔（『フランス王ルイ一四世の懺悔』）、偽の婚礼（『フランス王の結婚』）、ルイ一四世がその征服地を吐き出すように処方された丸薬の偽の診断報告、そして、とくに一七一五年に出され人気のあった偽の墓碑銘もあった。夢というのも一度ならず物語に用いられた枠組みであって、マザランの幽霊が眠っているルイを訪れ、マントノン夫人のところには最初の夫スカロンが現れる（図63）。

これらの文章のトーンは、説教口調から既成の価値に冷笑的なものまで、さまざまであり、そして、文体も『偉大なアルカンドルの愛の征服』のように都会的で優雅なものから、『フランス王の結婚』のどんちゃん騒ぎの猥雑なものまで、多様である。『フランス王の結婚』は「ルイ一四世がマントノン夫人という名のかれの最近の公式牝馬に求愛し、へつらい、そして、驚くべきことに結婚までしたこと」をコミカルに描き出したとされる作品である。文学的戦術は多様に変化し、一方の極には直接的な攻撃があり、他方の極には覗き見の性格をもつ「秘話」がほのめかされる。

ルイ一四世を批判諷刺する側の、このオーケストラはいつも調子が合っていたというわけではないが、主要なテーマをいくつかもっていた。すなわち、王の野心、王の道徳的な良心の欠如、宗教心の欠如、暴君政治、虚栄心、軍事的・性的・知的弱さがそうである。これらの六つのテーマをひとつひとつ検討し、ルイ一四世を批判する側から見た王の合成画を作り上げ（ちょうど、以前の章で王に好意的なイメージを作り上げてみせたように）、そのあと、それらのメッセージを発信した送り手のあいだに、いかなる異なった見解があるのかを識別することにしよう。

(1)　ルイ一四世の批判者たちは、しばしば、かれらのひとりが呼んだところの「王の飽くことを知らぬ野心」に言及した。[6] 王の道徳心についての一般的な批判は、特定の政治的な要求と結びつけられ、『国の楯』という一六六七年の有名なパンフレットでなされ、しばしば繰り返し登場した。それは、ルイが「ヨーロッパの覇者」

となり、そうして世界に「あまねくわたる君主制」を達成するため「巨大で深遠な計画」をもっていると主張した。その目的にたいしても、目的を達成するための手段にたいしても、等しく激しい批判が投げつけられた。批判者のひとりによれば、治世の出来事は「雄弁な書物であって、そこにはすべて大文字で『ルイ大王は自分の野心と利害のためにはすべてを犠牲にする』ということが書かれている」と言うのである。[7] 公式印刷物において王の名前のルイが大文字の活字で印刷されること（四九ページ）のパロディーが読み取れることに注意すべきだろう。王の野心を示すもっとも鮮明な説明図は、盗んできた布で仕立てられた服をまとったルイ一四世を描いた版画である（図59）。

(2) ルイには道徳的な良心が欠けているとしばしば攻撃された。そしてそれは、パンフレット作者によって、「国家理性」の教義やマキアヴェリの思想と結びつけられ、マザラン枢機卿から学んだものとされた。つまり、「わたしがやろうとしたことは、すべてマキアヴェリの政治で、あらゆる宗教的な障壁に挑んだ」のである。[8] マキアヴェリは君主に背信行為を勧めていた。だから、ルイは「偽証」、「トリック」、「詐欺」で非難され、そして、ナントの勅令廃止はユグノーにたいする背信行為として表現された。[9] 王はまた、「平和を愛するキリスト教国である隣国の領土や領地を侵略し、燃やし、荒らし、強奪し、略奪し、人口を激減させ」、とりわけ、ファルツ選帝侯領に侵攻したフランス軍の「残虐さと野蛮さ」で（一五一ページ）、国際法に違反していると非難された。[10] この出来事は「トルコ人や蛮族の残虐さ」もしのぐ例として述べられ、ドイツのパンフレットのタイトルを引き合いに出せば、『フランスの国家理性』となるのである。[11]

(3) もうひとつのよくなされた非難は暴君政治である。一六八九年に作られた、ルイ一四世を攻撃するもっとも有名なパンフレットのうちの一冊『奴隷フランスのため息』もそうだが、しかしとりわけ、英語のパンフレット『フランスの暴君』（一七〇二年）のほうが、しばしば、よそでも大きな反響を呼んだ。王の絶対的で、恣意的で、専制的な権力が伸長するにつれて、ユグノー、貴族、パルルマン法院、都市の特権が掘り崩され、最終的には人民の自由が破壊されることが対比して述べられた。ルイは「世界を舞台にして不遜で、残酷で、圧政を敷く暴君という壮大な役者」として描かれる。[12] より特殊な非難ではあるが、かれは「税取立ての王」、「徴税請負人たちの王」などと、しばしば、記述された。

(4)　ルイにたいする四番目の非難の項目は、宗教心の欠如である。あるパンフレットは、かれにつぎのように言わせている（芝居がかったマキアヴェリ風のことばがこだましているかのように）。「宗教、それはごまかしにすぎんと余は思う」、と。[13] 王の宗教心の欠如は、もちろん、ユグノーにたいするかれの取り扱い方によく示されており、ユグノーを「余の竜騎兵たちの狩りの獲物」と言うのである。[14] このことはまた、ルイ一四世の批判者たちによって、かれがオスマン帝国のような非キリスト教徒の国と同盟を結んでいると、主張されることからも明らかだった。このことを皮肉ったメダルの図柄は、ルイ一四世をオスマン・トルコのスルタンであるスレイマン三世、アルジェリアの太守である「メゾモルト」、そして、ジェームズ二世［名誉革命期にフランスに亡命したイングランド王］といっしょにして、この四人の下に「キリストの精神に反対する（CONTRA CHRISTI ANIMUM）」のことばを置いたものになっていった（図60）。このメダルの裏には悪魔の像があり、「同盟の五番目のメンバー（IN FOEDERE QUINTUS）」という題辞が付されていた。オスマン帝国との同盟を茶化している点がもうひとつある。それはパンフレットのタイトルで、たとえば、『いともキリスト教的なトルコ人［フランス王の称号が「いともキリスト教的な王」であることを踏まえた皮肉］』（一六九〇年）とか、さらに、『ルイ一四世のコーラン』（一六九五年）とかもあった。王の宗教心の欠如はまた、公認の太陽王崇拝が冒瀆的異教精神によるものということでも例証されたのである。

(5)　この太陽王崇拝がまた、ルイ一四世に敵対するイメージ製作者たちによれば、王の「けた外れの虚栄心」と

60「キリストに逆らうルイ」《キリストの精神に反対する》のメダルの裏，メネストリエ『メダルによるルイ大王の歴史』の偽版所収の版画，1691年，ロンドン，英国図書館

呼ばれるものに注目することを可能にした。[15] あるドイツ語のパンフレットはこのテーマに集中して、タイトルを『自画自賛の悪臭』とした。批判は、詩やオペラその他での王にへつらう「ゴマすりたち」の「途方もない賛辞」、たとえば、「かれを太陽になぞらえて、かれの野心を大げさに賞賛」した賛辞に向けられる。[16] それらのパンフレットはまた、虚栄心から莫大な費用のかかったヴェルサイユ宮殿の建設にも言及し、さらにルイ一四世の像、とくにヴィクトワール広場に建てられた像にも言及している。

(6)

これとは対照的だが、ルイ一四世の批判者たちはこのたんなる人間に多くの弱点があることを強調する。知的凡庸さにたいする批判は、シュパンハイムやサン＝シモンによってなされてはいたが、その場合は出版することを前提にしてはいなかった。スウィフトが王の「ひどい病気」、つまり換言すると、痔ろうに公然と言及していたのは、当時としてはかなりまれなことであった。[17] パンフレット作者たちが批判を集中した王の弱点は、軍事的なものと性的なものであった。ふたつのテーマは、事実、密接に関連していて、たとえば、「あんたは戦争の先頭から逃げ、尼っ子の尻を追いかける（Bella fugis, bellas sequeris）」といったからかいに見てとれる。[18] そのテーマがうまく図示されているのが、自分の「ハーレムの女たち」と撤退しようとするルイを描いた版画（図62）と、二輪戦車に乗ったルイを四人の女性が前線（オランダのどこか）からヴェルサイユのほうに引いて行く場面を表現したメダルである。王を英雄として描く公式イメージとはひどく対照的に、ルイは戦いを恐れるおく病者として表現された。かれの敗北もからかわれた。たとえば、四人の女性が二輪戦車を引くメダルの銘句の「かれは来た、見た、しかし、勝たなかった（VENIT, VIDIT SED NON VICIT）」（図61）は、カエサルにだけ言及しているというよりも、一六六二年のカルーゼル広場での騎馬パレードのときのルイのために考案された「見たときには、勝てり（UT VIDI VICI）」にたいする当てこすりでもあった。

61《かれは来た，見た，しかし，勝たなかった》のメダルの裏，1693年。ロンドン，大英博物館通貨・メダル部

『偉大なアルカンドルの愛の征服』の中心テーマもまた、ルイが戦争をするより、愛しあうのが得意だったという考えである。その舞台はもう一度オランダで、そして、英雄の名前「偉大なアルカンドル」は、スキュデリー嬢の小説（四五ページ）で王に示された一二シラブルの賛辞にたいする悪意のこもった言及になっているのである。戦争はセックスを語るための隠喩である。物語は王の愛妾の四人に集中する。すなわち、ラ・ヴァリエール（「中くらいの美貌」と述べられる）、モンテスパン（愛人がほかにもいる）、フォンタンジュ、最後にマントノン（図63）で、マントノンは今のところ淑女ぶっている。[19] 結論は、「偉大なアルカンドルはほかの者より

62「女たらしのルイ」 作者不詳《妻妾といっしょのルイが退却の合図を出す》版画，1693 年。ロンドン，大英博物館版画・デッサン部

位が上にしろ、気質の面で普通の男性と変わるところはなかった」ということである。[20] 今日の読者からすると、この結論はむしろ平板なものに見えるかもしれないが、しかし、王を英雄として示す公式キャンペーンがなされていた時代の文脈のなかで見たときには、破壊的なダメージをあたえる結論となる。

軍事的な比喩は『ルイ大王の新しい愛人』のなかでも繰り返される。そこでは、ルイが自分の一番新しい愛人であるサントロン夫人［マントノン夫人のこと］の前でひざまずいている様子が描かれていて（図64）、戦場での自軍の敗北の最新の知らせを聞いた王が、自分はマルスよりヴィーナスのほうを好むことを認め、他方、マントノンがむしろピシッと「陛下はムードンでもマルリーでもヴェルサイユでも、いかなる戦いにも勝つことはないでしょう」と王に語るのである。[21] このように、戦争は再度、セックスを語るための隠喩になっている。その一方で、『フランス王の結婚』では、セックスのほうが戦争を語るための隠喩になっていた。ルイはここでは——オーデナルドの戦役の年だが——女たらしとしてではなく、セックスの面でも軍事面でも等しく冴えない、性的不能の老いぼれ、「年寄りの不器用な君主」として、以下のように描かれる。

戦争と妻との二大災
　難が協議して、
　王をさっさと追い出
　すことにした。

63「攻撃されるマントノン」『マントノン夫人のもとに現れたスカロン』の口絵版画，1694 年，ロンドン，英国図書館

64「卑屈なルイ」『ルイ大王の新しい愛人』の口絵版画，1696 年，ロンドン，英国図書館

> おまえさんは女房を満足させることもできないぞ、
> なぜって、あの女、いつも飢えているからな、と。

マントノンが「妻」として言及されていることは、国王の再婚が今や公然の秘密であったことを示している。

王の公式イメージの場合と同じように、特定の出来事が批判者たちによって表現された――実際には改ざんされた――やり方を見ておく価値がある。ブレンハイム、オーデナルド、ラミイーなどでのフランス軍の敗北を祝うためにメダルが発行されたのは言うまでもない。そして実際に、一七〇八年から九年にかけての戦役を描いた『メダルによる歴史』が一七一一年、ユトレヒトで出版されもした。[22] フランス軍が一六九五年にナミュールを失ったとき、イギリスの詩人マシュー・プライアーは、三年前のナミュール占領を賞賛するボワローの韻文をパロディーにして、その出来事を祝した。

もっとあいまいな出来事、というか、起こってはいない事を描いたイメージを検討するほうがより価値があるかもしれない。たとえば、四人の女性がルイを戦場から引いて帰る有名なメダルから検討してみよう。このイメージの発想の源は明らかに、ルイが王妃だけでなくラ・ヴァリエールやモンテスパンも帰属戦争のときのネーデルラント遠征に連れて行ったことにある。[23]

出来事を改ざんしているもうひとつの明らかな事例は、ルイ一四世がオスマン・トルコ帝国の君主と同盟を結んでいるとのイメージである。一六八一年、神聖ローマ帝国皇帝レオポルトは追い詰められていた。ルイ一四世がストラスブールを併合し、ハンガリーでは皇帝の支配にたいする反乱が起こっていた。トルコはこういう状況を利用して、神聖ローマ帝国に侵攻すべく、軍隊をベオグラードに集結させていたのである。ルイ一四世は実際にはトルコと同盟を結んではいなかった。しかし、他方では、トルコ人がウィーンを攻囲していたときに、ローマ教皇からの呼びかけがあったにもかかわらず、皇帝を助けるようなことは何もしなかった。この不作為の出来事こそ、ルイ一四世がキリスト教国に敵対して悪魔と手を結んだというイメージ（一八七ページ）のもとになっている。[24]

ナントの勅令の廃止の場合、何かこしらえあげる必要はなかった。その出来事自体、オランダ、イギリス、ドイツの新教国の宣伝作家にたいする贈り物のようなものであった。かれらがしなければならなかったことと言えば、「これまでにフランスで起こったなかで、もっとも残酷で、もっとも乱暴な迫害」を記述し、非難することであって、そして、かれらはメダルや版画やパンフレットで見事にそうしてみせたのである。[25]

もちろん、これらの出来事はフランスの公的なメディアでは祝われた（一四〇ページ）。英雄と悪者というルイの正反対のふたつのイメージのあいだに、どのような密接な関係があるのかは、さらなる解説に値する。

公式談話ではタブーだった主題、とくに王の愛妾たちやかれの秘密再婚は、もちろん批判者たちによって執拗に力説された。このような明らかな違いにもかかわらず、対峙している芸術家・作家のふたつの陣営は、同じテーマを何度も取り上げ、そして、たがいの作品を、イメージを反転して、生産したのである。すでに見たように、ルイ一四世に敵対的なイメージはかなりの部分、パロディーに依拠している。それらは、メダルや銘句のような公式メディアの一部のかたちを模倣し、その内容を逆にする。[26] それらは「日没」または「至」(この場合は一年のうちでもっとも日の短い、もっとも暗い日という意味での冬至)に言及する。[27] 批判者にとっては、ルイ一四世は太陽ではなく、「金メッキした流星」であった。[28] 王がなぞらえられるべきはアポロンではなく、パエトンであった。[29] また、コンスタンティヌス帝ではなく、背教者ユリアヌス帝のほうであった。[30] ルイ一四世の用いた誇り高いモットー「多数に匹敵せざることなし(NEC PLURIBUS IMPAR)」は、ルイ一四世にたいする大同盟の時代には、「すでに多数に匹敵せざるフランス人(Gallus iam pluribus impar)」と叙述されるのも避けられないことだった。

ルイ一四世に敵対するパンフレットは、王を勇敢であるよりはおく病な、栄光に満ちているよりは虚栄心の強い、「正しい」というよりは「不正な」などと、再三再四書き立てる。かれの公式称号「ルイ大王」は多くの反撃を引き起こした。かれは「大王」というよりはむしろ「小王」であるとか、「非常に恥ずかしげもなく大きくなった」とか、あるいは、「野心だけは大きい」とか言われた。[31]

もうひとつの公式称号である「いともキリスト教的な王」のタイトルもまた、パロディーを誘発する格好の材料になった。たとえば、『いともキリスト教的なマルス』とか、『いともキリスト教的なトルコ人』とか、『いともキリスト教的な者はキリスト教的になる必要がある(Christianissimus christiandus)』とか、または、『いともキリスト教的な王の反キリスト教的砲撃』のようなタイトルのパンフレットが出されたのである。[32]

王の学問と芸術への後援も批判者たちによって無視されることなく、賞賛されるよりはむしろ非難された。ヴェルサイユ宮殿の絵は王の傲慢さの例として示され、アカデミーは暴政の道具と見られ、作家たちにあたえられる国王年金や天文台の建設さえもが、政治や政府批判から学者たちの気をそらす方法と解釈された。[33] ルーヴル宮殿もネロの黄金の館に比較された。浪費にたいする批判は繰り返しなされた。[34]

批判者たちは、しばしば、王の人格崇拝とわれわれが呼ぶものに注意を向け、それをこびへつらいであり、虚栄心に満ちたものであり、冒瀆的であり、異教精神であるというように解釈した。「王のゴマすりたちのユーモアとはそういうもので、あの男を太陽になぞらえて、ますますあの男の野心をふくらませ、……あたかも全世界がその前にひれ伏す偶像神でもあるかのように仕立て上げ、……あの太鼓もちたちは賛辞の形容語句であの男を純白で光り輝くように見せるべく奮闘し、それは、まったくではないにしても、ほとんど冒瀆の高みにまで達している」[35]。

ルイ一四世の個人崇拝は、いくつかのパンフレット、とくに『自画自賛の悪臭』や『詞華集抜粋』や『ルイへの賛辞の欺瞞』の中心テーマであった。『抜粋』は、とくに国王修史官ペリニーのルイ一四世へのご機嫌取りを攻撃し、『悪臭』のほうはシャルル＝クロード・ヴェルトロン（もうひとりの国王修史官）が、ルイ一四世を好意的にアレクサンドロスからシャルルマーニュにいたるまでの「大王」と呼ばれてきた支配者と比較して書いた『対比列伝』（一六八五年）を批判する。同じようにして、マシュー・プライアーはルイ一四世にたいしてと同様、ボワローにたいしても批判的に書いている。

ピンダロスは空高く天翔るワシで、
そのあいだ、徳が気高き道を進む。
ボワローも飛びはするが、ハゲタカで、
さもしくも、餌食のうえで舞うばかり。
一生涯、雇われ詩人はぺこぺこと、
戦勝と王の栄光を、歌いつづける。
ほら話で不滅の男を飾り立て、

桂冠が高くとも、もってくる。[36]

ヴィクトワール広場のルイ一四世の像も批判者に絶好の機会をあたえ、間をおかず利用された。像が建てられて三年後、『ため息』（一六八九年）は、ルイが「台座の部分にかれをたたえる冒瀆的なことばが刻まれた複数の像」を許可したことに注目し、脚注において、その銘句「不滅の男に（VIRO IMMORTALI）」を引いていた（単一の像しかない例を複数形で言及するのはよく知られた修辞学上のテクニックである）。[37]ある英文パンフレットはその像を「古代のローマ人がかれらの神ユピテルにしたように、光線と星とで飾り立てた。……ひとつの場所で、ヨーロッパ、アジア、アフリカ、アメリカを示す像をかれの足下にひざまずかせて描き、まるでかれが地上すべてに掟をあたえでもしているかのようだ」と述べていた。[38]別のパンフレットは「フランス人が……まさしくこの日に、神のようなルイ大王にへつらいのことばを呈し、かれの像の頭部は栄光に満ち、像の下には『ルイ大王の神霊（Numini Ludovici Magni）』といった冒瀆的なことばが記されて、……『不滅の男に（Viro immortali）』奉納される」と断言していた。[39]ドイツ語で一六九〇年に出版された『賛辞を求める尊大な記念碑の解説』はまさに、この像のことしか語らない。[40]一七一五年、亡くなったルイ一四世を批判する詩はこの像に言及して、つぎのように言う。

見下げ果てたるへつらいは、
罪深き立像の台座に刻印し、
万人に不滅の男と説明する。

月桂樹の冠さえもルイを批判するために用いられた。ある詩は勝利の女神が王に冠をかぶせるのをためらっていると冗談を飛ばし、その記念碑をパロディーにしたメダルは勝利の女神が月桂冠を取り外している場面を示していて、ロシアの文芸批評家バフチーンが「王冠剥奪」と呼ぶことになるもののまさに文字通りの実例となっている。[41] おそらく、視覚によるパロディーは、公式イメージを掘り崩すのにもっとも効果的な方法であった。一六九四年にパリに出回っていた版画は、像の台座部分の四角の人物〔実際は、オランダ、スペイン、神聖ローマ帝国、ブランデンブルクが捕虜で鎖につながれた姿にされている〕を四人の女性、すなわち、ラ・ヴァリエール、フォンタンジュ、モンテスパン、マントノンで置き換え、この四人が王を鎖で縛っているというものだった。[42]

ルイ一四世にたいするこれらの攻撃を年代順に並べる作業は注目に値する。だが、パンフレットだけでも、その正確なリストを作成することは不可能である。というのも、そのジャンルを定義することが難しいので、好意的でない部分を含むテクストと攻撃のためのテクストとの境界線が引きにくいからである。できることと言えば、ルイ一四世個人についてやや詳細に論じている六七のテクスト（付録3にそのリストを掲げた）の資料を検討することである。六七のうち三つのテクスト（有名な『国の楯』が入っている）は、一六六〇年代の帰属戦争の時期の十年間のものである。一六七〇年代のオランダ共和国への攻撃の十年には六つのテクストがある。小さな流れにすぎなかったものが、一六八〇年代には、川となり、一七のテクストが出され、有名な『奴隷フランスのため息』やそのほか、ナントの勅令廃止にたいする批判のパンフレットも含んでいる。一六九〇年代には川の流れは洪水となって氾濫し、二七のテクストがある（しかも、一六九〇年の一年だけで八つある）。そして、氾濫も収まり、流れは乾きはじめる。一七〇〇年からルイ一四世の亡くなる一五年までの期間には一四のテクストだけとなる。

王のこの非公式イメージを組織していたのは誰だったのだろうか。これらのテクストとイメージの一群を組織的に作り上げ、配布していた人物については、ほとんどまったくわかっていない。たとえ出版地が記載されていたにしても、必ずしも信用できない。ときどき、出版地が「自由市（Vrystadt, Villefranche）」になっていても、それは当時の地下出版者たちのありふれた冗談だった。また時折、「パリ」とか、「ヴェルサイユ」とか、または「トリアノン」とかになってさえいる。フランス語テクストのタイトル・ページに登場する、もっとも一般的な出版地名は「ケルン」であり、もっとも一般的な印刷者氏名は「ピエール・デュ・マルトー」であるが、かれはそもそも架空の人物かもしれず、一世紀を超える期間にわたって、かれの出版とされる本をすべて印刷することなどなかったことはたしかである。[43]

いくつかのケースでは、探偵のごとき書誌学者が印刷技術を手掛かりにして、たどって行くと、出版者はライデンやアムステルダムに現存したエルゼヴィア一家であることが判明した。フランス語の反ルイ一四世文献の多くがオランダ共和国で印刷され、フランスに密輸されていたことはありそうなことである。オランダではすでに、輸出するための外国語の本を印刷するという伝統があった。また、一六八〇年代、オランダに逃れてきたユグノーたちが作家として、または、本屋として暮らしを立てていたこともまれではなかった。かれらの何人かがこのような地下流通に深く関わっていたこともありそうなことである。一六九一年、地下出版物のなかで大当たりに当たったのが、メネストリエ『メダルによる歴史』（一六〇ページ）の偽版のほうで、それにはルイ一四世を諷刺したメダルの図が五枚、特別に挟み込まれていて、「以下の五枚のメダルの図版は、以前のページのものと同様、『ルイ大王の歴史』と関係ないわけではないが、メネストリエ神父が正しくもその著作に入れようとしなかったものであった」との注記がなされていた（図60）。[44]

ルイ一四世に異議を唱えるこれらのイメージを生み出した作家たちは、印刷業者と同様、一般に匿名ないしペンネームだが、しかし、すくなくとも何人かの芸術家や作家を特定することができる。主要な芸術家はオランダ人のロメイン・デ・ホーへで、エッチングの版画家としてもっとも有名であるが、しかし、画家、彫刻家、メダル制作者、そして、作家としても活動していた。ルイ一四世を批判したかれの「諷刺漫画による十字軍」と呼ばれたものは、一六七二年の戦争の時点でスタートし、一七〇八年のかれの死まで続いた。それは、一六八五年の「フランスのプロテスタントにたいする残虐行為」の表現を含み、そしてルイをパエトンないし自由のきかなくなったアポロンとして描いた忘れがたい図もあった。[45] もうひとりの断固たるルイ一四世批判者はニコラ・シュヴァリエであった。かれはナントの勅令の廃止後にフランスを去ったユグノーの牧師で、オランダ共和国で書籍販売とメダル制作に転じ、一七〇八年から九年の戦役の『メダルによる歴史』偽版の出版では制作から販売までを行った。[46]

65「サチュロスとしてのルイ」　ジョゼフ・ヴェルネール《お祭り騒ぎのルイとマントノン夫人》油彩，カンヴァス，1670 年頃。チューリヒ，フォン・ミュラルト・コレクション

ほかの芸術家たちは、お金を支払ってくれるのであればどちらの側にでもついて働いたように思われる。われわれが先に述べた（八一ページ）スイスの芸術家ジョゼフ・ヴェルネールは、一六六〇年代の宮廷で若きルイをアポロンとして描いたが、フランスで出世をする望みを絶たれたので、ドイツに行き、今度は、年老いたルイをバッカス祭のサチュロスとして表現した（図65）。われわれは、このように賞賛することから諷刺することに転換した事実を、たんに雇い主が変わったからと解釈すべきだろうか、それとも個人的な失望の観点から解釈すべきだろうか。[47] さらに、ニコラ・ラルムサンについてはどうだろう。この版画家で書籍販売業者で

もある人物は、毎年出される『王国年鑑』の一連の口絵の制作者としてとくに知られており、それは王の賛美への重要な貢献であった。しかし、かれは一七〇四年に、王とマントノン夫人を諷刺する漫画を制作し売っていたかどで、バスティーユ監獄に投獄されたのである。[48]

ルイ一四世批判のパンフレットを書いたとされる著者たちも同じように、確信をもって書いた者もいれば、雇われ作家もいた。そのなかには当時、名前の知られた有名な作家も何人かいる。『国の楯』はフランツ・ポール・フォン・リゾラの作品で、かれはフランシュ゠コンテの弁護士であり、のちに神聖ローマ帝国皇帝レオポルトに仕えた外交官である。[49]『ガリアのマキアヴェリ』は一般にヨハン・ヨアヒム・ベッヒャーに帰されており、かれもまた、レオポルトに仕え、錬金術師と経済学者を合わせたようなことをしていた。[50]『奴隷フランスのため息』はユグノーの牧師ピエール・ジュリューの手になるものと一般に考えられている。[51]

もっとも有名な人の名前がまだのこっている。それがゴットフリート・ヴィルヘルム・ライプニッツで、かれが『いともキリスト教的なマルス』のパンフレットを書いたと一般に認められている。かれがルイ一四世批判のパンフレットを書いたことは、ライプニッツの有名な哲学的・数学的な研究からは遠く離れているように見えるかもしれない。しかし、かれは成人後の生涯の多くをふたりのドイツの君主、すなわち、マインツ選帝侯とブラウンシュワイク公爵に仕えて過ごしたのであり、そして、ルイ一四世の注意をドイツからそらすため、エジプト侵略の提案まで計画していたのである。

ルイ一四世を批判するほかの作家たちは、その時代にあって有名というよりはむしろ悪名高いプロたちであった。そのなかでもっとも人目を引くひとりがミラノのグレゴリオ・レティである。かれはカルヴァン主義に転向した人物で、多数の反教皇パンフレットの作者であり、フランスに来てからは、一六八〇年、ルイ一四世に頌徳文を献呈し、五年後にはルイ一四世批判の文書を書きはじめた。有名な『愛の征服』は一般にフランスの貴族クルティル・

ド・サンドラに帰せられているが、かれもまた両方の陣営のために書いていたようである。[52]『いともキリスト教的な者はキリスト教的になる必要がある』は、気の変わりやすいイギリス人ジャーナリストのマーチモント・ニーダムの作品だった。

イギリスにおける三人の主要な文学者もルイ一四世のもうひとつのイメージにいくぶん付け加えるところがあった。三人とはジョナサン・スウィフト、マシュー・プライアー、ジョゼフ・アディスンである。スウィフトは、アイルランドにたいするウィリアム三世の遠征をたたえる詩のなかで、ルイのことを「安心できぬ暴君」として無作法に言及した。この時期、外交官として仕えていたプライアーは、ナミュール占領の「バラード」を書き、それは英国政府部内で回し読みされていた。外交同様に詩も、ほかの手段でなされる戦争の継続だったわけである。アディスンにかんして言うと、かれは、ルイについてのいくらか厳しいことばを『メダルについての対話』というかれの明らかに罪のない作品にすべり込ませ、また、ブレンハイムの戦いを祝う詩を書くようにとの公式の依頼を受諾してもいる。[53]

ルイ一四世を批判する宣伝キャンペーンは、明らかに、かれを賞賛するキャンペーンよりもはるかに、調整されたようなものではなかった。ロンドンのジャーナリストたち、ニュルンベルクのメダル制作者たち、オランダ共和国のユグノー亡命者たち、そして、フランスのルイ一四世批判者たちは、おたがい簡単に通信することはできなかった。かれらの攻撃に一貫性をあたえたのは、皮肉にも、ルイ一四世の公式イメージだったのだ。

もっとも重要で、もっとも難しい問題が最後までのこされた。いったい、このキャンペーンはどれくらい効果的だったのだろうか。誰がパンフレットを読み、誰がメダルを見ていたのか。そして、かれらは批判をどう思ったのか。次章では、太陽王の公式表現への反応と同時に、ルイ一四世に敵対的なイメージの受容も検討することにしよう。

11

ルイ14世の受容

66「銀の玉座」　『メルキュール・ガラン』紙所収の玉座の版画，1685 年 12 月。パリ，国立図書館

宮廷を研究し、都市を知りなさい。
——ボワロー

今まで本書は、ルイ一四世の表現にかんする以前の研究と同じように、その表現がどのように消費されたかということよりも、むしろ、どのように生産されたかということのほうに、つまり、受容されたイメージよりも、むしろ、映し出されたイメージのほうに注意を向けてきた。しかし、文学史や美術史の研究者たちが認めるようになってきたとおり、コミュニケーションの研究と言うからには、そのメッセージがどのように受け入れられたのか、また、受け手はどういう人たちで、どのように反応したのか、をいくらかでも議論することなしには、コミュニケーション研究をなし終えたと言うことはできまい。[1]

換言すれば、コミュニケーションの研究者としては、「誰が何を言うのか」だけでなく、「誰に向けて」と「どのような効果を伴って」について検討しなければならないのであり、さらにこの手法を洗練させて（二〇ページ）、人びとがメッセージを解釈する過程、そして、元来はそういう意図で出されたのではない目的のために、自己流に解釈しなおして用いていく過程を考慮する必要があるのである。ルイ一四世のケースでは、すくなくともメッセージが向けられた公衆についての資料は豊富であり、個々の反応についても、いくつか魅力的な知見がわかる記録がのこっている。

1　国内の受け手

いったい誰の利益のため、そして、誰を説得するために、この王のイメージは七〇年以上も展開されてきたのだろうか。それがルイ一四世の臣下の民衆、つまり、即位した一六四三年、または、親政を開始した一六六一年、または、死去した一七一五年の二〇〇〇万人のフランス人男女（フランスの人口は治世末も治世初めとだいたい同じくらいであった）に向けて出されたというようなことは、まず、ありそうにない。まだマスメディアはなかった。たしかに、メダルがラングドック運河開通式やヴィクトワール広場の王像の除幕式のような特別な機会に配られはしたが、発行枚数が非常に多かったというわけではなかった。パリ市民はみな、パリ市に建てられたルイ一四世の凱旋門や像を見ることができたが、ラテン語の銘句を理解し、また、図像を解読することさえできたような者はほとんどいなかったであろう。ヴェルサイユ宮殿は、剣を帯びた成人男性には誰でも公開されていて、また、入口のところで剣の貸し出しもあった。しかし、実際にそうすることができたのはほんの一握りであった。王の居室も週に三日開放されたが、それは「高い身分の人びとすべて」にたいして開放されたものであった。[2]

同じように、宮廷の祝祭も、そのきらびやかさ、うっとりさせる魅力、耳と目へ同時的に訴えかける点で今日のテレビを思わせるかもしれないが、しかし、これも宮中の少数の観客のために催されたもので、宮廷バレエも内輪の劇であった。散文や韻文での王をたたえる賛辞は、第一に、ただひとりの聴衆、すなわち、王その人のために出されたのであり、そして、たとえのちに出版されることがしばしばであったにしても、テクストがまだ原稿の状態だったときには、王によって（または、王にたいして）読み上げられるようなものだった。王の『覚書』もまた、もともとは、ただひとりの読者——王太子のために書かれたものだった。この秘密文書は一八〇六年まで公表されはしなかった。

当時の公衆とは誰（単数かもしれないが）だったのか。その問題に答えるのは、一見そう思えるより、はるかに難しい。ひとつには、「公衆」の概念がこの時期に生まれたばかりだったからである。たしかに、フランス語で「公益（bien public）」や「人前で説教する（prêcher en public）」などの表現は存在したが、ただ簡単に「公衆（le public）」ということばはなかった。「世論（opinion publique）」の概念はまだ知られていなかった――「民衆の意見（opinion du peuple）」に言及された最初は一七一五年、ルイ一四世治世最後の年のことである。[3] おそらく「みんなの好み」という意味での「みんなの声（voix publique）」という表現は、たんに世論概念の一部を代替していたにすぎなかった。たとえば、「ある人がかれに好意的なみんなの声、言わば、みんなの喝采を集めているそうだ」というような表現がその使用例である。[4]

言語学の用語を使って言えば、シニフィエ［記号の内容］も欠けているのだから、シニフィアン［記号の表現］もないと論じられるのかもしれない。そして、公衆は、社会階級と同じように、それが存在するためには自己意識をもつことが必要な社会集団であると定義されるのかもしれない。[5] この自己意識はコミュニケーション手段の増加によって促進された。ルイ一四世イメージの公式製作者たちは、こうして、フランスにおける世論の誕生に重要な貢献をなしたのである。その意味において、かれらは公式イメージだけでなく非公式イメージの流通も容易にした。

他方で、一七世紀のメディアは――今日のメディアのように――、今度は、公衆のニーズ・欲求――あるいは、すくなくとも、送り手たちが公衆のニーズ・欲求と考えているもの――によって形成されることになったのである。全知全能の君主というイメージは、宣伝活動家やゴマすりのあいだだけで作り出されたものと切って捨てることはできない。フランスにおける英雄としての王と、ほかの文化圏の英雄との類似性が示唆しているのは、公式イメージが――ある程度まで――集合的なニーズの表現であったということである。たんなる推測にすぎないけれども、一七世紀の中央集権国家の発展と国王崇拝の高まりのあいだのつながりを考えてみるのは興味をそそられる。王は中央権力を代表――本当に、体現――していたからである。

もちろん、一七世紀の観客や聴衆を一枚岩のように扱うことは間違いであろう。実際、わたしは当時のブロードキャスターとでも言える送り手が、とくに、三種類の異なる観客に向けて伝えようとしていたと言ってみたい。目指していた三種類のターゲットとは、第一に、後世にたいしてであり、第二に、フランスの上流階級、パリと地方の両方の上流階級にたいしてであり、そして、第三に、外国人、とくに外国の宮廷にたいしてである。順番に、これらの異なる階層を検討することにしよう。

今日の観点からは奇妙に思われるかもしれないが、王の広報係たちが届けようとしたのはわれわれ、より正確に言えば、かれらが考えていた後世にたいしてだった。王の『覚書』が記しているように、王たる者は自分の行為を「あらゆる時代に」説明しなくてはならないのだ。[6] シャルル・ペローによってコルベール宛に書かれた手紙の下書きには、王によれば「後世に王の名前を伝えること」に特別な貢献をするべき芸術としての絵画と彫刻が述べられている。[7] 記念碑の計画のなかでオベリスクが傑出している理由のひとつは、それが永遠の名声を象徴していたことにあった。記念碑それ自体、何世紀ももつように大理石や青銅のような材料が用いられた。治世の出来事を描いたメダルは、建造物の基礎部分に埋められた。たとえば、一六六五年のルーヴル宮殿、一六六七年の天文台、一六八五年のロワイヤル橋がそうである。[8]

政府当局が後世に重大な関心を払っていたことを示す最良の証拠は、きっと、治世の正史を書くのにふさわしい著者を見つけ出すのに注がれた努力である。シャプランが一六六二年にコルベールに報告した九〇人の作家のうち一八人が歴史家であった。すくなくとも、二〇人は王の修史官の肩書をもつか、そう要求し、あるいは、政府により執筆を依頼された。王も自ら、特定の戦役の公式説明の執筆に加わった。[9]

王のイメージはまた、王の臣下、すなわち、「余の統治する人民」のために出された。まず、廷臣たち、とくに高位の貴族たちにとって、宮廷に参内することは実質的に強制だった。サン＝シモンは、自分が王の許しなしに宮廷を去ったことにたいするの王の不快を物語っている。高位の貴族が宮廷の王に仕えるように期待されていたのは、たんにかれらをかれらの支配する地方の権力基盤から切り離すためだけでなく、かれらを王の栄光で驚嘆させるためでもあった。廷臣たちは、男性も女性も、宮廷で演じられる劇、バレエ、オペラそのほかの催し物（王のご起床の儀も忘れないようにしょう）の日常的な観衆の主要な部分を構成していた。特別な機会には、観客の数は増えるだろう。一六六四年の『魔法の島の楽しみ』のときには六〇〇人の紳士淑女が、一六六八年のさらに洗練された『楽しみごと』のときには一五〇〇人が参加した。女性が男性と対等に、そして、多少なりとも等しい数で参加したという事実は、強調する価値がある。

ボワローは、かれの『詩法』のなかの有名な文章で、フランスの文学の読者を「宮廷」と「都市（言い換えると、パリ）」であると特徴づけた。[10] 宮廷は、都市を「ブルジョワ」と見下す傾向があった。このことばは、弁護士やほかの平民を指すために一六六〇年代に用いられるようになったものである。王について言えば、フロンドの乱（五九ページ）のときの経験が王に、都市に背を向けさせたのだと伝統的に言われてきたが、その見解に根拠がないわけではない。王の結婚のときのパリへの都市入城式（それは十万もの人によって見守られていただろう）以降、パリ市民がかれらの統治者の姿を直接見る機会はほとんどなかった。[11] かれはルーヴル宮で過ごすことはまずほとんどなく、また、一六七三年のリ・ド・ジュスティス（五八ページ）以後、パリでの公的行事に参加することもほとんどなかった。一六八七年になってはじめて、王は市庁舎を訪問し、かれがフロンドの乱をすっかり忘れて、パリ市と和解する準備ができていることを示したのである。[12]

それでもやはり、ルイの賛辞はこの都市の読者に向けられたものであった。『ガゼット』紙はルーヴルで印刷されていたので、ニュースがまだ新鮮なあいだにパリ市民は読むことができた。宮廷のための催し物もパリでしばしば繰り返された。たとえば、モリエールの『エリスの王妃』は、一六六四年五月、ヴェルサイユの『魔法の島の楽しみ』の一部として初演されたものだが、一一月にはパリのパレ・ロワイヤルの劇場で再演された。一六六五年に、ラシーヌの『アレクサンドロス』も同じ劇場で上演され、その上、対抗するブルゴーニュ館でも上演された。一六七三年、パレ・ロワイヤルの劇場はリュリに譲渡され、かれのオペラがそこで上演された。

文学、絵画、建築、音楽の王立アカデミーはすべてパリに置かれていた。王立ゴブラン織物製作所も同じくパリにあり、主要な祭典の折にそのタペストリーを展示した。たとえば、一六七七年のキリスト聖体祭の日にその展示を見たジョン・ロックは、「どの作品でもルイ大王が英雄だった」と記している。[13] 主な劇場とオペラ劇場もパリにあった。ルーヴルの改築、廃兵院の建設、複数の凱旋門の建築、そして、ヴィクトワール広場とルイ大王広場（今日のヴァンドーム広場）の王の像の建設はパリという都市に王のイメージを刻みつけた。その変容は「装飾されたパリ（ORNATA LUTETIA）」の題辞のメダルで祝われたのである。

地方の公衆にたいする当局の関心の増大を示す証拠もある。アカデミー・フランセーズをモデルにして、六つの地方アカデミーが、一六六九年と一六九五年のあいだに、アルル、ソワッソン、ニーム、アンジェ、ヴィルフランシュ、トゥルーズに設立され、科学アカデミーをモデルに、地方の科学的なアカデミーがカーン（そこには、すでに、人文科学のアカデミーもあった）、モンペリエ、ボルドーに設立された。[14] 音楽アカデミーと一体化されたオペラハウスも、パリをモデルにして、一六八四年、マルセイユに設立された。これらの機関は、パリをお手本にして、しばしば、王の栄光賛美の推進に努めた。アルルとアンジェのアカデミーはルイの賛辞の懸賞論文を募集し、ソワッソンのアカデミーは聖王ルイの祭日のために祝賀行事を企画し、カーンの人文アカデミーは当地の王の像の建設に関与した。

ルイ一四世もまた、フランスの地方都市への公式訪問を数多く行い、実物のルイを見る機会を住民にあたえた。一六五四年の即位式には、しきたりどおり、ランスへ赴いた。一六五八年にはリヨンへの公式入城式を行った。親政の期間に、ルイ一四世は多くの都市、とくに新たに併合した都市のほとんどを訪問した。そのなかにはダンケルク（一六六二年、一六七一年）、リール（一六七一年、一六八〇年）、ディジョン、ブザンソン、ストラスブール（いずれも一六八三年）、カンブレー（一六八四年）が含まれる。

政府当局は、勝利や王室の新メンバーの誕生のような慶事がパリや地方で祝われることを期待した。各司教にたいし、テ・デウムが適当な機会にかれらの大聖堂で歌われるようにとの指示が出され、その際に、その式典に出席することが期待されている個人や団体が記されていることさえあった。[15]

祝賀行事は、しばしば、より入念な形式になった。たとえば、一六七八年のナイメーヘンの講和に際しては、アブヴィル（王の肖像画が掲げられた）、カーン、シャルトル、ル・アーブル、モンペリエで平和を祝う公的な祝賀行事があった。[16] 一六八二年には、ブルゴーニュ公爵の誕生がレンヌからマルセイユまでの広い地方で祝われたが、しかし、とりわけブルゴーニュ地方とその首都であるディジョンでの祝賀行事が際立っていた。[17] ルイ一四世のもうひとりの孫であるアンジュー公爵の誕生を祝う祭典も同じように、とりわけアンジェで盛大に一六八四年に執り行われた。[18] 一六八七年、王が病気から回復したのを祝って、祝賀行事がアルルその他で組織された。[19] この種の祝賀行事には王の賛辞が一般に含まれたが、組織したのは地方長官、市当局、あるいは、さまざまな地方アカデミーの会員たちだったのかもしれない。

王にかんする定期的な情報は、新聞、とくに、公的な『ガゼット』紙と『メルキュール・ガラン』紙を通して地方に届いた。『メルキュール』紙の編集者（一六八四年以降、王から年金を受け取っていた）は、その読者がすべて、パリや王や宮廷のニュースを熱望している地方の人びとであるかのように語っていた（一三〇ページ）。この新聞の記事は地方に住む貴婦人宛の手紙という形式で書かれていた――ちなみに、女性読者に関心を寄せていたことは強調に値する。[20] 地方にたいする政府当局の関心の増大を示す印象的な指標がある。それはこれら公式新聞の地理的な拡大を示すものである。一六八五年には、パリの『ガゼット』紙は地方の五都市（ボルドー、リヨン、ルアン、トゥルーズ、トゥール）で印刷された。それが一六九九年には二一に上昇し、治世末には三〇に上ったのである。[21]『メルキュール・ガラン』紙もまた、地方のボルドー、リヨン、トゥルーズで印刷された。

一六八〇年代の「王像キャンペーン」はまた、地方の主要都市、すなわち、アルル、カーン、ディジョン、リヨン、モンペリエ、ポー、ポワティエ、トロワに向けられたものだった。王像に加え、凱旋門の建立がトゥール、ブザンソン、モンペリエ（すべて一六九三年）、リール（一六九五年）でなされた。ラ・ロシェル、マルセイユ、メッスでも凱旋門建設の計画があった。[22] これら凱旋門の地理的分布は、王の騎馬像のそれと類似し（一三三ページ）、都市入城式のそれとも類似している。それらは王国の周辺地域に集中しており、つい最近に獲得された領土であり、非常に大きな地方特権を享受しており、そして、もっとも頻繁に反乱の起こる地域であった。新しく征服したザール地方の要塞に「サールルイ」と命名したことは（一一九ページ）、このような一般的な傾向を示す一例である。

一七〇九年に、戦争続行の必要性を説得するために、地方に向けて出された有名なメッセージ（一五四ページ）は、このような傾向が最高点に達したものと見るべきであろう。ルイによって署名されてはいるが、トルシーによって起草された、地方総督および司教宛の公開状は、平和に向け政府が努力するも、敵の悪意が妨げていること、そして、王が人民のために一身を投げ打っていることを述べていた。この書状はフランス全土の地方印刷所によって印刷されたのである。[23]

国内の公衆向けのこのようなルイ一四世描写の記述は、政府にしてもそうだが、エリート層向けに集中したものだった。『ガゼット』紙のひとつの号の印刷部数は二〇〇〇部を超えたとは思えないし、価格も一スーから四スーのあいだであった。より狭い読者層に向けられた『メルキュール・ガラン』紙の一六八〇年代月刊号の値段は二五スーであった。メダルについても、その生産コストからすると、小さなグループのなかでしか流通していなかったように思われる。また、公式の『メダルによる歴史』の書物も二つ折り判の見事な、しかしそれだけに費用のかさむものであれば、似たようなことになるだろう。[24] メダルよりは小さいジュトンは非常に多く——たとえば、一六八二年には二万六〇〇〇枚以上も——配られはしたが、しかし、それでもまだ当時の人口からすれば、少数にとどまっていた。[25]

このことは、普通の民衆に、王についてのイメージがなかったことを意味するものではない。都市への公式訪問の際に、ルイ一四世を見ようと思えば、すくなくともちらりとでもかれを見ることはできた。一六八四年のカンブレーへの王の訪問の公式報告書には、王の夕食を見ようと集まった「けた外れの」群衆について言及していた。[26] ロイヤル・タッチの風習は、普通のフランス人男女がかれらの統治者と直接向き合って見るもうひとつの機会であった。ルイ一四世はかれの治世の期間に三五万もの民衆に触ったと言われているが、この数はすくなく見積もってのことだろう。これらの人びとは、神聖な王権への信仰を断固として証言していると言われるかもしれない。しかし、このように触れられた人びとにはそれぞれ一五スーあたえられており、そして、この事実が前もって公告されていた（図67）ことにも留意しておかなければならない。[27]

普通の民衆もまた、フランス軍の勝利を祈る公的な式典（一六七二年、一六八三年、一七〇九年に命じられた）に参加した。地方総督に宛てられた一七〇九年の王の書状は、イギリスのスパイが証言していたように、ヴィラール元帥によって「全軍に」たいして大声で読み上げられた。[28] 一七〇一年から一三年のあいだだけで、入隊したフランス人はおよそ六五万にも上るのだから、軍隊という機関は王の公式イメージを国中に普及させる手段として、研究に値する。[29] 王の視覚的なイメージは、字を読めないことによるコミュニケーションの障害を突破することができ、

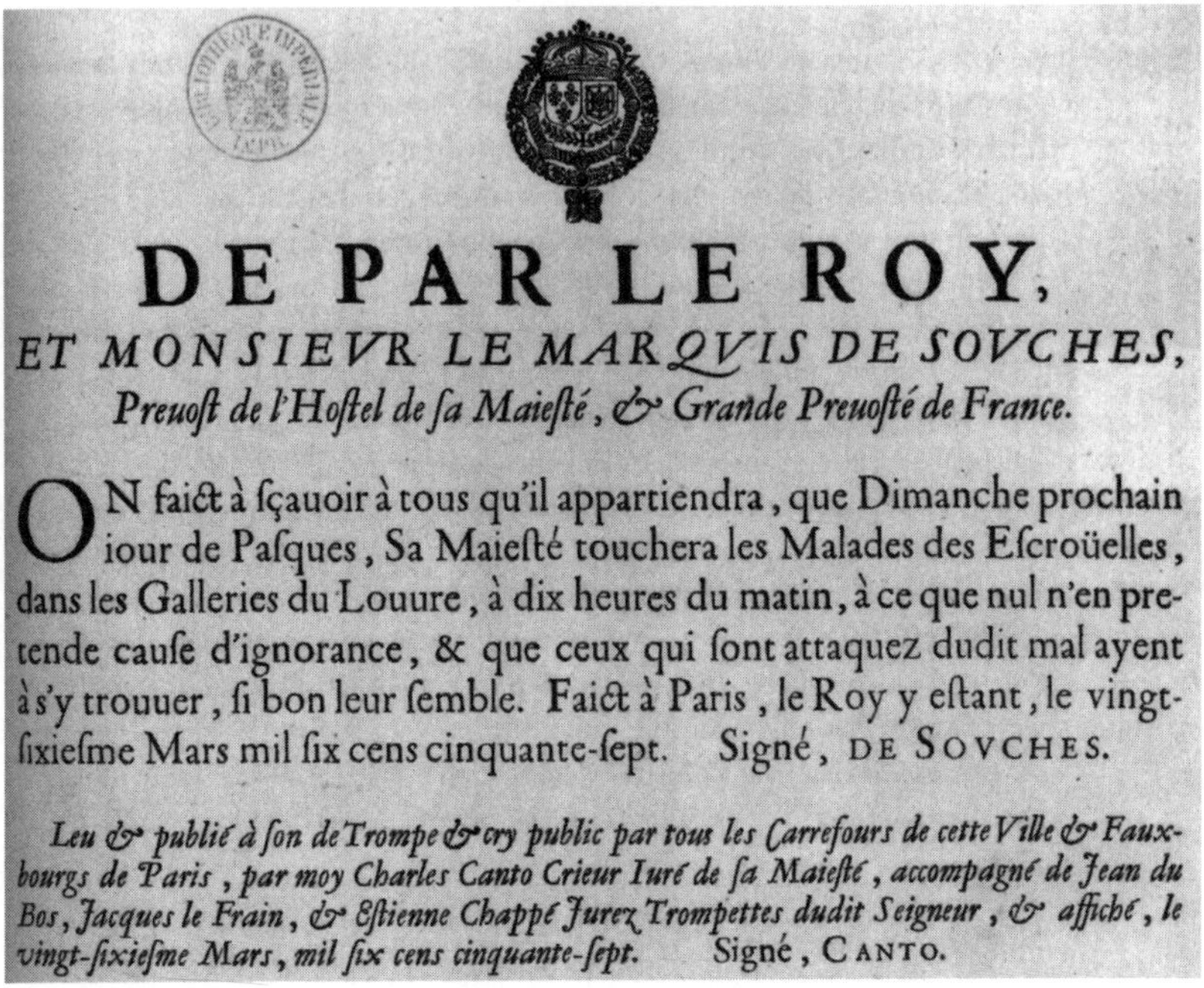
DE PAR LE ROY,
ET MONSIEVR LE MARQVIS DE SOVCHES,
Preuost de l'Hostel de sa Maiesté, & Grande Preuosté de France.
ON faict à sçauoir à tous qu'il appartiendra, que Dimanche prochain iour de Pasques, Sa Maiesté touchera les Malades des Escroüelles, dans les Galleries du Louure, à dix heures du matin, à ce que nul n'en pretende cause d'ignorance, & que ceux qui sont attaquez dudit mal ayent à s'y trouuer, si bon leur semble. Faict à Paris, le Roy y estant, le vingt-sixiesme Mars mil six cens cinquante-sept. Signé, DE SOVCHES.
Leu & publié à son de Trompe & cry public par tous les Carrefours de cette Ville & Faux-bourgs de Paris, par moy Charles Canto Crieur Iuré de sa Maiesté, accompagné de Jean du Bos, Jacques le Frain, & Estienne Chappé Jurez Trompettes dudit Seigneur, & affiché, le vingt-sixiesme Mars, mil six cens cinquante-sept. Signé, CANTO.

67 《ロイヤル・タッチを知らせる公告》1657 年。パリ，国立図書館。1682 年の公示では患者にお金が支払われることが触れられていた

とくに広場の王の像のようないくつかは、かなり目に付くものだった。「王の歴史物語」のタペストリーでさえも時折、たとえば、キリスト聖体祭のあいだゴブラン織物製作所で公開展示されたのである。[30]

それでもやはり、イメージ制作者たちが普通の人びとに言及するのはまれである。そんななかで、シャルパンティエは、公的な記念碑にその土地のことばの使用を勧め、細民も「国家の壮大さと君主の栄光に一度だけでも参加する楽しみ」を可能にするよう主張した点で例外的な人物だった。[31] いずれにせよ、かれの進言は受け入れられなかった。農民中心の国なのに、良き公的イメージを王に結び付けようとする当局の努力は都市部に集中していた。事実、村落で王の像に遭遇することはまれである。わたしの知っている唯一の事例は、ギミリオー（フィニステール県）にあるルイ一四世を聖王ルイと表現した像だけであ

る。[32] その建立の日付が一六七五年であって、この年がまた、王にたいするブルターニュ地方の農民反乱の年であるのは偶然であるはずがない。

2　外国の受け手

「王の歴史物語」の制作者にとって、国外の受け手は、国内のそれに劣らず重要であると見なされた。たとえば、一六九八年、小アカデミーはポンシャルトランから外国の人びとに示すのにふさわしいメダルのリストを作成するよう求められた（図68）。

マザラン枢機卿は若きルイを「世界でもっとも偉大な王」と評した。[33] この決まり文句にはまったくの自民族中心観と同様、純然たる誇張もあったと思われるかもしれないが、しかし、それが賛辞を述べる作家たちによって繰り返され、増幅されたのである。ナイメーヘンの和約を記念して発行されたメダルは、ルイを「世界に平和をもたらす者（PACATOR ORBIS）」と表し、勝利の女神がルイに地球を差し出す場面を表現していた。太陽王の覇権を承認する四大陸ないし「世界の四隅」（オーストラリア大陸はまだ知られていない）のイメージは、ヴェルサイユの大使の階段その他の場所でも見られることになった。[34] ヴィクトワール広場に建てられたルイ一四世像の記念碑に刻まれた碑文には、「遠方の国々」からの外交使節が言及され、モスクワ大公国、ギニア、モロッコ、シャム、アルジェリアの名前があった。一七〇一年のグルノーブルの祭典では、玉座にすわるルイが世界中の国民から敬意を受ける場面が表現され、そこには「シャム人、トンキン人、アルジェリア人、中国人、イロコイ人」が含まれていた。[35] これら五つの国民の事例は治世の出来事を正確に反映している。

これらのイメージは具体的な計画に合致するものであり、その目標ははるかヨーロッパの境界を越え出ていた。

68 「『メダルによる歴史』の受容［机の上の本に注目］」 ニコラ・ド・ラルジリエール《フォン・デーン伯爵の肖像》1702 年頃。ブラウンシュヴァイク，アントン・ウルリヒ公博物館

この計画について雄弁に物語っているのが、とりわけ、一六八六年のシャムの外交使節（メダルでも記念されたことについては一四〇ページ）と一七一五年のペルシアの外交使節に注目が向けられたことである。[36] まさに「オリエンタル・デスポティズム［東洋の専制主義］」――当時のフランス人たちはそのようにかれらを見ていた――からの代表団に強い印象をあたえるために、ルイはオスマン・トルコとペルシアの使節団を「かなり高い玉座」の上で迎えたのだった[37]（図66）。

ルイ一四世にしてみれば、オスマン・トルコのスルタンとの関係を大事にする実際的でもっともな理由があった（一九三ページ）。すなわち、神聖ローマ帝国への敵意がかれらの利害を共通なものにしていたのである。アルジェリアとモロッコはオスマン・トルコの属領であった。アルジェリアは一六八四年、フランスに砲撃されて、フランスへの服従を余儀なくされていた（一三五ページ）。ペルシアについて言うと、外交のイニシアティヴはルイ一四世のほうからではなく、ペルシア王のほうからとられた。ペルシア湾のマスカットの港を奪う攻撃のためにフランス艦隊の援助を当てにして、ペルシア王フセインは一七一五年に使節をルイ一四世の下に送ったのである。

ルイ一四世は南北アメリカ大陸にすくなくとも足場をもっていた。ケベック市は一六〇八年、フランスの移民によって築かれ、一六六三年にはニュー・フランス地方の首都になった。そして、ルイ一四世の胸像が、フランス本国における「王像キャンペーン」のとき（一二九ページ）の一六八六年に、ロワイヤル広場に設けられた。フランスの支配に抵抗したイロコイ族は、一六九六年、フランスの総督フロントナックによって、講和を求めるよう強制された。探検家のロベール・ド・ラ・サールによって一六八二年に併合されることになり、そしてルイ一四世にちなんで名づけられたルイジアナ――現在のアメリカ合衆国のルイジアナ州よりもはるかに広い地方――にかれが出発したのはケベックからであった。

ルイ一四世の死の際には、スペイン領アメリカで追悼式典が行われさえした。というのも、スペインで統治する

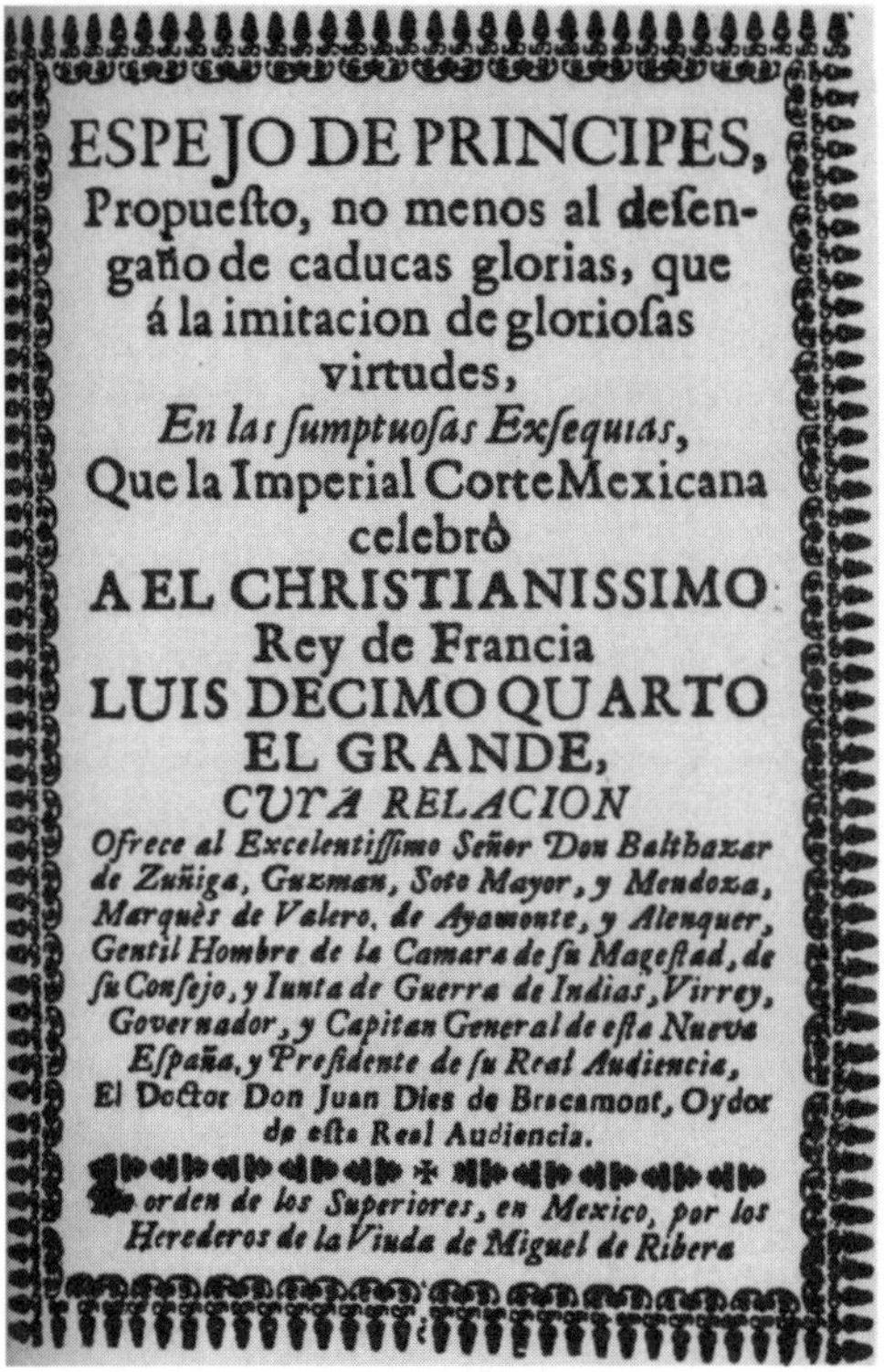
ESPEJO DE PRINCIPES,
Propuesto, no menos al desengaño de caducas glorias, que á la imitacion de gloriosas virtudes,
En las sumptuosas Exsequias,
Que la Imperial Corte Mexicana celebró
A EL CHRISTIANISSIMO
Rey de Francia
LUIS DECIMO QUARTO
EL GRANDE,
CUYA RELACION
Ofrece al Excelentissimo Señor Don Balthazar de Zuñiga, Guzman, Soto Mayor, y Mendoza, Marquès de Valero, de Ayamonte, y Alenquer, Gentil Hombre de la Camara de su Magestad, de su Consejo, y Iunta de Guerra de Indias, Virrey, Governador, y Capitan General de esta Nueva España, y Presidente de su Real Audiencia,
El Doctor Don Juan Dies de Bracamont, Oydor de esta Real Audiencia.
... orden de los Superiores, en Mexico, por los Herederos de la Viuda de Miguel de Ribera

69「新世界のルイ」『君主の鏡』のタイトル・ページ，メキシコ，1715 年

君主のフェリペ五世の祖父がルイ一四世だったからである。鎮魂ミサのための棺台がメキシコ・シティーの大聖堂に置かれ、大司教ランシエーゴによる説教がなされた。そして、先の王「ルイ大王」の頌徳文が出版され、ルイ一四世は「君主の鏡」と述べられるのである[38]（図69）。

極東との公式の接触は、ルイ一四世が「コーチ・シナ、トンキン、中国の諸王」にかれの友好の意を示した一六六一年にさかのぼる[39]。イエズス会士ヨアヒム・ブーヴェは中国に行き、一六六二年から一七二二年まで清を治めた康熙帝に仕えるようになった。ブーヴェはルイ一四世の偉大さを康熙帝に解説した。残念ながら、フランス王が中国皇帝にどのような印象をあたえたかについては知られていない。中国の基準では、二〇〇〇万人程度の人口の統治者では、ちっぽけな小君主としか見えなかったにちがいない。しかし、ブーヴェはヴェルサイユに送り返され、ルイに中国の宮廷の説明をしたのである[40]。

これらの接触には宗教的、経済的、政治的な目的があった。イエズス会士たちは、まずもって、宣教師だったのであり、極東の伝道者の聖フランシスコ・ザヴィエルや中国伝道本部創設者のマテオ・リッチの志を継いでいた。

コルベールはアジアとの交易を促進するのに関心をもっていた。王の栄光のニュースを広め、そうして王の栄光をいや増すという願いも、これら遠方の王国との関係を大事にしたもうひとつの理由であった。
それでもやはり、大部分の努力が向けられたのは、ヨーロッパのほかの宮廷にルイ一四世の偉大さを印象づけることであった。ルイ一四世の多くの時間が外交儀礼に割かれ、非常に小さな国との関係もなおざりにはしなかった。たとえば、ルイ一四世がフォンテーヌブローとヴェルサイユで過ごした一六八二年一一月という、まあまあ普通の一カ月を例にとって見てみよう。フォンテーヌブローでは、サヴォイア大使に二度、謁見を許し（両王室の婚姻交渉がなされていた）、ハノーヴァーの使節には一度、またサヴォイアとバイエルンの使節が去る前（いとまごい）の挨拶もあった。ヴェルサイユでは、ヴォルフェンビュッテルとパルマの使節に謁見を許し、ハノーヴァーとゼルの使節がそれぞれいとまごいをしに来た。[41] 王妃の死去のように特別なときには、全外交使節が一国ずつ挨拶を、つまり、この場合にはお悔やみのことばを言いに来ることになる。[42]
外国の大使たちは、宮廷の祝祭、演劇、バレエ、オペラの観客にもなり、その重要な部分を構成した。かれらには贈り物がしばしばなされた。たとえば、治世の出来事を描いたメダルやタペストリー、王の収集したコレクションの版画集、そして、宝石で飾られたルイ自身の肖像画などがそうで、それは王のイメージを国外で高めることになろう。この種の贈答品はいくつかの機能を同時に果たした。それは王の気前よさの実例であり、王のイメージを広め、そして、ほかの目的にも用いられたかもしれない。たとえば、ルイに謝罪しているジェノヴァ総督を表現したタペストリーがローマ教皇に贈られたことは、ひとつの警告が込められていたと考えるのが合理的だろう。[43]
国外での催し物も、王の評判をフランス以外のヨーロッパの地域で高めるために用いられた、もうひとつの手段であった。一六六八年に、マインツ選帝侯の宮廷に派遣されていたフランス大使は、本国のパリから、エクス＝ラ＝シャペルでの「近時なされた講和（Pax nuperrime factum）」（一〇三ページ）をテーマにした音楽劇を計画するようにとの指示を受け取った。一六八二年のブルゴーニュ公誕生の折には、ヴェネツィア、ローマ、マドリード、ベルリン、そして、スイス共和国においてさえ、フランス大使たちによって公開の祝賀行事が行われた。[44] 一六八八年には、ローマのフランス大使がフィリップスブルクの要塞攻略を祝って花火を上げたのである。[45]

ルイ一四世を外国語で賞賛するテクストは、外国の読者の重要性を示している。シャルパンティエやデマレのような「近代派」の異議申立てにもかかわらず、記念碑やメダルの銘句はラテン語であったが、それはたんに古典的な先例に倣うためだけでなく、ヨーロッパ中の教養ある人びととより効果的に通じ合うためでもあった。[46] ルイ一四世をたたえる多数の頌徳文のうち、いくつかはラテン語で書かれた。言語の選択は、ときどき、テクストが読み上げられるアカデミックな環境からも説明できる。たとえば、ジャック・ド・ラ・ボーヌはルイ一四世を学芸の後援者とたたえる賛辞をラテン語で書いた著者であるが（三五ページ）、かれはイエズス会のルイ・ル・グラン校教授であった。他方、頌徳文をラテン語に翻訳することは（コルネイユのシャルル・ド・ラ・リュ訳のように）、フランス国外の聴衆に向けられたものに違いなかった。王の即位式やチュイルリーでの有名な騎馬パレードの叙述もラテン語で読むことができた。[47]「王の歴史物語」を描いた版画のいくつかにもラテン語の銘句があった。帰属戦争やスペイン継承戦争を正当化するパンフレットもまたラテン語に翻訳され、そして、公式の『メダルによる歴史』もそうだった。[48]

ラテン語は、この時期、非常に多様な人びとにより、非常に多様な目的で使用されていたから、その言語で書かれているというだけでは、そのテクストのメッセージがどういう階層に向けられていたのかを正確に評価することはできない。主要な標的とされた聴衆のよりはっきりとした印象は、さまざまな日常言語への翻訳から、わかるのかもしれない。

スペイン語、あるいは、カスティリア語はマドリード宮廷の言語であって、ルイ一四世は一六六〇年代にとくにスペイン王と激しく張り合っていた（九一ページ）。帰属戦争（ルイの妻であるマリー＝テレーズのスペイン王女としての権利を守るために戦うとされた）の公式弁明がすぐさまカスティリア語に訳されたのを見ても驚くべきことではない。むしろ興味をそそるのは、一六六八年の有名な『楽しみごと』の祭典（一〇三ページ）が、ペドロ・デ・ラ・ローサなる者により『すばらしき饗宴の手短かな解説』という題でスペイン語に訳され、その当時、スペインではなく、パリで出版されている点である。ということは、その翻訳がフランス政府当局によって発案されたことを思わせるからである。これらを別にすると、ルイ一四世をたたえるスペイン語のテクストは、孫のフェリペ五世時代以前はまれであった。スペイン継承戦争を正当化するパンフレットはスペイン語に翻訳され、マドリードのフランス大使を通して配布された。[49] 年老いたルイ一四世を描いた有名なリゴーによる肖像画は、もともと、マドリードのフェリペ五世の宮殿に掛けられるよう注文されたものだったのである。

ドイツ語は、ヨーロッパを舞台にしたルイ一四世のもうひとりの主要なライヴァルである神聖ローマ帝国皇帝の宮廷言語であったから、その言語への翻訳があるのを見ても驚くことはない。ルイ一四世の結婚についての同時代の叙述のひとつがドイツ語に訳されていた。[50] 帰属戦争の公式弁明もそうだし、『メダルによる歴史』もそうだった。四大元素と四季を描いたゴブラン織りのタペストリーのフェリビアンによる解説――その解説は王への賛辞にもなっていた――のドイツ語訳は一六八七年にアウクスブルクで出版された。[51]

ドイツの版画家エリアス・ハインツェルマンによる、異端を征服するルイ一四世をたたえる版画（図70）が作られたのもアウクスブルクであり、このことはヨーロッパ人がナントの勅令廃止を一致して批判していたのではないことに注意させるものである。スペイン継承戦争を正当化するパンフレットも何冊かドイツ語に翻訳されたが、[52] ルイ一四世を攻撃する非常に多くのパンフレットもこの時期にドイツ語で発行された（付録3）。

王の賛辞をイタリア語に翻訳することで、ローマ教皇、および、おそらくはトリノ、モデナそのほかの宮廷に強

LUDOVICO MAGNO
A l'aspect de ce front ou Mars s'est peint luy même,
France, benis l'Auteur de ta gloire Supreme,
Que la triste Hérésie en palisse d'effroy.
Le voici ce Héros qui la force a se rendre,
Qui fait pour ton bonheur tout ce qu'on peut attendre.
D'un Pere, d'un Chrétien, d'un Conquérant, d'un Roy.

70　エリアス・ハインツェルマン《異端の征服者としてのルイ》版画，1686 年。パリ，国立図書館

い印象をあたえようとしたことが考えられる。王の即位式の叙述はイタリア語で一六五四年に出版され、一六六〇年にはルイ一四世の結婚の叙述も見られる。モデナ公の秘書だったジローラモ・グラジアーニは、ルイ一四世から年金をもらい、王を誉めたたえていた。グラジアーニは王の戦勝の際にソネットを書いただけでなく、帰属戦争のときにはフランスの弁明を回覧してもいた[53]。コルベールの芸術面での助言者としてもっともよく知られている者のひとり、エルピディオ・ベネデッティ（七七ページ）もまた、王の頌徳文の著者で、かれのイタリア語の『ルイ大王の人格上の徳の栄光』はリヨンで出版されたが、おそらく外国向けのものだった[54]。もうひとつの王の頌徳文はペリッソンの手になるもので、イタリア語に翻訳された。スペイン継承戦争のあいだも、フランスの立場を正当化するパンフレットが多数、イタリア語に翻訳された[55]。

イギリス人またはオランダ人にルイ一四世の偉大さを納得させるような努力は、比較的に、ほとんどなされなかったように思われる。オランダの場合、支配エリート層がフランス語を使っていたこともあって、翻訳する努力は必要ないように見えた。同じ議論はイギリスに当てはめることはできなかった。しかし、フランスの立場の正しさをイギリスの公衆に納得させるために本気で努力したのは、スペイン継承戦争のときだけであった。余の「唯一の目的は平和を維持することである」とのルイによる声明は英語に翻訳され、そして、フランスの外交団によってロンドン中に配られるようになった。フランス外交団は自国の主張を支持するパンフレットを書いてもらうためにチャールズ・ダヴェナントを雇おうともしたのである。フランス側に立った軍事行動の説明（『メルキュール』紙の編集者であるドノー・ド・ヴィゼによって書かれた）のいくつかは英語に訳されて出版された[56]。

3 反応

反応がどうだったかという問題は、答えるのがもっとも難しい、重要な問題である。ルイ一四世が輝かしい、無敵の、堂々たる君主として提示されることにたいし、これらさまざまな公衆は、どのように反応したのだろうか。このことに答えるために可能な最良の方法は、群衆のなかの顔に注目するように、個別事例を提供することしかない。これらの反応が、その個人の属したグループに典型的なものであるのかどうかを言うことはできないが、しかし、すくなくとも、それらが実に多様であるとの確認は有益かもしれない。

まずは、高位の貴族のなかでの対照的な事例からはじめよう。王のお気に入りの寵臣サン゠テニャン公爵は、ご主人様の栄光をいや増すべく懸命に働いた。かれは、『メルキュール・ガラン』紙上で、王をたたえる詩のための懸賞作品募集の広告を出したが、かれ自身もそのような詩を書いた。かれはアルルのアカデミー設立に重要な役割を果たしたが、このアカデミーは定期的に王の賛歌を歌った。サン゠テニャン公爵はまた、ル・アーブル市のルイ一四世像の建設においても重要な役割を演じた。同様に、ただしスケールはより大きくなるが、フランス元帥ラ・フイヤード公爵はヴィクトワール広場の有名な王像を提案した。実際、像の代金を支払ったのはかれであったが、しかし、その計画は政府の支持を受け、そして、王がかれに大理石をあたえたのである。それでもやはり、サン゠シモン公爵の回想録の読者ならだれもが知っているように、かれ、サン゠シモン公爵は王と、王が賞賛されるやり方にきわめて批判的であった（二四九ページ）。

社会階級を下がって、団体としての反応は個人の反応よりも容易に実証することができ、とくにイエズス会と市当局はそうである。かなりの数のイエズス会士たちが異なるメディアで王のイメージの作成に貢献した。とくに、ジュヴァンシー、ラ・ボーヌ、ル・ジェイ、メネストリエ、カルティエ、ラ・リュがそうである。ルイを賞賛する催しがパリ、リール、リヨン、トゥルーズその他の都市でイエズス会によって組織された。かれらはルイ一四世をたんに異端を阻む信心深い君主としてだけでなく、征服者で、また、学芸の後援者としても誉めたたえた。イエズス会が、ルイ一四世にプロテスタンティズムを抑えるのを勧めるという利害関心だけでは、ルイ一四世賞賛につぎ込んだ資金と努力を説明するのに十分な理由とはならないように思われる。

各市当局も王にたいする公式の熱意の模範的な例を提供している。たとえば、一六七六年、アルルの市参事会員たちは、最近発見されたローマのオベリスクの断片を、王にささげる記念碑として建て、先端を黄金の太陽で飾り、そして、そのラテン語の銘句はペリッソンによって作られた。市の費用は六八二五リーヴルだった。[57]しかし、あるかったことが示唆されている。[58]一八世紀の話のなかでは、ポーの広場にルイ一四世の像を建てるべきだとの提案にポー市当局がすこしも熱心でなかったことが示唆されている。[58]市当局が王像を建てる提案を歓迎した所では、市参事会の動機を一義的に解釈するのは難しい。市当局は忠誠を表していたのかもしれないし、中央政府の覚えを良くしようとしたのかもしれない。あるいは、市の外観を改善し、ついでに、自分たちを賞賛することも考えたかもしれないからだ。[59]

こういった類の、地方の側による中央政府からのメッセージの再解釈、あるいは、自分なりの利用は、魅力的な説明ではあるが、その成功が曖昧さに依存しているので、把握するのも難しい。たとえば、一七一五年、モンペリエの凱旋門の上にあるルイ一四世像に書かれた銘句は「地上と海上の平和（PAX TERRA MARIQUE PARTA）」に言及し、一見したところ、公式的誇張の古典的な例であるように見える。しかし、よく見ると、その記念碑が君主よりは、むしろユトレヒトの和約［スペイン継承戦争の終結］をたたえていたという可能性も考えられる。

これらの貴族や団体より下の方の反応については、資料が断片的である。パリ市民の遺産目録は、何人かの私的個人が王の肖像画を所有していたことを示している。[60]王のイメージはパリの店舗の看板にも登場した。たとえば、王室版画家ギヨーム・ヴァレの店「ルイ一四世の胸像」、あるいは、プティ橋の卸売商店「大君主」がそうである。[61]それはまた、安価な陶製の食器類にも描かれた。このような物が製造されたということは、民衆の王にたいする愛着が一定程度あったことを示してはいるが、しかし、その愛着の強さと広がりを測定することは不可能である。われわれができることと言えば、王と王への崇拝にたいして私的個人がどのように反応したかの、対照的事例をいくつか引いて見ることとである。

「私的個人」という概念は、一見したよりも、ずっととらえどころのないものである。たとえば、図71の、るいれき患者に触れているルイ一四世の絵は、サン＝リキエ修道院長のシャルル・ダリーグルなる者によって注文された。しかし、修道院長の亡き父エティエンヌ・ダリーグルはフランス大法官を務めた人物であり、もうひとりの大法官ミシェル・ル・テリエのいとこであって、そして、このミシェル・ル・テリエはルーヴォワの父であったことがわかっている。王をたたえる作品の注文に際しての役人、役人の親戚や配下の果たした役割については、詳細に研究される価値がある。

この点に留意しながら、群衆のなかの顔をいくつか取り出して見てみよう。否定的な立場の側では、トゥアールから来た人物からはじめることができるかもしれない。かれは、容赦もなく単純に、「王は盗人野郎だ」と言ったために一七〇七年、法廷で裁かれていた。食物が不足してきていた一七〇九年には、王に抗議するプラカードの「氾濫」とサン＝シモンが呼んだ事態が生じた。王の像は顔を汚され、そして、王の暗殺を呼びかける匿名の書状も出された。[62]伝統的な対比である、良い王と腹黒い取巻き連中という図式は、誰にでもアピールするわけではなかったのである。同様にして、より穏やかな表現であるにしても、ピエール＝イニャス・シャヴァット――かれはリール（フランスに最近併合された都市）出身の布地工――は自分の私的な日誌において、とくに王の軍隊が宣戦布告もせずに侵略し、略奪し、火をつけるのを放任していることでルイ一四世を批判し、王についての非好意的なコ

71「奇跡を行う人ルイ」 ジャン・ジュヴネ《るいれき患者を癒すルイ 14 世》油彩，カンヴァス，1690 年。サン＝リキエ大修道院付属教会

メントを記していた。[63]

これとは対照的に、トゥール（ここもフランス国境に近い都市）の首席司祭ピエール・ゴーティエは、三一の像の並ぶ柱廊を「ルイ大王の栄光に」捧げた。中央の像はルイ一四世であり、「パリのヴィクトワール広場にあるように」（図36）表現された。ただ違いは、トゥールの王像が「本物の英雄で、諸国民の調教師」であることを示すため、ヘラクレスのように棍棒をもっている点だった。その像についての同時代の記述のなかで奇妙ではあるが、おそらく示唆的なのは、「小さな天使」が今まさに月桂樹の冠を王に授けようとしている場面である。どれだけの人が、パリのヴィクトワール広場の像を見て、勝利の人物像をこのように解釈したであろうか不思議に思う。[64] 社会階級をさらにおりてみると、ある田舎の司祭の日誌はナントの勅令廃止について信仰心が利己心を克服したケースと解釈し、ルイ一四世を「偉大」だと述べていた。[65]

ルイ一四世のイメージにたいする国外の反応はヴェネツィア大使の報告書に、もっとも体系的な叙述が見られる。それは政治的に中立であるだけに、いっそう信頼できる証言となっている。イギリス人――アディスン、イーブリン、プライアー、スウィフトを含む――の反応はより鮮明ではあるが、また、より偏ったものになっている。アディスンとプライアーについては、すでに引用したので省略する（一五二、一九五ページ）。ジョン・イーブリンは、「あのペローやカルパンティエやラ・シャペル（原文のまま）のような王のゴマすりたち」について、そして、ヴィクトワール広場の像をメダルにするという「とんでもない虚栄心」について、いく分軽蔑しつつ、コメントしていた。[66] 同じように、一六八〇年代にフランスを訪問したことのある英国の医者ジョン・ノースリーは、ルイ一四世の記念碑の「荒唐無稽な」銘句について、また、キリストに用いられることばやイメージが王にたいして「適用されている語の乱用ないしは冒瀆」行為（「王の頭上の光輪」も含む）について、反対の意を表明した。[67] これらのコメントとルイ一四世に反対する宣伝（一九六ページ）との類似性は明らかだろう。ノースリーとイーブリンは、この線で王を見るように説得されたのかもしれない。しかし、反応が学習の結果であったにしても本物であることに変わりはない。

またイギリスの事例だが、英国の田舎の郷紳のひとりは、一六八六年の私信のなかで、ルイ一四世を「プロテスタントの臣下にたいする比類のない残酷行為」で非難し、そして、ルイ一四世の病気（例のフィステルのニュースは明らかにすぐに伝わった）を喜ぶところまでゆき、つぎのように述べている。「かれが生きながらにして死臭を放っていると聞いたが、かれが死んだときにその死骸がさらに悪臭を出すことになり、そうして死後の名声は永遠となろう[68]」。

ルイ一四世への賞賛のやり方をけしからんと思ったのはひとりイギリス人ばかりではなかった。ウィーンの宮廷は、一六八二年に皇帝の第二王子の誕生したのを祝うフランス大使のやり方が、ルイ一四世が帝国の顕職への正当な請求権者であるとの標語を展示するという、その「傲慢さ」にショックを受けた[69]。スウェーデン王カール一一世は自国の大使に、もしヴィクトワール広場の悪名高い記念碑の浅浮彫りにスウェーデン王が嘆願者として描かれている話が本当なら、フランスを去るようにと指示した（図72）。プロイセン＝ブランデンブルク大選帝侯も、その領土の川であるオーデル川とエルベ川が屈辱的に表現されていることに、同じく腹を立てていた[70]。ローマの何人かの住民たちは、一六八八年のフィリップスブルクの攻略後、ローマのフランス大使館で祝賀行事が催されたことにショックを受けた[71]。サン＝シモンによれば、ヴェルサイユ宮殿の「王の歴史物語」の絵画は、「王にたいするヨーロッパの苛立ちにすくなからぬ役割を果たした」のである。

にもかかわらず、いくつかの外国の宮廷は、ルイ一四世にたいして、かれの自己表現スタイルを模倣することで敬意を表した。とくに、ヴェルサイユはモデルとして取り上げられた。

その模倣のもっとも明白なケースは、ルイ一四世の孫でスペイン王となったフェリペ五世治下のスペイン宮廷で

72　マルタン・デジャルダン《ふたたびドイツに住むことのできるようになったスウェーデン人》浅浮彫り，1686年。パリ，ルーヴル美術館

あった。リゴーの手になるフェリペの公式肖像画は同じ画家によるルイ一四世の公式肖像画を反映している（図73と図1）。スペイン宮廷はフランスのモデルにならって改革され、王は以前よりも人前に現れるようになり、また、近づきやすくなった。ラ・グランハに建てられたフェリペの宮殿の庭にある像は、ヴェルサイユの像――アポロン、ヘラクレス、ラトナなど――を模していた。画家のウアスと建築家のロベール・ド・コットはルイ一四世のためにも働いたが、同様にフェリペのためにも働き、そして、年老いたルイ一四世本人がスペインの宮殿の改修・改装に口を出していた。フェリペはまた、フランスをモデルにして芸術、言語、歴史の諸アカデミーを設立した。[72]

ほかの場合、模倣はもっと自然発生的であった。「北極星」と呼ばれたスウェーデンのカール一一世の建設事業総監ニコデムス・テ

73「お手本としてのルイ」 イアサント・リゴー《フェリペ 5 世の肖像》油彩，カンヴァス，1700 年頃。パリ，ルーヴル美術館

74「もうひとりのルイ14世のライバル」 ニコラ・シュヴァリエ『ウィリアム3世の歴史』1692年所収の口絵版画，ロンドン，英国図書館

シンは、ヴェルサイユでルイ一四世に謁見を賜り、ル・ブラン、リゴー、ミニャールそのほかの芸術家たちと会って、かれらの教えを胸にしまって、ストックホルムに王宮を建設していったのである。[73]同じ例がある。バルタザール・ノイマンがヴュルツブルクの司教領主のための宮殿を建設するよう注文されたとき、かれは、かれが「ヴェルサイリ」と呼んだヴェルサイユ宮殿を見るため、そして、王の建築家だったロベール・ド・コットに自分の設計図を見てもらうために、一七二三年にフランスを訪問した。ヴュルツブルクの大階段がヴェルサイユの「大使の階段」を思わせるのも不思議ではない。[74]

ヴェルサイユを模倣したと記述されている宮殿のリストを挙げれば、カゼルタ［イタリア南部の町］からワシントンまで、長いものになる。ただし、そう記す基準を立てるのがいつも容易であるとは限らない。[75] ともかく、太陽王の宮殿はルイ一四世のイメージの一部でしかない。このゆえに、複数の点でフランス王を範にしていた三つの宮廷、すなわち、ロンドン、サンクト＝ペテルブルグ、ウィーンを検討することが、より有益かもしれない。

『ロンドン・ガゼット』紙が一六六五年に創刊され、王立天文台が一六七五年に、チェルシー病院（イギリスの廃

75「イギリスのヴェルサイユ宮殿」バウトンの本邸，ノーサンプトンシャー州，外観。1690-1700 年頃

兵院）が一六八一年に設立されたとき、チャールズ二世はフランスをモデルにしていた。皮肉なことだが、ルイ一四世の年金を受けることになるチャールズよりも、ルイの敵たるウィリアム三世のほうが、はるかに徹底してルイ一四世を模倣した。ウィリアムは、ナントの勅令廃止後にフランスを去らなければならなくなったユグノーの建築家ダニエル・マロを雇い、ヴェルサイユの「大使の階段」のレプリカを含むヘト・ルーの宮殿を改築する手助けをさせた。ウィリアムの軍事行動は、かれの敵と同じように、『メダルによるウィリアム三世の歴史』（一六九二年）によって記念された（図74）[76]。言い換えると、もっとも強くルイ一四世に敵対した人びとの何人かは、かれのイメージ製作に非常な印象を受けたので、かれを手本にして従ったのだ。

　私人では、ジョゼフ・アディスンがルイ一四世に好意的というわけではなかったけれども、フランスの小アカデミーにならって碑文アカデミーの

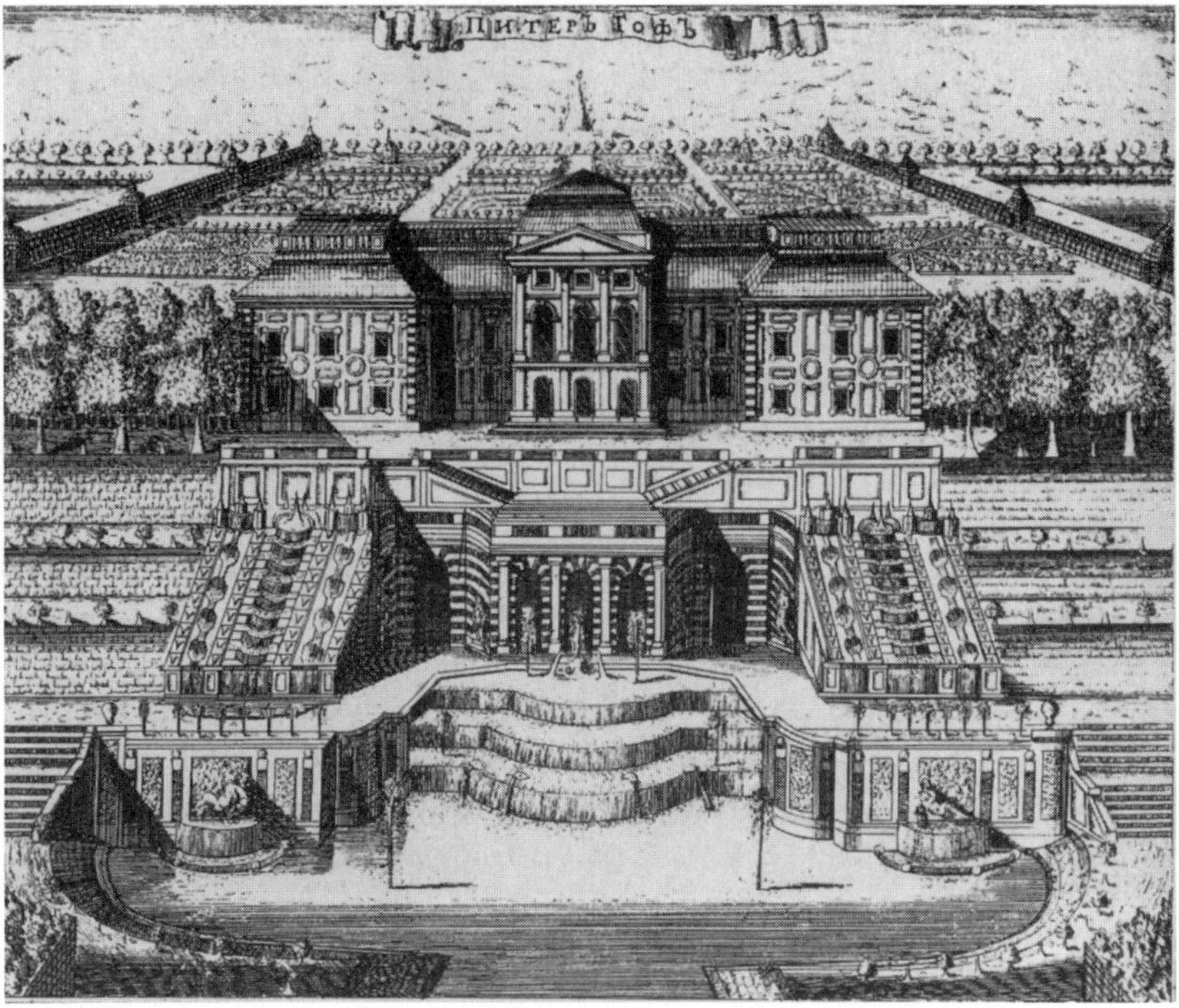

76「ロシアのヴェルサイユ宮殿」 アレクセイ・ズーボフ《小さい滝のあるペテルゴーフ宮殿の眺め》版画，1717年

創設を提言した。ウィリアム三世の支持者である初代モンタギュー公爵は、フランスの建築家を雇ってロンドンのモンタギュー・ハウスを設計させ、フランスの画家（ルイ一四世のお気に入りだったラフォス）にその装飾をさせた。ノーサンプトンシャー州バウトンにあるかれの田舎の本邸のお屋敷は、ニコラウス・ペブスナー［二〇世紀の美術史家］によると、「おそらくイングランドにおけるもっともフランス的外観をしている一七世紀建築」とされ、当時においても「建物の伸びた両翼、建物の玄関に通ずるすばらしく広い道、見通しのいい並木道、見晴らしの良さの点で、ヴェルサイユをモデルに構想された」建築と述べられていた（図75）。駐仏大使として過ごした年月は、モンタギューの趣味に影響を及ぼしていたのである。[77]

ピョートル大帝は一七一七年にフランス

に来ていて、ヴェルサイユと碑文アカデミーを訪問した。かれは帰国の途上、本国のアカデミーに、サンクト＝ペテルブルグの自分の騎馬像のための銘句を送っていた。[78] そのツァーリもまた、フランスの『ガゼット』紙をモデルに公式の新聞を創刊させ、ゴブラン織物製作所をモデルにタペストリー製作所を、フランスの科学アカデミーをモデルに自国の科学アカデミーを設立させた。サンクト＝ペテルブルグのペテルゴーフのかれの宮殿（図76）は、ロシアの距離感覚でもモスクワからかなり遠かったという事実を考慮に入れておくにしても、外観はともかく機能の面において、新しいヴェルサイユと見ることができるかもしれない。ペテルゴーフ宮は一部、J・B・A・ル・ブロン（ヴェルサイユ庭園の造園家ル・ノートルの弟子）によって設計され、そして、そこには洞穴や「マルリー」と呼ばれる区画もあった。[79] ルイ一四世の「居室開放の日」と同じようなものもロシアのサンクト＝ペテルブルグの集まりにあった。ただ、その目的はかなり違っていて、ロシアの貴族に西洋流のマナーを教えることだった。

77「ルイのライバル」　マティアス・シュタインル《トルコ人の征服者としての国王レオポルト1世》象牙，1693年。ウィーン，美術史美術館

ウィーンの宮廷はずっと密接にフランスの例に倣った。[80] 一六五八年から一七〇五年まで統治した神聖ローマ帝国皇帝レオポルト一世（図77）はルイ一四世のライバルであっただ

78　クリスティアン・ディットマンとゲオルグ・フォン・グロス《アポロンとしての皇帝レオポルト》版画，1674 年。ウィーン，国立図書館絵画コレクション

けでなく、（スペイン王女で、ベラスケスの絵で有名なマルガリータ王女、すなわち、ルイ一四世と結婚したマリア＝テレサの妹と結婚したから）ルイ一四世とは義理の兄弟ということになる。レオポルトも音楽好きで、かれの宮廷ではバレエとオペラが盛んだった。そのなかでも、もっとも有名な出し物は一六六八年の「黄金のりんご（Il pomo d'oro）」で、ユピテルとユノが皇帝と新婦の皇后を表す壮麗な作品になっていた。[81]

　レオポルトの統治スタイルは、一般的に言って、きらびやかというよりはむしろ地味なものであった。「控え目な」という形容詞は、かれに公式に適用されたもので、皇帝の寝室は、実際、ヴェルサイユ宮殿の王の寝室と比べて、控え目であった。「大帝」という尊称

79「オーストリアのヴェルサイユ宮殿」　ヨハン・アダム・デルセンバッハ《ヨーゼフ・ベルンハルト・フィッシャー・フォン・エアラッハによるシェーンブルン宮殿第一案》その建築家のデッサンにもとづく版画，1700年頃。ウィーン，国立図書館絵画コレクション

は生前には用いられることはなく、一七〇五年のかれの死後に適用されたことばであった。レオポルトによる公認の歴史家の雇用（イタリア貴族のガレアッツォ・グァルド・プリオラートと同じくイタリアの貴族のジョヴァンニ・バプティスタ・コマッツィ）とウィーンのかれの宮殿ホフブルクの改築は、この時代では、君主に期待された類の後援という普通の事例の範囲内にある。レオポルトとコンスタンティヌス帝、あるいは、アポロン神との比較（図78）でさえ十分ありふれたものであって、ルイ一四世のイメージにたいする反応として解釈するまでもない。

他方、一六六七年のホフブルクを舞台に催された騎馬パレードは、その五年前にパリのチュイルリーで開催されたものへの反応と見ることができるかもしれない。また、ウィーンの陸軍病院の設立は廃兵院にその着想を得ていた。さらにまた、ウィーン郊外のシェーンブルンに新たな宮殿（図79）の建設をJ・B・フィッシャー・フォン・エアラッハに注文したことは、たしかに、ヴェルサイユへの反応であ

80「オーストリアのヴェルサイユ宮殿」I・V・ヴォルフガング《太陽の宮殿としてのシェーンブルン宮殿》のメダル，1700年。ウィーン，美術史美術館

って、とくに、その宮殿のための最初の案が出たのがアウクスブルク同盟戦争の勃発と符合しているのだから、いっそう明らかである。実際、一七〇〇年、I・V・ヴォルフガングなる者の手によって、シェーンブルン宮殿を太陽王の宮殿のように表現したメダルが発行された（図80）。したがって、「イメージ戦争」、あるいは、ほかの手段による戦争の継続としての芸術戦争、について語ることができるのかもしれない[82]。そこで選び取られた手段は、ルイ一四世にたいする敬意の形態がお手本になったのである。たとえ、その敬意がどんなに気が進まないものであったにしても、である。

レオポルトの長男、すなわち、一七〇五年から一一年まで統治することになるヨーゼフ一世の公式の紹介は、ルイ一四世のそれにさらに近かった。一六九〇年、ローマ王としてのヨーゼフの選出は、ウィーンへの凱旋入城式典によって祝われた。かれは「新しい太陽」との歓呼の声で迎えられ、シェーンブルン宮殿正餐室の天井画にアポロンとして描かれた。ヨーゼフ一世の石棺は、フランス軍にたいする四回の勝利の浅浮彫りで飾られ、そのひとつはラミイーの戦いだった。墓に入ってからも、ルイ一四世と競い続けたのだ。[83]

12

比較のなかのルイ14世

81「征服者としてのルイにとってのモデル」 ディエゴ・デ・ベラスケス《馬に乗るフェリペ4世》油彩，カンヴァス，1700年頃。マドリード，プラド美術館

もしルイ一四世が、るいれき患者に触れているとき、ポリネシアの首長をお手本にしていると言われたならば、かれはどう返答したであろうか。

——ライナッハ1

この本において、わたしはルイ一四世の治世の過程におけるかれのイメージの段階的な形成について述べ、それがどのような人びとに向けられていて、またどのように受け止められていたのかについて考察すべく歩みを進めてきた。本研究を終えるに際し、このイメージを比較の遠近法のなかに置いてみたいと思う。以下では、三種類の比較を試みる。第一は、ルイ一四世と同時代の統治者との比較である。第二は、それ以前の統治者との比較である。そこではルイ一四世やその助言者、芸術家、作家たちにはもっともなじみがあった者たちに集中することになる。最後に、最初の章のテーマのひとつに戻って、ルイ一四世のイメージを現代の国家指導者の何人かのイメージと並べて比べてみよう。

1　同時代のなかでのルイ一四世

ルイ一四世は、その時代にあって、自己提示のやり方に注意を払った唯一の統治者というわけではなかった。ほかの統治者たちがかれと競ったように、かれも競争心を燃やし、ほかの統治者たちから学び、かれらとの違いを際立たせるようにした。たとえ、レオポルトがルイを模倣したほどには、ルイがレオポルトを真似てはいなかったにしても、かれはレオポルトの皇帝という称号をうらやんだのだ（そして、実際、一六五八年の皇帝選挙のときには帝位を自分のために獲得しようとしたのである）。

近世のほかの国王と同様、とくに一六四八年以降、ルイ一四世は自分自身を皇帝に等しいとし、自分の王国を帝国のように示そうとした。[2] たとえば、一六六〇年の都市入城式の公式記録では、フランス王がローマ帝国皇帝の継承者として示され、「わたしは限りなき帝国をあたえた（imperium sine fine dedi）」とのウェルギリウス『アエネイス』の有名なことばがフランス王に用いられていたのである。その主張は、一六六七年のオーベリーのパンフレット『帝国にたいするフランス王の正当なる要求』のなかで、よりはっきり、そして、より完全なかたちでなされた[3]（一〇二ページ）。

この主張は、ルイ一四世について言及される場合に、外見的にはさりげないかたちで何度もなされ、補強されてゆく。たとえば、王の修史官のひとりヴェルトロンはルイ一四世を「フランク人の皇帝（IMPERATOR FRANCORUM）」と呼ぶ銘句を作成した。[4] ルイを「アウグストゥス」、あるいは、世界でもっとも偉大な君主として頻繁に言及することは、一般的な賞賛の形式と同様、特定の政治的な要求を支持するものとして解釈されねばならない。また、伝統的には、帝国の象徴である太陽をルイ一四世が使用することも、空にひとつの太陽しかないように、世界には至高の統治者はひとりしかいない、という意味に解釈されるべきである。

ルイ一四世の製作という本書の課題を歴史の遠近法のなかに置いてみるためには、一六六〇年以前、あるいは、一六四三年以前にまでもどることが必要である。ルイ一四世が見習い、そして、乗り越えようとしたお手本については、かれ自身より前の世代になるが、ふたりの王がとくに重要だった。ひとりはかれの父のルイ一三世、そして、もうひとりはかれの叔父で義理の父でもあるフェリペ四世である。

フェリペ四世は自分の公的イメージにかなりの注意を払った。かれは人前に現れるとき、まるで「大理石の像のよう」に、唇だけは動くが、体はほとんど動かないままでいることができ、フランス大使のような外国人に感銘をあたえた。それだけにこの王の場合には、「イメージ」という用語がいっそう適切である。[5] 事実、フェリペは人前に出ることが多くはなかった。宗教的・外交的な儀式には出席し、ときどき四輪馬車で外出はしたが、人から見えないよう、引きこもっているほうを好んだ。かれは週に一度しか公開の食事は行わなかった。

このようなやり方で王の役割を演じるのは、フェリペ四世に独特だったというわけではなく、むしろ、スペイン王室の伝統の一部であって、そこでは静かな威厳、かれらの用語で言えば「平静さ（sosiego）」が高く評価された資質なのであった。重々しく地味であるということを、自己提示に関心がなかったというように混同してはならない。その王を描いた多数の肖像画が現存していることが、自己提示の関心があったことを雄弁に物語っているからである。宮廷儀礼にフェリペが関心をもっていたことについても、かれが入念に公式プロトコル（etiquetas）を改訂したことから等しく明らかである。したがって、王が不動で、実質上不可視であったということは、宮廷という劇の一部として見られるべきことなのである。つまり、フェリペを長い時間のあいだ見られないままにしていたのは、かれが人前に登場するのを、それだけいっそうまばゆいものにする方法であった。[6]

「まばゆいものにする」という表現を、フェリペ四世のような地味な君主に当てはめるのは適当ではないかもしれない。というのも、かれの服装は一般的に（かれの祖父のフェリペ二世と同じく）暗色系のもので、そして、中年に達して以降がとくにそうであり、当時の宮廷で流行していた飾り襟ではなく、シンプルなゴリーリャと呼ばれる襟を着用していた。ベラスケスによるかれの肖像画も等しく地味であり、控え目な表現がその印象を強くしている（図81）。[7]

それでもやはり、フェリペは太陽になぞらえられ、「惑星の王（rey planeta）」と叙述された。かれはまた、生涯

82「グランド・ギャラリーのモデル」 ホアン・カレーニョ・デ・ミランダ《エスコリアル，鏡の間のスペイン王カルロス 2 世》油彩，カンヴァス，1676 年頃。マドリード，プラド美術館

のあいだ、「フェリペ大王（Felipe el Grande）」の名でも知られた。イタリアの彫刻家ピエトロ・タッカによる見事な王の騎馬像は、一六四〇年、マドリードのオリエンテ広場に建てられた。フェリペは、壮大な舞台背景で人前に現れるためには惜しみなく、多くのお金を費やした。マドリードの外れにブエン・レティーロ新宮殿がおよそ二〇〇万ダカットかけて建設されたのは、かれの治世の一六三〇年代であった。そこにはすばらしい玉座の間の「諸王国の間」があった。[8] マドリード中心部のアルカサール宮殿に見事な鏡の間（Sala de Espejos）ができて（図82）、王の謁見の舞台に用いられたのもまた、一六四〇年代のフェリペの時代であった。ルイ一四世の結婚交渉のあいだ、フランスの代表使節団はそこで迎え入れられた。[9]

フェリペはベラスケスを宮廷画家にし、王宮の装飾をかれに任せた。実のところ、儀式用大広間の絵画は政治的なメッセージを伝えていたのだから、「装飾」という語はあまりに弱すぎる。マドリードの鏡の間にはルーベンスの手になる、フェリペ四世をアトラス神として描いた絵が掛かっていたが、両肩に地球を担う姿はハプスブルク家

83 ホアン・バウティスタ・マイーノ《バヒアの奪還》1633年頃。マドリード，プラド美術館

の世界帝国への権利主張を意味していた。乗馬姿のカール五世を描いたティツィアーノによる有名な絵が、同じ広間の、古代ローマの皇帝たちの肖像画に並べて掲げられていたことからもわかるように、帝国のテーマが強く押し出されていた。[10] ブエン・レティーロ宮殿の王国の間には、ベラスケスによる乗馬姿の肖像画が五枚掛かっており、スルバランによるヘラクレス（神話上の王の祖先）の生涯とヘラクレスに課せられた難業の場面が十枚掲げられていた。その広間にはまた、フェリペ治世期の主要な勝利を描いた一二枚の絵もあり、そのなかでとくにベラスケスの「ブレーダ降伏」とホアン・バウティスタ・マイーノの「バヒアの奪還」（図83）が有名である。[11] 以上のように、王の服装はシンプルだったかもしれないが、王の邸宅はすばらしくなければならなかったわけである。

フェリペの宰相オリバレス伯公爵も、芸術

愛好家の君主および宮廷画家とともに、王のイメージの制作責任者である。同時代人のリシュリュー同様、オリバレスは絵画、パンフレット、歴史、詩、演劇の政治的な重要性に気づいていた。かれは詩人ケベードを（とくに）雇い、時事的なテーマについてのパンフレットや劇の両方を書かせ、王をたたえるための宮廷歴史家にはイタリア貴族ヴィルギリオ・マルヴェッツィを任命した。[12] オリバレスは王の栄光にあやかるのを期待した。「バヒア奪還」で、マイーノがたたえているのは、勝利を得た指揮官と君主だけでなく、大臣のオリバレスも含まれる。一六六〇年の都市入城式（六四ページ）で賛辞が歌われたマザランでさえも、これほどではなかった。オリバレスはまた、ベラスケスの手になる王位継承者バルタサル・カルロス王太子の絵の背景にも現れている。このように描かれたことの政治的な意味は、オリバレスが失脚したあとに作成されたその絵の複製画では、大臣の姿が削られていたという事実からも推測できよう。[13]

ルイ一四世はスペイン人の母をもち、スペイン人を妻としていたので、フェリペ四世的な君主制のスタイルを十分意識していた。ルイ一四世の結婚交渉の過程で、フランス大使にはアルカサール宮殿の王の居室が示された。ルイは一六六〇年にかれの叔父に会う機会をもったのである（六三ページ、図21）。

一六六一年の上席権をめぐる対立がはっきりと示しているように、ルイの目標はフェリペを追い越すことだった。かれの方法とは、語のルネサンス的意味における模倣——つまり、モデルを越えるためにそのモデルに倣う、ということであった。なるほど、かれはコルベールがオリバレスのようになるのを決して許しはしなかったけれども、ルイはかれ自身のベラスケスをシャルル・ル・ブランという人物のなかにもったのであり、ル・ブランは王のために芸術作品をヨーロッパ全土から買い集め、王のコレクションを管理した。[14] ヴェルサイユ宮殿は、ブエン・レティーロ宮殿に、王の勝利の絵画で装飾されている点においてと同様、その構想——首都の郊外の宮殿——の点においても似ていた。他方、ヴェルサイユの鏡の間は、アルカサール宮殿の鏡の間の例に倣ったが、それを超えた。ヴェルサイユでの毎日の儀式がルイ一三世の宮廷においてよりもずっと形式張ったものになったのは、いく分かはスペインの先例に負っている。フランスの廷臣たちは、スペイン風のやり方に関心をもっていたように思われる。いずれにしても、スペイン人バルタサル・グラシアンによる「宮廷生き残りマニュアル」とでもいうべき本のフランス語版は、一六八四年から一七〇二年までのあいだにすくなくとも八つの版を重ねたのである。おそらく、ルイ一四世は先の王たちより近づきやすいということはなく、また、見られる機会もよりすくなかったであろう。サン＝シモンはこのような見方をとったひとりであり、かれは「多数人の目を避けることで自分にたいする敬意をより価値あるものにしようとする考え」を批判していたのである。[15]

しかし、ルイ一四世の公式イメージは、王への近づきやすさを強調した。王太子のための王の覚書には、フランス君主制のスタイルが「諸国」――もっとも明白なのがスペイン――のそれとはっきり対比されて、後者においては、「王の威厳が、大部分、王自身に会うことができない点に存している」と述べられている。[16] イエズス会士ラ・リュは、スペインからフランスが獲得した地方の住民を祝福していたが、それはかれらが今や自分たちの君主を見ることができるから、というのであった。[17] 同じ点がルイ一四世にたいする弔辞の説教のひとつでなされていた。そこでは亡き王が「尊敬されるために身を隠す神秘的な王たちとはかなり異なる」と説明された。[18] ルイは、たしかに、フェリペよりはるかに多く人前に現れた。かれの自己提示の仕方は威厳があったが、しかし、それは社交性に富んでもいた。かれが習慣としてヴェルサイユの王の居室を開放するようにしたとき、かれと王妃はゲーム中のテーブルにも行き、ゲームに加わりさえし、このようにして、かれの親しみやすさ（『メルキュール・ガラン』紙は早速記事にした）で臣下を客人として遇したのである。[19] ルイ一四世のスタイルは、したがって、堅苦しいスペイン・スタイルと、もっと庶民的な一七世紀のほかの王のスタイル、とくに、市場で臣下に話しかけるのを好んだ、デンマークのクリスチャン四世やスウェーデンのグスタフ・アドルフ［グスタフ二世］のような王のスタイルとの中間にあると言えるのかもしれない。すでに述べたように（四七ページ）、リゴーの手になるルイ一四世の有名な肖像画は、そのような堅苦しいところとくつろいだところとのバランスを取ろうとしているのである。一枚の絵のなかに、王冠などの王権の標章が展示されると同時に、王のリラックスしたポーズも描かれるということは、スペイン王の肖像画が慎重に避けた表現法である。

ルイ一四世とフェリペ四世との対照的な相違は、気質の違いであったかもしれないが、しかし、それはまた、政治的・文化的伝統の観点からも説明されなければならない。フェリペの厳粛さは、レオポルト皇帝のそれと同様（二三六ページ）、ハプスブルク家のスタイルであった。そもそも一三世紀以降統治してきたこの王家には血統による正統性があったから、ほかの手段での賞賛をそれほど多く必要とはしなかったと論じることができるのかもしれない。それとは対照的に、ルイ一四世はフランス王としては（それ以前のブルボン王家はナヴァールの王ではあったけれども）たんなる三代目でしかなかった。それゆえに、ルイの肖像画はより仰々しく、また、より英雄的でなければならなかった。ルイ一四世は、フェリペまたはレオポルトよりも多くの騎馬像とより多くのメダルを必要としたのである。フランス政府はまた、ハプスブルク家よりもずっと多く出版メディアを利用した。この点でも、ほかの点と同様、ルイ一三世とリシュリュー枢機卿の統治モデルに倣ったといえる。

リシュリューは、かれの補佐役のカプチン会士ジョゼフ神父（文学担当）と監督官シュブレ・デ・ヌワイエ（建築・絵画担当）とともに、王と政府の好ましいイメージを示すため、芸術家や作家たちを国家に結び付けておくことに並なみならぬ関心を寄せていた。この目的で、かれは一六三四年にアカデミー・フランセーズを設け、その四〇名の会員を文学的かつ政治的基準にしたがって任命した。[20] リシュリューの求めに応じ、アカデミー会員で貴族のジャン゠ルイ・ゲ・ド・バルザックは、ルイ一三世を理想の統治者と描く『君主』についての論文を書いた。内外の批判にたいし政府の政策を正当化するために多数のパンフレットが書かれた。そのうちのひとつ、ファンカン殿によるものは『みんなの声（*La voix publique*）』という、この場合にふさわしいタイトルがつけられていた。[21] 公式の新聞は一六三一年に創刊され、この週刊の『ガゼット』紙はルーヴルで印刷され、リシュリュー配下のテオフラスト・ルノドーによって編集された。[22]

治世の歴史物語が多くの公式修史官によって詳しく語られた。たとえば、シャルル・ソレル（フィクション作家としてよく知られている）、『ルイ正義王の驚嘆すべき物語』（一六二七年）の著者ピエール・マチューやシピオン・デュプレックスがそうで、このデュプレックスの『ルイ正義王の歴史物語』（一六三五年）もまた、ルイ一三世の治世を「驚嘆すべきこと」の連続として示し、王をカエサル、クローヴィス、シャルルマーニュ、聖王ルイと比較した。[23]「正義王」という称号がルイ一三世の生前に用いられていたことは注目に値する。同じように、アンリ四世も詩人マレルブの手になるオードにおいて「アンリ大王」と呼びかけられていた。

政府当局もまた、スペクタクルや視覚芸術に注意を払った。ルイ一三世は音楽とダンスが好きで、宮廷バレエは演劇と同様にかれの治世期に花開いた。この時期の催し物のいくつかがもった政治的機能は、たとえば、アカデミー・フランセーズ創立会員であるジャン・デマレの考案したバレエ『フランス軍隊の隆盛』（一六四〇年）の場合などに明らかである。

ルイ一三世自身は視覚に訴える展示にさほど関心を示さなかったが、かれの母とリシュリューは大きな関心を示した。この王太后マリー・ド・メディシスこそが、一六二二年、パリにルーベンスを呼び、アンリ四世と自分の摂政期の治世を一連の二四枚の絵に描かせたのである［今日、ルーヴル美術館に展示されている］。同時代の歴史をアレゴリーと結び合わせたこの連作が、おそらく、ル・ブランによってヴェルサイユ宮殿のグランド・ギャラリーに描かれたルイ一四世のイメージにもっとも近接した先例であろう（図84）。王太后はまた、亡き夫アンリ四世の騎馬像をその当時フィレンツェで（実際、ヨーロッパで）第一級の彫刻家ジアンボローニャに注文したし、他方、リシ

84「凱旋するルイのモデル」 ペトルス・パウルス・ルーベンス《パリに凱旋入城するアンリ4世》(部分), 1625年頃。フィレンツェ, ウフィツィ美術館

ユリューもパリのロワイヤル広場［現在のヴォージュ広場］に建てられたルイ一三世の有名な騎馬像を注文した。

リシュリュー枢機卿が絵画に関心をもっていたことはもっとはっきりしている。かれはシモン・ヴエとニコラ・プーサンをフランスに呼び戻し、さらに、イタリアの芸術家たちも呼ぼうとした。版画については、フランドル地方のジャック・ド・ビエがルイ一三世に、メダルによるフランス王の歴史である『メダルによるフランス』(一六三四年)を献呈したが、それがルイ一四世の『メダルによる歴史』出版の着想をあたえるきっかけになったのはたしかである。

若きルイ一四世が宮廷バレエを踊ったとき、かれは実際、父王の例にならったのであり、父親のほうがどちらかと言うと音楽とダンスがいっそう好きだった。一六六二年の有名な騎馬パレードも、ルイ一三世期、一六一二年の騎馬パレードの先例に倣ったものである。一六三〇年代のリシュリューのプログラムと一六六〇年代のコルベールのプログラムの類似性もまた、明白だろう。実際、ふたつのあいだには密接なつながりと連続性があった。『ルイ正義王の勝利』という豪華本の公式出版には歴史家、芸術家、詩人(そのなかにコルネイユもいた)が加わって、ルイ一三世の存命中に計画されていたが、実際の出版は一六四九年になってからになった[24]。マザランはリシュリューに仕え、コルベールを育てた人間と言えるが、かれが一六三〇年代と一六六〇年代のあいだの橋渡しをした。また、作家グループ全体もそうしたと言える。たとえば、ジャン・シャプランはリシュリューに仕えたあと、コルベールの助言者になった。ブルゼはリシュリューの文学上の助手役で、その後、小アカデミーの会員になった。デマレは長生きして、一六六〇年代と一六七〇年代のルイ一四世の遠征について賞賛する文章を書いた(一〇六ページ)。コルベールがシャントルー殿を雇って、ベルニーニのフランス訪問に同行させたとき、コルベールは、かつてプーサンを呼び戻すためローマにこの同じシャントルーを派遣したシュブレ・デ・ヌワイエとリシュリューの先例に倣っていたのである。

2 過去の先例

ルイ一四世イメージを歴史の遠近法のなかに置いてみようとすると、地理的にフランスとスペインに限定することはできないし、時間的にも一七世紀初めにとどまることはできない。たとえば、大貴族たちをヴェルサイユの宮廷に来させたのはかれらの力を弱めるためだという、通常、ルイ一四世に帰せられる有名な戦略も、すでに、イギリス大使ジョージ・カルー卿はアンリ四世によるものとして次のように言っていた。「大貴族たちを宮廷に住まわせ、そうして、ほかの場所で強くならないようにさせる。そして、こちらで賭け事、あちらで無駄使いをさせれば、かれらは貧しくなる」、と[25]。

ある点においては、ルイ一四世の宮廷は、かれの父や祖父の宮廷よりもむしろ、その前のヴァロワ朝の宮廷に似ている。フランソワ一世は芸術・文学の気前のいい後援者で、そういう人物として当時、描かれた。かれはコンスタンティヌス帝やシャルルマーニュに比較され、ローマの鎧かぶと姿で示された。ローマ風の騎馬像と凱旋門も建てられた。ただし、建てられたと言っても祭典のあいだだけのことではあったが、それでも栄光を誉めたたえられたのだ。[26] アンリ三世も太陽王と言われ、宮廷バレエで踊り、アカデミーのような機関に援助をあたえた。かれはまた、儀典長職を設け、宮廷儀礼（ご起床やご就寝の儀を含む）をより精巧で、より形式張ったものにした。[27] ルイ一四世とその儀典長が、この先例を知らなかったというようなことは、ありそうにない。[28] 一六世紀のフランス王のほかの公式儀礼とルイ一四世のそれとの関係は、むしろかなり、わかりにくいものがある。[29]

他方、イタリアのルネサンスおよびバロックの伝統については、ルイ一四世を表現しているメディアのほとんどすべての領域で、非常に多くのものを負っていた。「イタリアン・コネクション」とでも呼んでみたいこの現象は、マザラン枢機卿による芸術後援の一面を明らかに形成している（六七ページ）。かれは、教皇ウルバヌス八世下のローマにおいて、後援者たることについて学んでおり、そして、イタリア人芸術家のほうを好む傾向があった。たとえば、パリにおける芸術上の助言者としてはイタリア人のフランチェスコ・ブーティを雇い、エルピディオ・ベネデッティとルイージ・ストロッツィはそれぞれローマとフィレンツェでマザランと接触をもちつづけた。マザランはまた、フランスにイタリアの歌手、作曲家、画家、舞台装置家（ジアコモ・トレルリ、ガスパロとカルロ・ヴィガラーニ父子）を連れてきた。

強調されるに値する特別なイタリアン・コネクションがパリ—モデナ軸である。モデナ公フランチェスコ・デステは芸術に大きな関心をもっていた。かれは、宮殿の改修についてベルニーニに意見を聞き、胸像をかれに注文した。また、ガスパロ・ヴィガラーニを、自分の建築家そして宮廷祝祭総監督官として雇った。モデナ公はまた、フランス宮廷との関係を大事にした。かれは一六五七年にパリを訪問し、自分の娘をルイ一四世の妻の候補として提案し、自身はマザランの姪と結婚した。[30]

そのルイ一四世は多くの点でモデナ公の例にならった。ガスパロ・ヴィガラーニは一六五九年にパリに呼ばれ、翌年のパリ入城式のための凱旋門を設計した。かれの息子は王の祝祭のための機械仕掛けを設計することに二〇年も費やすことになった。モデナ公の秘書ジローラモ・グラジアーニは一六六〇年代にルイ一四世から年金をもらい、『フランスのヘラクレス』という頌徳文を書いていた（七五ページ）。モデナ公フランチェスコ一世とルイ一四世のどちらもが、ベルニーニに宮殿の模様替えの助言を求め、それぞれ胸像制作を注文したのが偶然であるというのは、ありそうにない。

これらの例が示しているように、イタリアン・コネクションはマザラン没後もつづいた。それは、若い芸術家たちが存分に勉強することのできる、ローマのフランス・アカデミー支部の創設（一六六六年）で強化された。事実、その制度化以前に、すでにイタリア、とくにローマで学ぶ習慣が確立していた。ル・ブランはローマで一六四二年から四六年までの四年間を過ごした。ジラルドンもまた、一六四〇年代にローマにいたし、ミニャールも二〇年以上（一六三五―五七年）そこにいた。

イタリアには、ルイ一四世に仕えることになる芸術家たちに着想をあたえるものが大量にあった。たとえば、ローマでは、都市空間がオベリスクの利用によって、教皇をたたえる記念碑に変容することが観察された。ヴェネツィアでは、総督の宮殿のなかの歴史画が体制を賞賛する手段として用いられていた。フィレンツェでは、ピッティ宮殿のなかに、惑星から連想された一続きの部屋があり（図85）、トスカーナ大公の邸宅はまさにヴェルサイユのモデルのように見える。[31] これらの部屋はピエトロ・ダ・コルトナによって一六三七年と一六四七年のあいだに、化粧漆喰細工、金メッキ、そして、メディチ家を誉めたたえるフレスコ画の組合せで装飾された。ルイ一四世の祖母はメディチ家であっただけになおのこと、お手本にふさわしかった。

初代トスカーナ大公コジモ・デ・メディチが、ルイ一四世あるいはかれの助言者たちのモデルであったことはほ

85「ヴェルサイユのモデル」 ピエトロ・ダ・コルトナ「ピッティ宮殿のなかの土星の間」1640年頃。フィレンツェ

ぼ確実である。一五三七年から七四年まで統治したコジモはトスカーナ大公国を縮小版の絶対君主制国家に変えた。縮小版というのは、ルイ一四世の治世下のフランス人口の二〇分の一よりすくない国を統治していたからである。コジモは傭兵隊長の息子で、かれは子供のいなかったアレッサンドロ・デ・メディチが暗殺されたあと、フィレンツェの支配者になった。正統性がかれになかったことが、良き公的イメージ作りに際し、芸術を政治的に活用することをいっそう意識させることになった。

たとえば、コジモは、追放した共和派の軍隊にたいするかれの勝利を祝うため、フィレンツェのサンタ・トリニタ広場に石柱を建てた。また、治世の出来事を記念するメダルを一二種類、発行した。かれはブロンジーノ、チェッリーニ、ヴァザーリを雇い、絵や像やフレスコ画で、自分の肖像を英雄のように、あるいは、近寄りがたいように、あるいは、ライオンのように描かせた[32]。また、かれが後援している芸術家といっしょのところを描かせたりもした（図86）。かれは公式の歴史家を任命し、年金をあたえ、公文書の閲覧をかれらに許して、メディチ家に好意的な物語を語ることを期待した。かれは五万スクードを投じて、息子の花嫁（皇帝の妹）を歓迎するすばらしい祭典を一五六五年に催した。そこでは凱旋門が建てられ、模擬攻囲戦が行われ、花火が上げられたりした。かれはアカデミーをふたつ設立した。ひとつは、イタリア語の文法と辞書に取り組むフィレンツェ・アカデミー、もうひとつは、デッサンのアカデミーである。これらのアカデミーはアカデミー・フランセーズと王立絵画アカデミーの原型であった。

ルイ一四世のために働いた芸術家や作家たちは、ルネサンス期イタリアの大の崇拝者たちであった。たとえば、ジャン・シャプランはイタリア文学に造詣が深く、イタリア語で韻文を書きさえした[33]。「古代―近代」の大論争や、絵画において「デッサン」が優越するのか、それとも「色彩」が優越するのかの大議論は、イタリアでの以前の議論の反響だった。フランソワ・ド・カリエールは、「古代―近代」論争についての『詩的歴史』のなかで、近代派の部隊をイタリア人トルクァート・タッソーの指揮下に置いた。アリオストとタッソーの叙事詩はよく知られていて、非常に賞賛されていた。キノーとリュリ合作のオペラ『アルミード』（一六八六年）がタッソーの『解放されたエルサレム』のエピソードをもとにしていることや、あるいは、『魔法の島の楽しみ』が、騎士の武芸競技の枠組で、アリオストの『狂えるオルランド』の場面を翻案したものであることを知っても、ほとんど驚くには値しない。一六六二年の有名な騎馬パレードは、かなりの部分をイタリア・モデルに負っているのである。というのも、騎士の武芸競技会と劇を合体させるという、まさしく、そのアイディアはフェラーラやフィレンツェのルネサンス宮廷にさかのぼるものだからである[34]。

祝祭で用いられる、あるいは、メダルに刻印される銘句や金言もイタリア・ルネサンスの伝統に属していた。メ

86「後援者としてのルイのモデル」 ジョルジオ・ヴァザーリ《コジモとかれの建築家たち》天井画，
1560年頃。フィレンツェ，ヴェッキオ宮殿

ダル自体もそうだったし、その図像の多くもそうであった。とくに、たとえば「名声」が女性の姿で、「不和」が怪物のかたちで、などのように擬人化されることは、しばしば、チェーザレ・リーパの『イコノロギア』（一五九三年）から取られてきたのであり、その書物は芸術家たちにとってのかけがえのない参考図書で、一六四四年にはフランス語に翻訳されていたのである。メネストリエが「イメージの哲学」と呼んだものについて書いていることが明らかにしているのは、かれがエンブレムにかんするイタリア・ルネサンス文献について熟知していたということである。[35] 実際、メネストリエは、芸術家たちへのいわゆる「人文主義的助言者」という、ルネサンス期に見られた現象の最後の頃の実例と見なすことができるのかもしれない。

スタイルの面でも、ルネサンス期イタリアはモデルを、それも複数のモデルを提供した。というのも、フィレンツェ様式とヴェネツィア様式に、それぞれ熱心な支持者がいたからである。ル・ブランの「荘厳体」の表現法は盛期ルネサンスの、とくに、ラファエロの様式であった。ル・ブランが「コンスタンティヌスの勝利」を描いたとき、かれは王とコルベールそしてラファエロにたいして、同時に敬意をささげたのだ。この図柄、すなわち、二輪戦車に乗ったコンスタンティヌスが「勝利」から冠を授けられている場面は、ラファエロのデッサンにならったものだった。それ自体はコルベールに捧げられたものだが、描かれているコンスタンティヌス帝は、ルイ一四世がもっともしばしば比較された統治者のひとりだった。さらにまた、建築アカデミーの院長フランソワ・ブロンデルの講義は、かれがルネサンスの先例をたえず意識していたことを示している。かれはしばしばその時期の主要なイタリア建築家、たとえばアルベルティ、パラディオ、ヴィニョーラ、スカモッツィを引用している。

これらの模倣形態は独創性に欠けていたわけではなかった。それらは伝統の「重荷」で動きの取れないような例ではない。フランスの芸術家・作家たちはイタリアのレパートリーのなかから、かれらが利用することのできるモデルを正確に選び出したのである。かれらはイタリアの偉業に敬意を払いつつも、かれらの何人かは自分たちのほうがもっと上手にできると考えてもいた。[36]

中世の伝統にたいしてルイ一四世のイメージがどのように関係していたかということになると、事情はすこし異なる。つまり、この場合には、模倣や競合というよりもむしろ、多少なりとも無意識の連続性になる。「聖別戴冠式」の儀式は中世フランスの先例に倣うものであった（六〇ページ）。ルイ一四世治世初期の「リ・ド・ジュスティス」もそうだった（五八ページ）。王の公式の都市入城式も中世の慣行であった。ただし、二輪戦車やトロフィーや凱旋門など、それが古代ローマの凱旋行進をモデルにして、ルネサンス期に再建されたものではあるのだけれども。仰々しい儀式は、中世後期のブルゴーニュ宮廷の特徴で、実際、このブルゴーニュから、スペイン宮廷の儀礼的特徴のいくつかが一六世紀なかばに採用されたのである。

一七世紀のフランス人にとって、中世は、通常、賞賛の対象ではなかった。かれらはこの暗黒の時代を未開な「野蛮人」と結びつけて、見下す傾向があった。[37] それでも、ルイ一四世とクローヴィス、シャルルマーニュ、聖王ルイとのつながりはまじめに受け取られていた（図87）。ある点では、中世の統治者も、ルイ一四世を公的に提示する際のモデルとなっていた。［聖別戴冠式では］ルイ一四世も、一羽のハトによってクローヴィスにもたらされたとされている聖油で塗油されたのだ。かれは、ゆりの花の刺繍された伝統的な王のマントを着た。かれは、王権の伝統的なシンボルである、王冠、王笏、宝珠、剣、指輪などの標章を用いた。[38] ルイ一四世はまた、ほかの中世の儀式（たとえば、「リ・ド・ジュスティス」や荘厳な都市入城式）を行った。それらは一六世紀に変化を被ってはいたが、本質的に中世風のものだった。かれはるいれき患者に触れ、貧者の足を洗った。ルイ一四世は十分に世知に長けていたから、神聖な君主であることの利点を評価していたのだと言うことができるのかもしれない。その主張は、たとえば、ボシュエが王のために唱えつづけた議論であった。[39] ルイ一四世は、メロヴィング朝の王たちが長い髪に不

87「聖王ルイに擬せられるルイ14世」 作者不詳《聖王ルイとしてのルイ14世》1660年頃。ポワティエ，イエズス会礼拝堂

思議な力が宿っていると考えていた信念を共有してはいなかったかもしれないが、しかし、有名な長いかつらを着けてはいたのである。

ルイ一四世は、治世の過程で、中世モデルを全面的に捨てることはなかったけれども、次第に距離を置くようになった。中世の統治者とは異なり、かれは王冠を頻繁にかぶるようなことはなく、また王笏や「正義の手」（上部が手のかたちの棒で、至高の裁判官としての王の役割を表す）をもつこともしばしばではなくなっていた。「リ・ド・ジュスティス」を催さないようになってからは「治世後半にはまったく開催されなくなる」、ルイは玉座にすわることもしばしばではなくなった。かれが玉座に着いた、まれな場合としては、一六八四年にアルジェリアの使節に、一六八六年にシャムの使節に、一七一五年にペルシアの使節に謁見したときである（図44と図66）。したがって、玉座は単に東洋の人間に感銘をあたえるために使用されるような、異国情緒的なもので、古風な遺物と見なされるようになったのではないかとの印象をもつ。

王の描写でさえも伝統的な王位の標章から離れ、しばしば、普段着で、普通の椅子にすわり、権威を示すためには王笏よりもむしろ指揮棒をもつ姿で描かれた。リゴーの手になる有名な公式肖像画（図1）は、伝統的なシンボルをいくつか示してはいるが、目立たないように抑えたかたちになっていた。ルイは王のマントを着てはいるが、それは開いていて、かれが着用している当代風の衣装がマントの下に見える。王笏ももっているが、型にはまらない自由なもち方になっている。公式のシャルルマーニュの剣を帯びているが、つかの部分だけが見えている。宝珠はなく、「正義の手」は椅子の上に人目につかないよう遠慮がちに置かれている。

ルイ一四世の周囲で知られていたもうひとつの統治モデルはビザンティウム、東ローマ帝国のそれであった。たとえば、ビザンティン史家たちの見事な二つ折り判の本が一六六〇年代に出版され、コルベールに献呈されていた。ルイ一四世はビザンティン皇帝にひとつならず似ている点があっただけに、一〇世紀の皇帝コンスタンティノス七世ポルフロゲネトゥスの手になる宮廷儀礼の有名なガイドブックがヴェルサイユで知られていなかったのは、おそらく残念なことだった。[40]

皇帝の像の前では灯りが焚かれ、そして、朝には皇帝に挨拶するための形式的な儀式があり、皇帝の前で立ち、すわり、さらには平伏（いわゆる proskynesis）するための手順が決められていた。皇帝は、そこでは、「平和をもたらす人（eirenpoios）」、信心深い人（eusebios）、恩恵をあたえる人（euergetes）、聖職者、全能の皇帝アウトクラトル（autokrator）（ルイ一四世の絶対君主からそれほど遠くはない）、神の代理人、太陽として記述された。コンスタンティノスの通貨のいくつかには「征服されることのない太陽（SOL INVICTUS）」の銘句が刻印されていた。

ビザンティン皇帝も全世界、オイクメネー（oikumene）［世界をおおうローマ帝国］を支配すると主張していたのを思い出せば、フランス王が「世界の君主」であると主張したことも、現代の人間にはそれほど衝撃的な主張には聞こえないかもしれない。[41] その後のビザンティン皇帝たちがしたように、ルイ一四世も「コンスタンティヌス帝の再来」と叙述されたが、（近年の歴史家たちが強調しているように）、コンスタンティヌス帝自身が宣伝の価値を十分に知っていただけに、この対比はいっそう適切である。ルイ一四世を同じように述べたボシュエは、おそらく、自分自身をカエサレアの司教エウセビオスの再来と見ていたことであろう。エウセビオスはコンスタンティヌス帝の頌徳文を書き、異端者を追放し、教会史を著したことで知られている。[42] ローマの有名なコンスタンティヌスの凱旋門もルイ一四世の凱旋門に着想をあたえ、モデルになったものである。ただし、シャルル・ペローが忘れずに指摘しているように、ルイ一四世の凱旋門のほうが大きかったのではあるが。[43]

ビザンティン皇帝たちもローマ皇帝の伝統から多くのことを汲み上げてきた。ここでは、より確固とした地盤に立って検討することができる。ルイ一三世の時代に、ゲ・ド・バルザックはローマの皇帝崇拝を模倣するよう提案していた。ゴドフロワやサントのような儀礼の専門家は、ローマ皇帝の儀式を研究した。[44] また、ヴィクトワール広場のルイ一四世像にたいする批判者たち（一九六ページ）は、ローマ人の神格化について悪意ある参照をしていた点で、自分たちが思っていたよりも的を射ていたのである。[45]

ルイ一四世のイメージと古典の伝統とのあいだにどのような関係があるのかという点は、それ自身、アビ・ヴァールブルク流の手法を用いて、単独で研究する価値のあるテーマであろう。つまり、どのように古典的な形式やイメージのレパートリーを、新しい時代の文脈のなかで、新しい機能に適合させようとしているのかという問題、また、古代を一七世紀の人間がどのように認識していたのかという問題である。建築家や芸術家たちは、古代ローマのモデルを十分に意識していたのであり、たとえかれらがそのモデルから外れることを選んだときでも、そうだった。クロード・ペローは、近代のフランスが古代のローマと競うことができることを示すために、ルーヴル改築の際に「フランス様式」の円柱を設計しはしたが、また、かれは同様に、古代ローマの建築家ウィトルウィウスの論文を翻訳して、出版してもいた。フランソワ・ブロンデルは、トロフィーの図案にマスケット銃、大砲、爆弾までも含む近代の武器（かれはとくにその方面での専門家であった）を入れるのを好みはしたが、しかし、かれもまた、自分のデザインのなかにトラヤヌスの円柱、ティトゥスの凱旋門（三角小間部には翼をもった勝利の女神がいる）、コンスタンティヌスの凱旋門（太陽が描かれている）を含む古代ローマの先例を引用するのを好んだ。[46]

フランスの都市に古代の記念碑の遺跡が、たとえば、ランスのマルス門のように、のこっていたことは、古代の先例をコルベールの建築家たちに、と同様、コルベールにも、なじみ深いものにした。[47] 彫刻家たちは古代の像を研究するためローマに行き、帰国して自分の生徒にたいし、ラオコーン群像、ファルネーゼのヘラクレス像、ベルヴェデーレにあるトルソについて講義した。[48] 古代の像や石膏製の彫像（トラヤヌスの円柱も含む）がコルベールによってパリにもって来させられたが、それは美学的な理由からだけでなく、政治的な理由もあったのであり、つまり、外国人に強い印象をあたえ、パリが新しいローマであることを示すためでもあった。[49]

ルイ一四世の騎馬像の多くはしばしば、ローマのカピトリウムのマルクス・アウレリウスの像をモデルにしたものだった。この像の石膏製の複製は王立絵画・彫刻アカデミーに展示されており、そこでシャムの使節が一六八六年にそれを見たのである。[50] ジラルドンはこのモデルに従った彫刻家のひとりであった。ただし、自分のルイ一四世像のほうがより大きくなるように注意してはいたけれども。[51] ヴィクトワール広場のルイ一四世像に金メッキをすべきかどうかの論争は、マルクス・アウレリウスの例を想起させた。[52] メダル制作者たちも図案と銘句のどちらにおいてもローマの先例にならったが、しかし、機会があれば、これらの先例との関係を断とうともしていた（二七八ページ）。ルイ一四世をヘラクレスの姿で描いたル・ブランやデジャルダンのような芸術家たちは、ローマの皇帝たちもそのように描かれたことを知らなかった、というようなことはありそうにない。

古代ローマの文学（そして、ある程度はギリシア文学）と一七世紀フランスの文学との関係は、視覚芸術の場合よりも、より密接で、同時に、より複雑だった。というのも、作家たちは（芸術家たちと異なり、あるいは、芸術家たちよりも大きい範囲で）、読者の側も古典に親しんでいると想定することができたからである。作家たちはこのことを利用し、古典を引用したり、ほのめかしたりして遊んだ。

ボシュエが新しいエウセビオスであるならば、ボワローはかれ自身に新しいホラティウスの役を当て、コルベールにはマエケナスの役、ルイ一四世にはアウグストゥスの役が割り振られる。ホラティウスのように、ボワローはオード、書簡詩、諷刺詩、そして『詩法』を書いた。散文による王の肖像とでも言うべきものはフェリビアンらによって書かれたが、これも古典的な「芸術作品をことばで表す（ekphrasis）」の伝統に倣ったものであった。[53]王への形式的な頌徳文、そして王の誕生日に賛辞を歌う習慣さえもが古代の先例に倣っていた。イエズス会士のラ・ボーヌは、当代風の賛辞も書いたが、同様に古典の頌徳文も編集した。トラヤヌス帝へのプリニウスの頌徳文はとくによく知られていた。ラテン語、あるいは、ギリシア語を読むことができなかった人のために、翻訳がだんだんとなされるようになった。

たとえば、バンスラードはオウィディウスの『メタモルフォセス（変身物語）』を韻文に訳し、そして、ルイ一四世が絵入りの版で出版するよう命じたが、それはおそらく、王をたたえる多数の寓意的な叙述を解読する手助けになるからであろう。作家たちは、古代ローマを、乗り越えるべきライバルと考えた。かれらもまた、ルイ一四世を賞賛するため、ローマが乗り越えられるべきであるとの考えを利用した。もちろん、有名な古代派—近代派のあいだの「書物合戦」を、ルイ一四世の宣伝手段という観点だけから説明するのは馬鹿げていよう。それでもやはり、ルイを新たなアウグストゥスとする、あるいはさらに、聖三位一体会修道院の王の像に刻まれていた碑銘によれば、「アウグストゥスよりもアウグストゥス的（Augusto augustior）」とする文学的きまり文句には、政治的な要素があるのである。[54]

古典学者が示したように、アウグストゥスは自分の公的イメージに大変関心をもっていた。そうであれば、ルイ一四世との比較を、もうすこし続けることはおもしろいかもしれない。[55] 実際、ふたりのリーダー間の類似は印象的である。アウグストゥスは小柄な男性だったので、背を高く見せるために、かかとの高い靴をはいた。[56] かれは、その回想録である『業績録（Res Gestae）』のなかで、治世の自分自身の解釈を示した。かれはアポロンと特別な関係をもつと信じられた。[57] かれはユピテルとして表現された。多数のアウグストゥス像が、ローマにおけると同様に地方の広場にも建てられ、「超然としていて、威厳があって、英雄的である」ように表現された。[58] 私人も忠誠のしるしとして自宅にアウグストゥスの図像を置いたし、地方都市はかれを神であり、世界の救世主であり、地上と海上の支配者であるとして、誉めたたえた（ルイ一四世同様、ローマの皇帝たちも全世界にたいするかれらの支配権を、世界を保持する者〔Conservator Orbis〕、世界に平和をもたらす者〔Pacator Orbis〕、世界を再建する者〔Restitutor Orbis〕などの称号で強調した）。[59] 通貨や像において、アウグストゥスは、ほかの皇帝たちも同じなのだが、勝利の女神と結びつけられた（図88）。かれはふたつのオベリスクを太陽にささげた。人民の忠誠を鼓舞するために、祝祭が計画された。マエケナスの援助で、多数の作家たちが引き抜かれ、政権に仕えた。そのなかにはウェルギリウス、ホラティウスと同様、歴史家リウィウスもいた。

そのふたりの統治者の自己提示の違いもまた、注目に値する。アウグストゥスは共和政に取って代わった。そして、自分の地位を元首として示すために、政治的なコミュニケーション言語（文学的・視覚的）を軌道修正する必要があった。[60] だから、先に見たように、ルイ一四世が控えめながらも年をとった姿で描くのが許されたのにたいし、アウグストゥスは永遠に若々しい姿に描かれたのである。アウグストゥスは単純さを美徳とした。もしもかれがヴェルサイユを見ることができたならば、かれはおそらく、そのぜいたくな装飾に賛成しなかっただろう。かれは、人民の賛同に関心をもつと主張していたという意味において、ルイ一四世よりも「ポピュリスト」であった。かれ

88《皇帝クラウディウス》カメオ，1世紀初期。パリ，国立図書館メダル室

は劇場にも現れ、ローマ市民と会い、かれらの討論の輪に入りさえした。[61]

ぴったり違いのない類似点が山のようにあることは注目すべきことではあるが、しかし、類似している（あるいは、同一でさえある）イメージが、古代ローマと一七世紀フランスというふたつの文脈において同じ意味をもっていたと考えてはならない。たとえば、アポロンはローマの公式の神々の一部であったが、ルイ一四世の時代にはキリスト教的な寓意を帯びていた。一七世紀フランスが、一般的には古典の伝統に、特殊的にはアウグストゥスの時代、「アウグストゥスの美しき御世（le beau siècle d'Auguste)」に、敬意を払っているがゆえに、ふたつの時期の政治的・文化的な違いが見えにくくなってはいるが、やはり、それは根本的な違いである。[62]

古代ローマにおけるユリウス・カエサルやアウグストゥスやそのあとの皇帝にたいする崇拝は、大部分をギリシアや東洋の伝統に負っていた。たとえば、アウグストゥスの霊廟はピラミッドの形をしていたが、あたかも新たなファラオででもあるかのようであった。[63] ルイ一四世にとってと同じく、カエサルにとっても、偉大な英雄とはアレクサンドロス大王であった。アレクサンドロスの成し遂げたこととは、たんに、既知の世界のほとんどを征服したことだけではなく、ペルシアあるいはエジプトをモデルにして、かつ、精巧な宮廷儀礼を加えて、新しい君主制のスタイルを確立したことでもあった。こうして、東洋の平伏（proskynesis）が西洋の伝統になっていったのである。統治者崇拝は、アレキサンドリアという名前の都市がすくなくとも一三建設されたことや、また、アトス山全体をアレクサンドロスの巨大な像に変えてしまう計画があったことに表されていた。[64]

ルイ一四世の時代の学者たちが、東洋の統治者崇拝の伝統についてどの程度知っていたのか、正確に言うのは難しい。ブロンデルとシャルル・ペローは、両方とも、エジプトのオベリスクを一七世紀の時代のモデルであると議論し、そして、エジプトの太陽信仰についても知っていた。[65] かれらがヴェルサイユ宮殿の先例として、六世紀ペルシア・ササン朝の王ホスロー（Khusrau）の宮殿（すくなくとも、当時のひとつの学問的著作のなかで議論されていた）のなかの「宇宙の間」を考えていたのかどうかを知るのは興味深いことだろう。[66] ホスロー、ないし、コスロエ（Cosroès）はまた、一七世紀のジャン・ロトルーの手になる、ペルセポリスの宮殿を舞台とした、劇の主人公でもあった。[67] しかし、ルイに用いられた「神からあたえられた」というような形容が、アッカド［古代オリエント］やシュメール［古代メソポタミア］の統治者に用いられる形容の意識的な反響だとは、とても思えない。[68] さらに、ルイ一四世のイメージ制作者たちが、かれらから遠く離れた日本やペルーなどのような文化のなかで統治者と太陽が伝統的に結びつけられていたことを知っていたなどということは、いっそう、ありそうもない。ハワイでもまた、王権、神性、太陽のあいだにつながりがあった。[69] 非常に異なる多くの文化において、権力が同じようなイメージに頼っていることは、別に、驚くべきことではない。政治の秩序と宇宙の秩序のあいだに想定される同一性は、正統化の古典的な例であって、そこでは特定の一組の制度的な配置が、あたかも自然で、本当に唯一可能なシステムであるかのように示されるのである。

3　二〇世紀

これまでは、時の回廊をさかのぼってルイ一四世を比較史的に検討しようと試みた。かれの自己提示のやり方が普通のものでなかったかどうかを見るため、ある程度、ほかの君主と比べてみた。王自身、そして、かれに仕える芸術家や作家たちもまた、過去のほうを向いていたから、過去のさまざまな時期、さまざまな統治者にたいするかれらの態度を議論する必要があることがはっきりしていた。

われわれ自身の見地がかれらの見地と必然的に異なるという事実は、もちろん、無視できない。ルイ一四世をわれわれから引き離している三世紀のあいだ、統治者の提示方法は多くの点で変化した。われわれがこのことを意識しているかどうかに関係なく、一七世紀にたいするわれわれの見方は二〇世紀のわれわれ自身の経験によって形づくられている。時代錯誤的な判断を避けるための最良の方法は、比較を明確にしておくことかもしれない。実際、もしわれわれがこれらふたつの時期の類似点と相違点の両方を考慮に入れるならば、われわれは現代とルイ一四世の時代とのふたつの時代をより深く理解できるかもしれないのである。したがって、この章——そして、この書物——の最後に、一七世紀のメディアと二〇世紀のメディアを比較し、対照させ、また、ルイ一四世の公的イメージを、何人かのより最近の国家元首の公的イメージと比べ対比して、終えることにしたい。

二〇世紀のメディア研究者たちは、ときどき、以前の時期についてかなり疑わしい前提で仕事をしている。この「以前の時期」には、フランス革命に先行するような、いわゆる「諸アンシャン・レジーム」の時期も含まれている。一九二〇年代に書かれた有名なプロパガンダ研究を例に取ると、そこではルイ一四世以降、「時代は変わった」とされ、プロパガンダと「宣伝広告という新しい職業」の登場は二〇世紀的現象であって、第一次世界大戦によって促進され、民主主義社会における思想の自由競争によって必要なものとされた、と述べられている。[70]

アンシャン・レジームについての間違った前提によって不備を伴う現代世界の研究例をもうひとつ挙げよう。それは、アメリカの文化史学者ダニエル・ブアスティンによる、一九六〇年代初期に発表された「イメージ」についての洞察力にすぐれ、刺激に富んだエッセイである。このエッセイのなかで、ブアスティンは、かれが一九世紀後期から二〇世紀初期の「グラフィック革命」(蒸気による印刷機や写真撮影術などのおかげで)と呼ぶものが、結局、かれが「狂言事件」——その用語の意味内容はメディアのために企画上演された出来事という意味から、実際にそれが起こる前に報告されるような出来事の意味まで幅があるが——と呼ぶものをもたらしたと論じている。[71] わたしは、「狂言事件」というブアスティンのこの用語が一七世紀のメディア(新聞、メダル、版画を含む)分析にも有用であることを示せたと思っている。ルイ一四世の時代にも、フランス軍の勝利の知らせに民衆がお祭り騒ぎをすることからはじまり、王の像を建設することにいたるまで、一見、自然発生的な行動がいくぶん注意深く企画上演されていたというようなことが、時折、あったのだ。

さらにまた、一九七〇年代に書かれた研究には、ケネディやド・ゴール、ポンピドーやカーターの世界を記述するために、「劇場国家(スペクタクル国家)」や「政治におけるスター・システム」のような言い回しが用いられている。その著者によれば、この最近の「政治の個人化」と権力の候補者を製品であるかのようにパッケージする傾向が、「以前」（それがいつであれ）の時代の傾向と、すなわち、理念が重要で、政治家が自分の演説は自分自身で書いていたかつての時代に通用していたシステムと、対照的に論じられている。かれはその差異を、映画——ロッセリーニの『ルイ一四世』も含む——と広告の影響によって説明している。[72]

このような議論には誇張があることは、本書の読者には、もはや明白であるだろう。権力はすでに、一七世紀に個人化されていた。リシュリュー枢機卿やルイ一四世はゴースト・ライターを雇って、演説、覚書、そして手紙さえも書かせていた（一四ページ）。現代の政治家は製品のように提示されているのかもしれないが、しかし、現代の製品も、かつては君主のためだけに取っておかれたやり方で賞賛されていることも、同じように十分論じられる価値があるかもしれない。英語の「誇大宣伝（hype）」という語は、修辞学の誇張法（hyperbole）に由来する。

映画よりもずっと以前に、演劇が政治の捉え方に影響を及ぼしていた。ジェノヴァ総督が一六八五年にヴェルサイユに到着したとき、その時代の観察者ドノー・ド・ヴィゼ——かれはたまたま脚本家でもあった——は、「かれが演じなければならない役回りは容易ではない」と述べていた。[73] 政治と演劇との比較は今日では一般的になった。後世の人間にとってと同様、同時代の人間にとっても、太陽王はスターであった。

二〇世紀の統治者、たとえば、ヒトラー、ムッソリーニ、スターリン、そしてある程度、フランスやアメリカの大統領たちによって用いられる説得の手段は、一定の重要な点において、ルイ一四世によって用いられた手段と似ている。[74] たとえば、公式建築物や彫像の壮大さがそうで、見る者を反対に小さく見せて、かれらに統治者の権力の大きさを意識させる。全知で無敵の英雄という神話もそうである。かれらは悪と無秩序の勢力に打ち勝つ運命にあるとされる。人びとが眠る夜のあいだにも働く指導者というイメージもそうである。ムッソリーニ（または、実際、ナポレオン）のこのイメージのずっと前に、ラ・ブリュイエールは「われわれは休むが、この王様だけがひとり、われわれ、そして、国全部を見ておられる」と記した。[75] 公式の新聞を刊行すること、作家たちを権威ある辞書や百科事典の出版を任務とする公式のアカデミーに組織することもそうである。大文字で「首領（DUCE）」という称号を印刷するよう強制したムッソリーニの要求のような些細なことでさえ、「ルイ（LOUIS）」という大文字で印刷される場合の提示の仕方と類似性がある。ちなみに、どちらも公式には第二のアウグストゥスとして示された。[76] リンドン・ジョンソン大統領の胆のう手術のあいだ、大統領の陰部が世間の注目の中心だったとすれば、ルイ一四世のフィステル手術のときも同様だったのである。

歴史の回廊に沿って振り返れば、ハイデルベルクの破壊を描いたメダルが廃止されたことは、バルタサル・カルロスの肖像画からオリバレスが消されたのと同じように、『ソヴィエト百科事典』からトロツキーが削除されたことに似ている。フランスの各市当局に宛てられた、市のおもだった広場にルイ一四世の像を建てるのを申し出るようにとの指示（一三二ページ）は、ロシア革命史の研究者が「自発性の神話」と呼ぶものの良い例である。[77] サールルイやルイジアナの命名は、レニングラードのそれのように、個人崇拝の表現のようなものである。シャプランはまったく共産党の政治局員のようなものであり、摂政時代のルイ一四世にたいする反動は非スターリン化ならぬ「非ルイ化」とでも言えるケースなのである。ほかのほうに目を向ければ、ソヴィエト科学アカデミーは、皮肉にも、ルイ一四世のフランスにたいする敬意の行為であると――あるいは、より正確には（一三五ページ）、ピョートル大帝がフランスのアカデミーに敬意を払って設立した機関の継承者であると見ることができるのかもしれない。

これらの類似点はたしかに印象的ではある。それらがわれわれに想起させることは、たんに、いつの時代でも政治においては儀式、神話、シンボルが重要であるということだけでなく、西洋社会には特定の神話やシンボルが連続しているということである。[78] しかし、ここで「変われば変わるほど、同じままだ」という趣旨の単純な議論を提示したいわけではない。現代の統治者イメージ、そして現代の体制のイメージとなると、さらにそうだが、それらはルイ一四世とその同時代のイメージとはいくつかの重要な点において異なっている。

これらの違いで、もっとも明らかなものは技術的な違いである。ルイ一四世は印刷物、像、メダルによって公的に提示されてきたが、二〇世紀の統治者たちはますます写真、映画、ラジオ、テレビに頼るようになってきた。新しいメディア技術には、それに合った固有の必要条件が出てくる。たとえば、政治的演説は廃れ、討論や質疑応答の会合に重点が移ることも影響のひとつである。[79]それでも、「電子時代の統治者」と呼ばれるような統治者と以前の統治者との対比対照は誇張されてきた。

もっと重要なのは、普通選挙による正統化の出現である。ある国際法学者によって一七五八年に指摘された点なのであるが、ルイ一四世は神を代表したが、その後の統治者たちは国民を代表したのである。[80]フランス革命は、人民を説得する必要のなかったアンシャン・レジームと、人民がプロパガンダの主要なターゲットとなる近代国家との分岐点を画している。そこでは民衆の新聞が登場した。そのひとつ『ペール・デュシェーヌ』紙は百万部ほど売れたと言われている。字の読めない人も他人が読むのを聞くことができたし、あるいは、政治的なイメージを「読む」ことができた。あるいは、連盟祭のように、フランス革命そのものを祝う政治的な儀式に参加することができた。このときに、政治的転換や政治的プロパガンダの観念が登場したのは偶然ではない。[81]

そのときから、どのように説得を組織立って行うかの手法は、いっそう精巧で洗練されたものになってきた。アメリカ合衆国の場合には、大統領制、民主主義的選挙、そして、新しいコミュニケーション様式にたいする関心が組み合わされて、とくにそうなっている。アメリカの大統領選挙戦では、早くも一八二〇年代にはイメージ作りが、選挙前に出される候補者略歴の発達で、重要になったと言われてきた。[82]プロの政治的マネージャーは一九三〇年代のカリフォルニア州の「キャンペーン会社」にさかのぼる。[83]これらの代理店の登場は、製品を良く見せる「包装」の観念と結びついている。共和党の議長が一九五二年に述べたように、「あなたたちは、企業が製品を売るような方法で、候補者とプログラムを売ろうとしている」[84]。われわれは、広告会社サーチ・アンド・サーチの時代に到達したのだ。

一九一七年以後のロシアの国が、「新しい社会に住むのにふさわしい新しい人類をつくるために」意識的な努力をするという意味において、「ほかのどこよりもプロパガンダであふれて」いたことがいくぶん力をこめて論じられてきた。すなわち、「今までの国家で類似の野望を抱いたところはほかになく、説得の問題にこれほどの注意を払った指導者はなかった」、と。[85] 使用された手段のいくつかは比較的従来のものであった。たとえば、スモレンスク党委員会は若者に影響をあたえる方法として、「豪華さ、雄大さ、ものものしさ」の必要性を強調し、革命を記念する祝日の創設を提唱した。ほかの説得手段は新しく、とくにポスター、壁新聞、短くて簡単な映画（いわゆるアジトゥキ）の使用、そして、映画、図書室、印刷物を積み込んだ特別なプロパガンダ列車やプロパガンダ艦船がそうである。[86]

一七八九年と一九一七年の当初の目標は、どちらも同じように、革命そのものを祝うことにあった。統治者たち自身もそうだが、同様に統治者の像を一掃する試みもあった。ルイ一四世の大部分の像は一七九二年に取り壊された。一九一七年以後、ツァーリの像はモスクワやレニングラードの広場から取り除かれ、民衆的で革命的な英雄の像に取って代えられた。[87]

より長期的に見れば、統治者たちの像は、かれらが大統領官邸という宮殿に戻ってきたように、街路に戻りはした。ただ、より庶民的なスタイルで表現されるようになったにすぎない。このスタイルの先例は、以前にも時折、スウェーデンのグスタフ・アドルフ［グスタフ二世］の時代、あるいは、実際、アウグストゥスの時代に見ることができる（二六六ページ）。国王一家の肖像写真の登場、いわば「陛下を家庭的にする」と呼ばれたような現象は、このようなスタイルの変化を示す顕著な指標である。[88]

フランスからの例としては、フランス王ルイ＝フィリップの例がある。一八三〇年革命により権力を握ったあと、ルイ・フィリップはかれの臣下にとって近づきやすい統治者として示され、実際、臣下とそれほど違ってはいなかった。それゆえ、かれの最初のころの公式肖像画は、かれの前任のシャルル一〇世とは違って、王冠や即位式の衣装のように王であることを際立たせるようなものはなしで、そして、かれの目は絵を見る者の視線と同じになるように描かれた[89]。このような平等主義のスタイルは、それが本物か人為的かは別にして、ルイ一四世の時代にはとても考えられなかっただろう。それは、伝統的な君主制の理想とフランス革命の理想のあいだの妥協の産物であった。同様に、晩年のレーニンのイメージはロシア革命の理想とツァーリの伝統のあいだの妥協であったと言えるのかもしれない。レーニンのライフ・スタイルはつつましく、そして、芸術家やカメラマンを避けて過ごすものだった[90]。しかし、すでに生前の段階でレーニンの個人崇拝が、かれをほめたたえる詩、かれの伝記、かれのポスターに現れ、そして、学校、工場、鉱山、集団農場にかれの名をつけることにも現れていた[91]。

今日、政治の世界で支配的な言語表現とは、自由、平等、博愛の言語である。権力は「人民」に由来すると想定されており、そして、公的な記念碑がたたえるのは、「無名兵士」であり、または、一般化された英雄的労働者である。選挙で選ばれた指導者は有権者のことを考える必要があり、また、非民主的な統治者でさえ、しばしば、自分の権力は人民に由来するものだと主張する。社会的距離は破棄される、あるいは、破棄されたような印象があたえられる（このことは、人前を気にする選択と同様、テレビ・カメラの進出にも多くを負っている）。人民と親密であるとの幻想が必要なのであり、打ち解けた炉辺談義もそうだし、あるときは何時間も握手することなどもそうなのである。威厳は遠さを意味するから、危険である。今や強調されなければならないのは、力強さ、若さ、活力である。人前で自分をスポーツマン、そしてスポーツ選手としてさえ示そうとしてきた中年の統治者はムッソリーニだけであるわけではけっしてない[92]。写真は、力強さを強調するために、選び抜かれる。時折、候補者が民衆の指導者という役割にぴったり合うよう、候補者個人のボディーランゲージが広告代理店や選挙運動のマネージャーの助言にもとづき修正される。

ルイ一四世は権力を神から授かったと主張したのであり、人民から、ではなかった。したがって、いかなる有権者をも養い育てる必要はなかった。かれの時代にはマスメディアはなかった。かれは特別な人物として、たとえば、塗油された支配者、「神からあたえられた王」というように、示されたし——実際、そう示されねばならなかった。一七世紀の指導者と二〇世紀の指導者との対比は、一方がレトリックで、他方が真実であるといった対比ではない。それは、ふたつのレトリック様式の対比にすぎないのである。

付録1　ルイ一四世のメダル

ルイ一四世のメダルを数えあげるのは、思うほど簡単ではないし、日付を確定する難しさは言うまでもない。

第一に、「ルイ一四世のメダル」という表現があいまいである。メダルとジュトンは区別される必要がある。ジュトンは、より小さくて、発行枚数はより多い。[1] もうひとつの問題は、王を表すメダルが、すべて王によって制作発行されたわけではないという事実である。たとえば、一六七一年に発行されたルイ「大王」の有名なメダルはパリ市によるものである（図14）。

王によって制作発行されたメダルの数を計算するために、しっかりとした見地に立とうとすれば、一七二三年に出版されたルイ一四世の治世の公式の『メダルによる歴史』を頼るといいと考えるかもしれない。そこには三一八種類のメダルが含まれている。しかし、この合計にはルイ一四世の死を表しているふたつのメダルがあるので、したがって、この二枚についてはかれの後継者の治世期間に属すと記述されるべきである。他方、すくなくともふたつのメダルが故意に公式の『メダルによる歴史』から外されていた。すなわち、ヴィクトワール広場の像を描いたメダルとハイデルベルクの破壊を描いたルーセルによるメダルである。[2] 結局、合計で三一八種類のメダルがのこされていることになる。ところが、一七二三年の版を一七〇二年の版と比較するとほかの矛盾も出てくる。それぞれの版には他方にないメダルが収録されているのである。したがって、これをいっしょにして加えると三三二種類になり、もし公式出版物が除外した二枚を加えると三三四種類になる。[3]

これらのメダルの日付を確定することはさらにいっそう難しい。そもそも、メダルの日付は、メダルの図案に記念されている出来事の起こった日付よりも、むしろそれが発行されたときの日付であるのではないかと、しばしば議論されている。この仮定は、ルイ一四世の治世の後期のほうのメダルの場合には真実からあまり遠すぎることはないが、しかし、一六八五年ごろより以前の出来事のメダルの場合には、非常に誤解を招きやすい。したがって、出来事の日付を、それを描いているメダルの日付と、そしてまた、『メダルによる歴史』に収録される際のメダル群の日付から区別する必要がある。

(1) 描かれている出来事の時期

描かれている出来事の時期によってメダルの集まりを分類すると、以下のような分布になる。

一六三〇年代	二
一六四〇年代	二九
一六五〇年代	二六
一六六〇年代	七〇
一六七〇年代	六七
一六八〇年代	四九
一六九〇年代	五三
一七〇〇年代	二五
一七一〇年代	一一
合　計	三三二

(2) メダルそれ自体の日付

一六種類のメダルは、一六七二年に死んだジャン・ヴァランの手になるものとされてきた。[4] 一六七五年、ヴァランの死後、かれの弟子のフランソワ・シェロンがパリに呼び戻され、「王のメダル専任版画家」に任じられた。それまでは、シェロンはローマで教皇クレメンス一〇世、ついで、インノケンティウス一〇世に仕えていた。コルベール時代、つまり、一六六一年と八三年のあいだに発行されたメダルの種類は三七だけと言われてきたが、しかし、この数は信じがたいほどすくない。当時の資料では、一六八五年はじめまでに九九のメダルが発行されていたと述べられている。[5]

一六八九年にメネストリエによって出された非公式の『メダルによる歴史』は一二二のメダルを含んでおり、それらは一六三八年から八八年までのあいだの出来事を表すものである。この数字を三三二から減ずると、二一〇のメダルが一六八九年から一七一五年までの時期に発行されたことになる。このうちの九二が一六八九年から一七一五年までの時期の出来事を扱っている。したがって、この数を二一〇から引いた一一八種類のメダルが、一六八九年から一七一五年までの時期に発行されてはいるが、一六八九年より前のルイ一四世の治世の出来事を表していることになる。

(3) 治世の『メダルによる歴史』における日付

これもまたいくつかの問題をもつ。『メダルによる歴史』の公式計画は通常、一六八五年頃とされ、ルーヴォワと結びつけられている。[6] 書物形式でのはっきりとした出版計画ということであれば、この日付は正確だろう。しかし、もっと漠然とした考えであれば、治世のより早い時期、とくにジャン・シャプランの手紙（一六六五年八月一日と一六七二年九月二八日の手紙）に見出される。一六七三年、『メルキュール・ガラン』紙は、ジャン・ヴァランが『メダル形態での王の歴史物語』にかかりきりであると述べていた。

公式の計画を実現する任務は小アカデミーにゆだねられた。仕事はゆっくりとしか進まなかった――アカデミーにはほかの仕事がいろいろあったのだ。一方、そうしているうちに、一六八九年、クロード＝フランソワ・メネストリエが有名な（しかし、非公式の）『メダルによるルイ大王の歴史』を出版した。一六三八年から八八年のあいだの出来事を記念するメダルと図案銘句を収めたこのコレクションは、王の五〇歳の誕生日に捧げられた物であったように思われる。小アカデミーが一六九一年に碑文アカデミーと名前を変え、『メダルによる歴史』の仕事に集中するよう命じられたのは、おそらく、この非公式的な出版に先を越された反動だったのだろう。一六九三年、メネストリエの書物の第二版は『ルイ一四世の治世の歴史』という新しいタイトルとなったが、思うにこれは、アカデミーに『王の歴史物語』という古典的な表現の使用を可能にするためだったのではないだろうか。アカデミーの仕事は一七〇二年に最終的に完成し、出版されたが、しかし、それは『ルイ大王の治世の主要な出来事についてのメダル』と題された。さらに詳細については、Jacquiot（1968）, Jones（1979a and b）, Ferrier（1982）, Oresko（1989）を参照されたい。

付録2　ルイ一四世の図像

ルイ一四世の治世のあいだ、さまざまなメディアにおいて制作されたかれの肖像の総数を推定する方法はないように思われる。わたしの知る限り、もっとも完全な調査でさえも現存する作品に限定しているので、こうして、一六八〇年代の有名な像の数々が除外されている。[1] それはまた、「王を見た、あるいは、見たにちがいない芸術家たち」の作品に限られている。その調査を行った著者たちは九九の版画しかリストに挙げてないが、かれら自身、国立図書館版画室に六七一もの版画が見出されることを指摘しているのである。[2] かれらの調査はまた、メダルとタペストリーを除外している。これらの限界を伴っていても、合計は四三三に達している（そのいくつかは王が目立ってはいないスケッチや場面を含む）。これらから、以下の分析のために、わたしは時期を特定できる完成品の図像を二八七取り上げてみた。

十年ごとの図像数の分布にいくぶんコメントしておこう。メダルの場合とは対照的に、描かれたものの日付と絵画や版画などの制作の日付のあいだには、通常、ほとんど相違が見られない（ただし、七番、一六五番、二七一番は別なので、この三点は以下の表から省いている）。

一六三〇年代	五
一六四〇年代	三〇
一六五〇年代	一四
一六六〇年代	四八
一六七〇年代	四〇
一六八〇年代	六二

一六九〇年代	四四
一七〇〇年代	三六
一七一〇年代	五
合　計	二八四

ピークは一六八〇年代であることがはっきりするが、さらに言えば、その十年間に建てられた像がすべてのこっていたならば、その数はもっと多くなろう。

付録3　ルイ一四世批判文献（出版年代順）

以下のリストは、ルイ一四世をいくぶん詳細に（一般的に扱われるフランスとは対照的に）議論している出版物だけを含むものである。ほとんどすべては匿名あるいはペンネームで書かれ、出版地名はまれにしか信頼できない。

一六六五年　『ゴール人の愛の歴史』（*Histoire amoureuse des Gaules*）
一六六七年　『国の楯』（*Bouclier d'état*）
一六六七年頃　『ガリアのキマイラ』（*Chimaera gallicana*）
一六七三年　『フランスのトルコ人』（*Die französische Türckey*）
一六七三年　『フランスの小部屋』（*Das französische Cabinet*）
一六七四年　『ガリアのマキアヴェリ』（*Machiavellus gallicus*）
一六七四年　『物笑いの的』（*Risées de Pasquin*）
一六七八年　『いともキリスト教的な者はキリスト教的になる必要がある』（*Christianissimus christiandus*）
一六七八年　『征服されたフランス王』（*The French King Conquered*）
一六八〇年　『フランスの政治屋』（*The French Politician*）
一六八一年　『フランスの陰謀』（*French Intrigues*）
一六八四年　『いともキリスト教的なマルス』（*Mars christianissimus*）
一六八四年　『マザランの聖務日課書』（*Breviarium Mazarini*）
一六八四年　『フランスの行為』（*Conduct of France*）

一六八四年　『真実は勝つ』（*Triomphe de la Vérité*）
一六八五年　『偉大なアルカンドルの愛の征服』（*Les Conquêtes amoureuses du Grand Alcandre*）
一六八六年　『改宗をせまる竜騎兵』（*Le Dragon missionaire*）
一六八七年　『東洋のマルス、西洋のマルス』（*Mars Orientalis et Occidentalis*）
一六八八年　『女好きのフランス』（*La France galante*）
一六八八年　『フランスの精神』（*L'Esprit de la France*）
一六八八年　『王国の統治にかんする見解』（*Remarques sur le gouvernement du royaume*）
一六八九年　『陰謀』（*Intrigues*）
一六八九年　『砲撃』（*Bombardiren*）
一六八九年　『奴隷フランスのため息』（*Soupirs de la France esclave*）
一六八九年　『ルイへの賛辞の欺瞞』（*Laus Ludovici delusa*）
一六八九年　『お休み中のモンテスパン』（*Montespan im Schlaf*）
一六九〇年　『自画自賛の悪臭』（*Eigenlob stinckt gern*）
一六九〇年　『フランスのアッティラ』（*Der Französische Attila*）
一六九〇年　『いともキリスト教的なトルコ人』（*The Most Christian Turk*）
一六九〇年　『競合』（*Concursus*）
一六九〇年　『ガリアのネロ』（*Nero Gallicanus*）
一六九〇年　『現下のフランス王』（*The Present French King*）
一六九〇年　『賛辞を求める尊大な記念碑の解説』（*Beschreibung...Ehren Saule*）
一六九〇年　『ガリアの冬至』（*Solstitium gallicum*）

一六九一年　『フランスの残虐王ルイ』（*Ludwig der französiche Greuel*）

一六九二年　『フランス王の嘆き』（*The French King's Lamentations*）

一六九二年　『世界の治世者』（*Monarchie Universelle*）

一六九二年　『ルーヴォワの亡霊』（*L'Ombre de Louvois*）

一六九三年　『フランスの征服』（*French Conquest*）

一六九三年　『寝取られ男の王』（*Royal Cuckold*）

一六九四年　『ホイの占領について』（*On the Taking of Huy*）

一六九四年　『大ガレノス』（*Giant Galieno*）

一六九四年　『フランス宮廷の新しい政治』（*La Politique Nouvelle de la Cour de France*）

一六九四年　『スカロンの登場』（*Scarron apparu*）

一六九五年　『ルイ一四世のコーラン』（*Alcoran de Louis XIV*）

一六九五年　『マントノン夫人の愛』（*Amours de Mme de Maintenon*）

一六九五年　『ルイ大王の愛の墓場』（*Tombeau des amours de Louis le Grand*）

一六九五年　『ナミュールの占領について』（*On the Taking of Namur*）

一六九六年　『欲求不満の偉大なアルカンドル』（*Grand Alcandre frustré*）

一六九六年　『新しい愛』（*Nouvelles amours*）

一六九七年　『対比列伝』（*Parallèle*）

一六九七年　『非フランス人のキリスト教徒』（*Chrestien non français*）

一六九九年　『テレマック』（*Télémaque*）

一七〇〇年　『ライオンの分け前』（*La Partage du lion*）

一七〇二年　『フランスの暴君』(*The French Tyrant*)
一七〇二年　『フランスの国家理性』(*Französische Ratio Status*)
一七〇五年　『フランス王の教理問答』(*Catechismus van de Koning van Frankrijk*)
一七〇六年　『全キリスト教徒の質問』(*Allerchristliche Fragstücke*)
一七〇八年　『フランス王の結婚』(*The French King's Wedding*)
一七〇八年　『ルイ大王の遺書』(*Ludwig des Grossen Testament*)
一七〇八年　『王の建築術の見本』(*Proben einer königlichen Baukunst*)
一七〇九年頃　『ルイ一四世に処方された丸薬』(*Pillers geordeneerd voor L14*)
一七〇九年　『たたり』(*Curses*)
一七〇九年　『フランス王の夢』(*The French King's Dream*)
一七一一年　『視界良好』(*Clear View*)
一七一二年　『友情』(*Friendship*)
一七一四年　『ガリアのアルカナ』(*Arcana gallica*)

訳者あとがき

本書は、Peter Burke, *The Fabrication of Louis XIV*, Second Edition (Paperback Edition), Yale University Press, 1994 の全訳（索引についてだけ、こちらで人名索引を作成した）である。初版は一九九二年である。

著者ピーター・バーク氏は、一九三七年生まれ、現在はケンブリッジ大学エマヌエル・カレッジの教授で、研究関心は「一四五〇年から一七五〇年までのヨーロッパ文化史」および「歴史思想の歴史」ということであり、すでに、わが国では、論文を除く編著書だけでも、以下のような邦訳がある。また、一九九九年までの主要な著作については、『新版　イタリア・ルネサンスの文化と社会』の「訳者あとがき」に詳しいので、二〇〇〇年以降の著書（編著は除く）を追加しておく。


『社会学と歴史学』森岡敬一郎訳、慶應通信、一九八六年。

『ヨーロッパの民衆文化』中村賢二郎・谷泰訳、人文書院、一九八八年。

『フランス歴史学革命――アナール学派一九二九―八九年』大津真作訳、岩波書店、一九九二年。

『ヴィーコ入門』岩倉具忠・岩倉翔子訳、名古屋大学出版会、一九九二年。

『ニュー・ヒストリーの現在――歴史叙述の新しい展望』（編著）谷川稔・谷口健治・川島昭夫・太田和子・中本真生子・林田敏子訳、人文書院、一九九六年。

『新版　イタリア・ルネサンスの文化と社会』森田義之・柴野均訳、岩波書店、二〇〇〇年（旧版は一九九二年)。

『モンテーニュ』小笠原弘親・宇羽野明子訳、晃洋書房、二〇〇一年。
A Social History of Knowledge : From Gutenberg to Diderot, Polity Press, 2000.
Eyewitnessing : The Uses of Images as Historical Evidence, Reaktion Books, 2001.
Languages and Communities in Early Modern Europe, Cambridge University Press, 2004.

本書のタイトルを直訳すれば『ルイ一四世の製作』であるが、このままではすこしわかりにくいので、『ルイ一四世――作られる太陽王』とした。本書第1章でも「製作」というタイトルについての説明がなされているように、「製作」の語は、ルイ一四世の七〇年以上にもわたる治世において、王の公的イメージがどのように形成され、変化するのかというプロセスに注意を向けるためのものである。そうして、第2章以下では、構造的な分析と時系列的な叙述が組み合わされ、しかも、王権のイメージ戦略とそのメカニズムが、絵画や版画、メダルや彫刻、演劇、バレエ、オペラ、詩文や新聞などを通して、ルイ一四世の側から明らかにされてゆくだけでなく、受け手の側の受容がどういうものであったか、さらには、内外のルイ一四世批判の側の対抗戦略はどうだったのかというように、多面的な検討がなされ、最終章では歴史上のさまざまな政治指導者の公的イメージと比較して、ルイ一四世を比較史のパースペクティヴのなかで位置づけるとともに、現代の政治文化を逆に照らし出そうとする。こうして本書は、権力と芸術の関係、メディアの操作、プロパガンダの機構と射程を歴史のなかに探る模範的なケース・スタディになっているといえよう。

訳者が本書を知ったのは、フランスの王権儀礼の問題にふたたび取り組みはじめた二〇〇〇年前後のことであり、それまでは、ただ存在を知っていたにすぎなかった。読むのも遅い訳者であるが、とにかく、本書のおもしろさにはぐいぐい引き込まれた。本書はまた、目配りのきいた、バランスのとれた叙述になっており、その視野の広さにも圧倒される。ただし、細部にかんして研究者には異論もありうるだろう。とくに、フランスで一九九〇年代末頃から登場する研究動向、つまり、アメリカの儀礼史研究グループにたいするヨーロッパ大陸側からの巻き返しともいえる研究が登場したあとでは、解釈に深みが足りないという問題はあるかもしれない。また、最終章ではナチズムの問題が検討されていないことも、物足りないといわれるかもしれない。しかし、これだけの図版を含む歴史資料が渉猟されていて、過去だけでなく今日の内外の政治文化についても、おそらく多くのことを考えさせる本書は、西洋史、政治史、美術史等の歴史研究者以外の研究者や一般読者にも、有益であると同時に、読み物としても楽しんでいただけると信ずる。

本書のテーマに密接に関連する書物としては、いずれも一九八一年に原書が出版された以下の二点を挙げることができる。すなわち、ジャン゠マリー・アポストリデス『機械としての王』（水林章訳、みすず書房、一九九六年）とルイ・マラン『王の肖像』（渡辺香根夫訳、法政大学出版局、二〇〇二年）である。前者の『機械としての王』の副題は「ルイ一四世時代のスペクタクルと政治」であり、後者の『王の肖像』の副題は、その訳者によって、「権力と表象の歴史的哲学的考察」とされていることにうかがえるように、対象は本書とも重なっている。もちろん、アプローチはそれぞれに異なり、本書の特徴が歴史的、比較史的手法にあることが浮き彫りにされよう。

この翻訳は、訳者のフランスにおける在外研究中に、開始し、校正を送り、そして出版されることになった。訳しはじめたのは、二〇〇三年の夏のことである。夏休みに入り、この翻訳をレピュブリーク広場（パリ市の、ではない）にあるアパートではじめた。この夏をフランス人は忘れないだろう。訳者もカニキュル（酷暑、語源はシリウス）という単語を覚えてしまった。とにかく、室内の温度計が四〇度を超える日があり、アパートの広場に面した南向きの、扇風機もない部屋で、ヴォレ（よろい戸）を閉め、日本からもってきたうちわで扇ぎながら、そうでなくとも遅々とした仕事の歩みを踏み出したのであった。

その後、パリ市内の右岸に引っ越し、校正作業をした。本書にも登場するサン＝ドニの凱旋門そしてサン＝マルタンの凱旋門が近くにあり、そこを散歩するたびに、三〇〇年以上も前に建てられたものが、何かしら廃墟のように屹立していることに感慨を覚えた。サン＝ドニの凱旋門を南北に通る通りは、南側がサン＝ドニ通りで、凱旋門からその通りを進んでゆけば、セーヌ川シテ島のパレ・ド・ジュスティスに行き着き、逆に、凱旋門から北の方に向えば、フランス王家の菩提寺にあたるサン＝ドニ大聖堂に到る。この軸線が王権の都市空間を考えるうえで重要なのはいうまでもない。

本書の図版29を見ると、サン＝マルタンの凱旋門が、手前側サン＝マルタン通りと向こう側フォーブール・サン＝マルタン通り（フォーブールとは城壁《ブール》の外ということである）とを分かつ、仕切りのようになっていることがわかる。ルイ一四世は、この凱旋門建設の四年前の一六七〇年に、パリ市城壁の取り壊しを命じ、ここでいったん、パリは開かれた都市になっていく。フランスの軍事力が強大であるからこそ、城壁の必要はないのである。ただし、図版29を見ると、この時点では、凱旋門の両側には門衛の詰め所のようなものが見え、また、塀のようなものも見てとれる。現在、門衛の詰め所のようなものはなく、広場のようになっている。もしルイ一四世が二一世紀の今日、ここに現れ、このサン＝マルタン凱旋門のすぐそばにある、その名も「太陽王（Le Roi Soleil）」という場末のカフェを見たら、これは映画『猿の惑星』の最後のほうに、主人公たちがニューヨークの地下鉄や自由の女神に出くわす場面に近いものがあるのではないかと、空想してしまうのであった。

ルイ一四世についての映画といえば、日本で公開されたものとして、二〇〇〇年前後に公開されたふたつの映画、すなわち、『宮廷料理人ヴァテール』と『王は踊る』が、宮廷社会やルイ一四世を知るうえで参考になる。前者

『宮廷料理人ヴァテール』の映画では、けた外れに豪華な饗宴のもつ意味、王の痔ろうのことや王の排便も含めての舞台裏、また、アポストリデス『機械としての王』の冒頭に掲げられているエピソード、すなわち、自分の息子をヴェルサイユの劇場の機械仕掛けの仕事で亡くした半狂乱の母親が王を非難するシーンも出てくる。

後者の『王は踊る』では、ルイ一四世が全身を金粉でぬって踊る、荒唐無稽とも思われかねない場面があるが、しかし、本書の図版36から38のヴィクトワール広場の王の立像は当時、金色に輝いていたのである（ちなみに、台座の下の四人の捕虜はルーヴルで見ることができる）。この『王は踊る』の映画の物語は、前半のほうで、若い王が病から奇跡的に回復したことを象徴する朝日の昇る場面があり、最後の場面は、齢を重ねるに連れ、信心深くなるルイ一四世が鏡の間で夕日の沈むのを見るところで終わる。舞台はヴェルサイユである。朝日の昇る場面はヴェルサイユ宮殿の「王の寝室」であろう。「王の寝室」は東向きだから、窓から朝日が見えるのである。ちょうどこの裏側が鏡の間であり、ヴェルサイユの広大な庭園が見える。この日の出から日没への推移は、ルイ一四世と音楽やバレエとの関係がクロノロジカルにどう変化するかを端的に示してくれている。

日本では未公開だが、フランス語版で入手可能なルイ一四世もののフィルムには、本書第12章でも言及された、イタリアの映画監督ロッセリーニのドキュメンタリー・タッチの『ルイ一四世』があるほか、フロンドの乱をテーマにした『少年王ルイ』、日本ではその小説が翻訳されている『王の小径』がある。

今回の翻訳については、本書のおもしろさを伝えることを第一に考え、わかりやすさを重視した。なお、本文中の［　］内は訳者の補いである。また、本書のテーマからして、フランス語訳 *Louis XIV : Les Stratégies de la gloire*, traduit par Paul Chemla, Seuil, 1995 は良心的な翻訳であり、大変、参考になった。なお、本書にはドイツ語訳と中国語訳もある。

末尾ながら、著者のバーク氏には訳者の質問にもただちに回答していただき、日本語版序文もいただくことができた。心よりお礼申し上げたい。原書には誤植や数値の誤りがあり、また図版キャプションについても、訳者が現地で見て間違いに気づいたものがあり、これらはバーク氏に連絡して、訂正した。したがって、この点では、本訳書は原書よりも正確になり、バーク氏からは、原書の版をあらためる折には、これらの訂正が採用される旨の連絡を受けている。

最後になったが、名古屋大学出版会の橘宗吾氏には今回も本当にお世話になり、カニキュルで体調を崩し、また思いもよらぬトラブルに巻き込まれて、当初の予定を大幅に狂わせることになった訳者を激励していただき、編者魂とはこういうものかと、思いをあらたにしたことであった。なお、同出版会の長畑節子氏にはさまざまな編集技術上の問題について処理していただいた。ここに感謝申し上げたい。

二〇〇四年六月、パリ（残念ながら、ヴェルサイユ、ではなく）にて

訳　者

《訳者略歴》

石井《いしい》 三記《みつき》

1955年　佐賀県に生まれる

1985年　京都大学大学院法学研究科博士課程単位取得退学

現　在　名古屋大学大学院法学研究科教授

主　著　『18世紀フランスの法と正義』（名古屋大学出版会，1999年）
「ヨーロッパの王権儀礼――フランス宮廷」『天皇と王権を考える 第5巻 王権と儀礼』（岩波書店，2002年）所収

ルイ14世

2004年8月10日　初版第1刷発行

定価はカバーに
表示しています

訳　者　石　井　三　記

発行者　岩　坂　泰　信

発行所　財団法人　名古屋大学出版会

〒464-0814　名古屋市千種区不老町名古屋大学構内
電話(052) 781-5027/FAX(052) 781-0697

Printed in Japan

印刷・製本　㈱太洋社

ISBN4-8158-0490-7

乱丁・落丁はお取替えいたします。

人名索引

ア 行

ヴォルフガング（Wolfgang, I. V.） 238, 図 80
ウォルポール卿，ロバート（Walpole, sir Robert） 178
ウルバヌス 8 世（教皇）（Urbanus VIII） 254
エウセビオス（Eusebius） 263, 265
エーデリンク，ジェラール（Edelinck, Gérard） 80–1
エリアス，ノルベルト（Elias, Norbert） 124
エリオット，ジョージ（Eliot, George） 4
エリザベス 1 世（Elizabeth I） 47
オイゲン公（Eugene of Savoy） 153
オウィディウス（Ovidius） 265
オッカム（Ockham, William of） 173
オーベリー，アントワーヌ（Aubéry, Antoine） 102, 244
オラニエ公ウィレム（ナッサウのウィルヘルム，ウィリアム 3 世）（William of Orange [William of Nassau, William III]） 111, 149, 184, 201, 234
オリバレス伯公爵（Olivares, Gaspar de Guzmán, count-duke of） 247–8, 272
オルレアン公爵（Orléans, Philippe, duc d'） 150

カ 行

カヴァッリ，フランチェスコ（Cavalli, Francesco） 67
カエサル，ユリウス（Caesar, Julius） 108, 160, 189, 251, 268
カーター，ジミー（Carter, Jimmy） 270
カッサーニュ，ジャック・ド（Cassagnes, Jacques de） 83
カッシーニ，ジャン＝ドメニコ（Cassini, Gian-Domenico） 76, 81
カプローリ，カルロ（Caproli, Carlo） 67
カリエール，フランソワ・ド（Callières, François de） 257
ガリレイ，ガリレオ（Galilei, Galileo） 173, 176
カール 5 世（スペイン王としてはカルロス 1 世）（Karl V） 247
カール 11 世（Karl XI） 229–30
カルー卿，ジョージ（Carew, sir George） 253
カルカヴィ，ピエール・ド（Carcavy, Pierre de） 76–7, 128
カルティエ，フィリベール（Quartier, Philibert） 142, 225
ガルニエ，ジャン（Garnier, Jean） 図 16
ガルバ帝（Galba） 88
カルロス 2 世（Carlos II） 101, 図 82
カルロス，バルタサル王太子（Baltasar Carlos） 248, 272
ガロワ，ジャン（Gallois, Jean） 77
カンパネッラ，トマーゾ（Campanella, Tommaso） 57
カンブフォール，ジャン（Cambefort, Jean） 81
ギアツ，クリフォード（Geertz, Clifford） 12, 18–9
キージ枢機卿 →アレクサンデル 7 世
キノー，フィリップ（Quinault, Philippe） 28, 72, 96, 141, 257
キュロス（ペルシア王）（Kyros） 50, 96, 160
キング，グレゴリー（King, Gregory） 178
グァルド・プリオラート，ガレアッツォ（Gualdo Priorato, Galeazzo） 237
グスタフ 2 世（グスタフ・アドルフ）（Gustav Adolf） 249, 274
クストゥー，ニコラ（Coustou, Nicolas） 図 49
クラウディウス（Claudius） 図 88
グラジアーニ，ジローラモ（Graziani, Girolamo） 75, 223, 255
グラシアン，バルタサル（Gracián, Baltasar） 249
グラント，ジョン（Graunt, John） 178
クリスチャン 4 世（Christian IV） 249
クルタン，アントワーヌ（Courtin, Antoine） 126
クルタン，ニコラ（Courtin, Nicolas） 44
クルティル・ド・サンドラ（Courtilz, Gatier de, sieur de Sandras） 200
クレメンス 10 世（教皇）（Clemens X） 278
クローヴィス（Clovis） 44, 50, 60–1, 143, 157, 171, 251, 260
グロス，ゲオルグ・フォン（Gross, Georg von） 図 78
ケネディ，ジョン・F（Kennedy, John F.） 270
ケベード，フランシスコ（Quevedo, Francisco） 248
ゲラール，ニコラ（Guérard, Nicolas） 図 54
ゲラン，ジル（Guérin, Gilles） 図 14
康熙帝 218

コジモ・デ・メディチ（トスカーナ大公）(Cosimo de' Medici) 255-6, 図 86
コスロエ（ペルシア王）(Cosroès) 268
コット，ロベール・ド（Cotte, Robert de) 230, 232
ゴッフマン，アーヴィング（Goffman, Erving) 12-3, 16, 49
ゴーティエ，ピエール（Gaulthier, Pierre) 228
ゴドフロワ，ドニ（Godefroy, Denys) 60, 263
コマッツィ，ジョヴァンニ・バプティスタ (Comazzi, Giovanni Baptista) 237
コルトナ，ピエトロ・ダ（Cortona, Pietro da) 255, 図 85
コルネイユ，ピエール（Corneille, Pierre) 26, 67, 71-2, 87-8, 106, 108-9, 114-6, 220, 252
コルベール，ジャン＝バチスト（Colbert, Jean-Baptiste) 9, 29, 52, 71-2, 74-7, 79-83, 92, 94-6, 105, 107, 120, 127-9, 134, 149, 171, 178, 184, 208, 219, 223, 248, 252-3, 259, 262, 264-5
コワズヴォ，アントワーヌ（Coysevox, Antoine) 123, 150, 図 33-4
コワペル，ノエル（Coypel, Noël) 149, 図 31, 図 55
コンスタンティヌス帝（Constantinus) 50, 194, 237, 253, 259, 263-4
コンスタンティノス7世ポルフロゲネトゥス (Constantinus VII Porphyrogenetus) 262
コンデ公（Condé, Louis II de Bourbon, prince de) 35, 58, 105
コンリング，ヘルマン（Conring, Herman) 76-7, 102-7

サ　行

ザヴィエル，フランシスコ（Xavier, Francis) 218
サウル（Saul) 35
サッカレー，ウィリアム・メイクピース (Thackeray, William Makepeace) 図 57
サッチャー，マーガレット（Thatcher, Margaret) 7
サロ，ドニ・ド（Sallo, Denis de) 76
サン＝シモン公爵（Saint-Simon, Louis, duc de) 7, 12-3, 17, 61, 120, 125-6, 188, 209, 224, 226, 229, 249
サン＝テニャン公爵（Saint-Aignan, François Beauvillier, duc de) 96, 132, 224
サント（Saintot) 263
ジアンボローニャ（Giambologna) 251
ジェームズ2世（James II) 187
ジェームズ6世（1世）(James VI and I) 173
シェロン，フランソワ（Chéron, François) 278, 図 42
シモノー，シャルル（Simonneau, Charles) 図 25
シモノー，ルイ（Simonneau, Louis) 図 55
シャヴァット，ピエール＝イニャス (Chavatte, Pierre-Ignace) 226
シャプラン，ジャン（Chapelain, Jean) 34, 71-2, 75-7, 79-83, 90, 92, 102, 104-7, 208, 253, 257, 272, 279
シャルパンティエ，フランソワ（Charpentier, François) 81, 83, 120-1, 214, 220, 228
シャルル10世（Charles X) 275
シャルルマーニュ（Charlemagne) 44, 50, 60, 142, 157, 171, 195, 251, 254, 260, 262
シャントルー，ポール・フレアール・ド (Chantelou, Paul Fréart de) 253
シャンペーニュ，フィリップ・ド (Champaigne, Philippe de) 67
シュヴァリエ，ニコラ（Chevalier, Nicolas) 199, 図 74
ジュヴァンシー，ジョゼフ・ド（Jouvancy, Joseph de) 225
ジュヴネ，ジャン（Jouvenet, Jean) 149, 図 71
シュタインル，マティアス（Steinl, Matthias) 図 77
ジュネ，シャルル＝クロード（Genest, Charles-Claude) 109
シュパンハイム，エゼキエル（Spanheim, Ezechiel) 39, 125-6, 188
シュブレ・デ・ヌワイエ，フランソワ（Sublet des Noyers, François) 250, 253
ジュリュー，ピエール（Jurieu, Pierre) 200
シュルヴィル侯爵（Surville, Lous-Charles de Hautefort, marquis de) 153, 155
ジョゼフ神父（Joseph, père) 250
ショーヌ公爵（Chaulnes, Charles d'Albert d'Ailly, duc de) 132
ジョンソン，リンドン（Johnson, Lyndon) 272
ジラルドン，フランソワ（Girardon, François) 72, 95, 131, 149, 157, 160, 255, 264, 図 35, 図

50-2
ジルアール，ジャン（Girouard, Jean） 131
スウィフト，ジョナサン（Swift, Jonathan） 170, 188, 201, 228
スカモッツィ（Scamozzi） 259
スカロン（Scarron） 185, 図63
スキュデリー嬢（Scudéry, Madeleine de, dite Mlle de） 9, 45, 147, 184, 189
スターリン（Stalin, Iosif Vissarionovich） 19, 271
ストロッツィ，ルイージ（Strozzi, Luigi） 77, 254
ズーボフ，アレクセイ（Zobov, Alexis） 図76
スルバラン，フランシスコ（Zurbarán, Francisco） 247
スレイマン3世（Suleiman III） 187
セヴァン，ピエール・ポール（Sevin, Pierre Paul） 図11
ソレル，シャルル（Sorel, Charles） 102, 251
ソロモン（Solomon） 50, 183

タ 行

ダヴィス，アンリ（Avice, Henri d'） 61
ダヴィデ（David） 35, 183
ダヴェナント卿，チャールズ（Davenant, sir Charles） 223
タッカ，ピエトロ（Tacca, Pietro） 246
タッソー，トルクァート（Tasso, Torquato） 96, 257
ダティ，カルロ（Dati, Carlo） 90
ダブランクール，ニコラ・ペロー（Ablancourt, Nicholas Perrot d'） 76
タラール元帥（Tallard, Camille d'Hostun, comte de） 153
ダリーグル，エティエンヌ（Aligre, Etienne d'） 226
ダリーグル，シャルル（Aligre, Charles d'） 226
タルマン，ポール（Tallemant, Paul） 114
タロン，オメール（Talon, Omer） 59
ダンジョー侯爵（Dangeau, Philippe, marquis de） 14, 126
チェッリーニ，ベンヴェヌート（Cellini, Benvenuto） 256
チャールズ1世（Charles I） 47, 58, 175, 図13
チャールズ2世（Charles II） 91-2, 233
チュレンヌ元帥（Turenne, Henri de la Tour d'Auvergne, vicomte de） 35, 105
ティツィアーノ（Titian） 247
ディットマン，クリスティアン（Dittmann, Christian） 図78
ティトゥス（Titus） 264
ディルク，オーガスタ（Dilke, Augusta） 4
テオドシウス帝（Theodosius） 50, 142, 160
デカルト，ルネ（Descartes, René） 173-4, 176-7
デジャルダン，マルタン（ヴァン・デン・ボガート）（Desjardins, Martin [Van den Bogaert]） 81, 130-1, 134, 141, 157, 264, 図36-8, 図72
テシン，ニコデムス（Tessin, Nicodemus） 230
デステ，フランチェスコ（モデナ公）（Este, Francesco d', duke of Modena） 254-5
テストゥラン，アンリ（Testelin, Henri） 図5
テセウス（Theseus） 160
デトゥーシュ，アンドレ（Destouches, André） 82, 149
デプレオ，ニコラ（Despréaux, Nicolas） 34
デマレ，ジャン（Desmartes, Jean） 44, 81, 106, 111, 115, 220, 251, 253
デュ・カンジュ，シャルル（Du Cange, Charles） 44, 81, 155
デュプレックス，シピオン（Dupleix, Scipion） 251
デュ・ボス，ジャン＝バチスト（Du Bos, Jean-Baptiste） 45
テュルデン，テオドル・ファン（Thulden, Theodor van） 図7
デルセンバッハ，ヨハン・アダム（Delsenbach, Johann Adam） 図79
デーン伯爵（von Dehn, Graf） 図68
ド・ゴール，シャルル（De Gaulle, Charles André Joseph） 270
ドゥランドゥス・グリエルムス（Durandus, Gulielmus） 175
ドノー・ド・ヴィゼ，ジャン（Donneau de Visé, Jean） 128, 223, 271
トラヤヌス帝（Trajanus） 8, 264-5
トルシー侯爵（Torcy, Jean-Baptiste Colbert, marquis de） 149, 154, 212
トレルリ，ジアコモ（Torelli, Giacomo） 67, 254
トロツキー（Trotsky, Lev） 272

ナ　行

ナポレオン（Napoléon）　271
ニクソン，リチャード（Nixon, Richard）　7
ニーダム，マーチモント（Needham, Marchmont）　201
ニュートン，アイザック（Newton, Isaac）　173
ネロ（Nero）　183-4, 194
ノイマン，バルタザール（Neumann, Balthasar）　232
ノクレ，ジャン（Nocret, Jean）　40, 図 8
ノースリー，ジョン（Northleigh, John）　228, 図 38

ハ　行

ハインシウス，ニコラエス（Heinsius, Nikolaes）　75, 91
ハインツェルマン，エリアス（Hainzelmann, Elias）　221, 図 70
パスカル，ブレーズ（Pascal, Blaise）　3, 174
ハーバーマス，ユルゲン（Habermas, Jürgen）　175
バフチーン，ミハイル（Bakhtin, Mikhail）　197
パラディオ（Palladio）　259
バリヨン・ド・モランジ，アントワーヌ（Barrillon de Morangis, Antoine）　132
バルザック，ジャン＝ルイ・ゲ・ド（Balzac, Jean-Louis Guez de）　250, 263
パロセル，ジョゼフ（Parrocel, Joseph）　110
バンスラード，イザーク（Benserade, Isaac）　28, 65, 67, 81, 97, 265
ビエ，ジャック・ド（Bie, Jacques de）　252
ヒトラー，アドルフ（Hitler, Adolf）　271
ビニョン，ジャン＝ポール（Bignon, Jean-Paul）　169-70
ピープス，サミュエル（Pepys, Samuel）　91
ビュシー＝ラビュタン伯爵（Bussy-Rabutin, Roger, comte de）　45, 65, 183
ピュジェ，ピエール（Puget, Pierre）　128
ピョートル大帝（Pyitr）　234, 272
ピール，ロジェ・ド（Piles, Roger de）　128
ピンダロス（Pindar）　34
ブアスティン，ダニエル（Boorstin, Daniel）　170, 270
ファビウス（Fabius）　160
ファルネーゼ（Farnese）　109, 111, 264
ファンカン（Fancan, sieur de）　250
フィッシャー・フォン・エアラッハ，ヨーゼフ・ベルンハルト（Fischer von Erlach, Joseph Bernhard）　237, 図 79
フィリップ・オーギュスト（Philippe Auguste）　160
フィリドール，アンドレ・ダニカン（Philidor, André Danican）　30
フィルマー卿，ロバート（Filmer, sir Robert）　175
ブーヴェ，ヨアヒム（Bouvet, Joachim）　218
ブウール，ドミニク（Bouhours, Dominique）　25
フェヌロン大司教（Fénelon, François de Salignac de la Mothe）　184
フェリビアン，アンドレ（Félibien, André）　26, 76, 83, 221, 265
フェリビアン，ジャン＝フランソワ（Félibien, Jean-François）　120
フェリペ 2 世（Felipe II）　245
フェリペ 4 世（Felipe IV）　63, 91, 101, 244-50, 図 21, 図 81
フェリペ 5 世　→アンジュー公爵
フォンタンジュ公爵夫人（Fontanges, Marie-Angélique, duchesse de）　189, 197
フォントネル，ベルナール・ド（Fontenelle, Bernard de）　171, 176
フーケ，ニコラ（Fouquet, Nicolas）　71-2, 81-2
プーサン，ニコラ（Poussin, Nicolas）　37, 252-3
フセイン（ペルシア王）（Hussein）　217
ブーティ，フランチェスコ（Buti, Francesco）　254
ブノワ，アントワーヌ（Benoist, Antoine）　148, 図 46
フュルティエール，アントワーヌ（Furetière, Antoine）　109, 111, 160, 176
プライアー，マシュー（Prior, Matthew）　192, 195, 201, 228
ブランヴィル侯爵（Blanville, Jules-Armand Colbert, marquis de）　127
フランソワ 1 世（François I）　93, 253
フリシュマン，ヨハン（Frischmann, Johann）　107
プリニウス（Plinius）　265

マ 行

ミニャール，ピエール（Mignard, Pierre） 67, 79, 111, 128, 134, 230, 255, 図 28
ミランダ，ホアン・カレーニョ・デ（Miranda, Juan Carreño de） 図 82
ムッソリーニ，ベニート（Mussolini, Benito） 271-2, 275
メゼレー，フランソワ＝ウード・ド（Mezéray, François-Eudes de） 76
メネストリエ，クロード＝フランソワ（Menestrier, Claude-François） 13, 160-1, 198, 225, 259, 279, 図 54
モナコ大公（Monaco, prince de） 82
モリエール（Molière [Jean-Baptiste Poquelin, dit]） 28, 72, 81-2, 96, 103, 106, 149, 157, 210
モレル（Morel） 29
モンタギュー公爵（Montagu, Ralph, premier duc de） 234
モンテスキュー（Montesquieu, Charles, baron de） 9, 176
モンテスパン侯爵夫人（Montespan, Françoise, marquise de） 102, 189, 193, 197

ヤ 行

ユスティニアヌス（Justinianus） 50
ユリアヌス（Julianus） 194
ユング，カール・グスタフ（Jung, Carl Gustav） 16
ヨーゼフ 1 世（Joseph I） 238-9

ラ・ワ行

ラ・ヴァリエール公爵夫人（La Vallière, Louise-Françoise duchesse de） 95, 102, 189, 193, 197
ラ・サール，ロベール・ド（La Salle, Robert Cavelier de） 119, 217
ラ・シェーズ神父（La Chaise, père） 184
ラ・シャペル，アンリ・ド・ベセ（La Chapelle, Henri de Besset, sieur de） 128
ラ・シャペル，ジャン・ド（La Chapelle, Jean de） 149, 228
ラ・フイヤード公爵（Feuillade, François d'Aubusson, duc de la） 131, 224
ラ・フォンテーヌ，ジャン・ド（La Fontaine, Jean de） 52, 72, 171
ラ・ブリュイエール，ジャン・ド（La Bruyère, Jean de） 10, 150, 271
ラ・ボーヌ，ジャック・ド（La Beaune, Jacques de） 35, 220, 225, 265, 図 6
ラ・モーテ・ル・ヴァイエ，フランソワ（La Mothe Le Vayer, François） 176
ラ・リュ，シャルル・ド（La Rue, Charles de） 35, 106, 220, 225, 249
ラ・レイニー，ガブリエル＝ニコラ・ド（La Reynie, Gabriel-Nicolas de） 74
ラ・ローサ，ペドロ・デ（la Rosa, Pedoro de） 221
ラ・ロシュフーコー（La Rochefoucauld） 13
ライナッハ，サロモン（Reinach, Salomon） 243
ライナルディ，カルロ（Rainaldi, Carlo） 94
ライプニッツ，ゴットフリート・ヴィルヘルム（Leibniz, Gottfried Wilhelm） 200
ラヴィス，エルネスト（Lavisse, Ernest） 4
ラシーヌ，ジャン（Racine, Jean） 11, 27-8, 34, 37-8, 42, 52, 75, 81-2, 97, 106-8, 121, 134, 149-50, 210
ラスウェル，ハロルド（Lasswell, Harold） 179
ラファイエット夫人（Lafayette, Marie-Madeleine, comtesse de） 184
ラファエロ（Raffaello, Santi） 259
ラフォス，シャルル・ド（Lafosse, Charles de） 149, 234
ラモット，アントワーヌ・ド（Lamotte, Antoine de） 149
ラランド，ミシェル＝リシャール・ド（Lalande, Michel-Richard de） 29, 149
ラルジリエール，ニコラ・ド（Largilliere, Nicolas de） 図 32, 図 68
ラルムサン，ニコラ（Larmessin, Nicolas） 199
ランサン，ピエール（Rainssant, Pierre） 120, 134
ランシエーゴ大司教（Lanciego, archbishop） 218
リウィウス（Livius） 266
リオンヌ（Lionne） 149
リゴー，イアサント（Rigaud, Hyacinthe） 14, 26, 46-7, 147, 150, 221, 230, 250, 262, 図 1, 図 73
リシュリュー枢機卿（Richelieu, Armand du Plessis, cardinal de） 10, 59, 72-3, 76, 81, 106, 248, 250-3, 271

図版リスト

1 イアサント・リゴー《ルイ 14 世の肖像》油彩，カンヴァス，1700 年頃。パリ，ルーヴル美術館。© Photo RMN, Paris ……2
2 作者不詳《幼少のルイにメダルを示すジャン・ヴァラン》1648 年頃。パリ，貨幣博物館 ……24
3 ヴェルサイユ宮殿，大理石の内庭。© Photo RMN, Paris ……29
4 『凱旋入城式』1660 年所収の版画，ロンドン，英国図書館 ……32
5 アンリ・テストゥラン《絵画・彫刻アカデミーの保護者としてのルイ 14 世の肖像》油彩，カンヴァス，1666–68 年。ヴェルサイユ宮殿 ……33
6 《学芸の保護者》ラ・ボーヌ『頌徳文』1684 年所収，ロンドン，英国図書館 ……36
7 テオドル・ファン・テュルデン《ピレネー和約のアレゴリー》油彩，カンヴァス，1659 年頃。パリ，ルーヴル美術館。Photo Lauros-Giraudon ……41
8 ジャン・ノクレ《ルイ 14 世の家族》油彩，カンヴァス，1670 年。ヴェルサイユ宮殿 ……42
9 ジョゼフ・ヴェルネール《ルイ 14 世の勝利》グワッシュ，1664 年。ヴェルサイユ宮殿。© Photo RMN, Paris ……43
10 シャルル・ル・ブラン《アレクサンドロスの足下にひれ伏すダリウスの家族》油彩，カンヴァス，1660 年頃。ヴェルサイユ宮殿。© Photo RMN, Paris ……44
11 ピエール・ポール・セヴァン（?）《良き羊飼いとしてのルイ 14 世》ベラム紙，17 世紀末。ロンドン。Photo Courtesy Christie's ……45
12 ジャンロレンツォ・ベルニーニ《ルイ 14 世騎馬像のための模型》1670 年頃。ローマ，ボルゲーゼ美術館。Photo Alinari, Florence ……46
13 アントニー・ヴァン・ダイク《チャールズ 1 世の肖像》油彩，カンヴァス，1635 年頃。パリ，ルーヴル美術館。Photo Lauros-Giraudon ……48
14 ジル・ゲラン《フロンドを打ち負かすルイ 14 世》大理石。シャンティイ，コンデ美術館。Photo Giraudon ……56
15 作者不詳の衣装デッサン《アポロンとしてのルイ》1654 年。パリ，国立図書館版画室 ……66
16 ジャン・ガルニエ《学芸の象徴物に囲まれたルイ 14 世の肖像》油彩，カンヴァス，1672 年。ヴェルサイユ宮殿。Photo Lauros-Giraudon ……70
17 シャルル・ル・ブラン原画の連作《王の歴史物語》のなかの《ゴブラン織物製作所への王の訪問》タペストリー，1670 年頃。パリ，国有備品保管庁コレクション 74
18 セバスティアン・ル・クレール《科学アカデミーを訪問するルイ 14 世》クロード・ペロー『動物博物誌覚書』1671 年所収の口絵，ロンドン，英国図書館 ……78
19 クロード・ペロー《オベリスクのためのデッサン》1666 年。パリ，国立図書館 …80

20 シャルル・ル・ブラン《王が自ら統治する》天井画，1661年。ヴェルサイユ宮殿。Photo Giraudon ……89
21 シャルル・ル・ブラン原画の連作《王の歴史物語》のなかの《フェリペ4世とルイ14世の会談》タペストリー，1670年頃。パリ，国有備品保管庁コレクション ……92
22 《ローマ皇帝としてのルイ》シャルル・ペロー『祝典集』1670年所収，ロンドン，英国図書館 ……94
23 ジャン・ヴァラン《ルイ大王》メダル，1671年。パリ，国立図書館メダル室 ……100
24 アダム＝フランソワ・ヴァン・デル・ムーラン《1667年のドゥエの攻囲》版画，1672年頃。ロードアイランド州プロヴィデンス，ブラウン大学図書館，アン・S・K・ブラウン軍事コレクション ……103
25 シャルル・シモノー《フランシュ＝コンテの征服》シャルル・ル・ブラン原画にもとづく版画，1680年頃。ロンドン，英国図書館 ……104
26 シャルル・ル・ブラン《1672年のライン川渡河》天井画，1678-86年頃。ヴェルサイユ宮殿。Photo Lauros-Giraudon ……110
27 アダム＝フランソワ・ヴァン・デル・ムーラン《ライン川渡河》油彩，カンヴァス，1672年頃。カーン美術館。Photo Lauros-Giraudon ……111
28 ピエール・ミニャール《マーストリヒトのルイ》油彩，カンヴァス，1673年。トリノ，絵画美術館。Photo Alinari, Florence ……112
29 アダム・ペルレ《サン＝マルタン門の凱旋門》版画，1674年頃。ロンドン，英国図書館 ……113
30 《敬意を受けるルイ》サン＝マルタン門の凱旋門三角小間の浅浮彫り，1674年。© Arcives Photographiques/S. P. A. D. E. M. ……114
31 ノエル・コワペル《ナイメーヘン和約の後に休息するルイ》油彩，カンヴァス，1681年。モンペリエ，ファーブル美術館。© Photo RMN, Paris ……115
32 ニコラ・ド・ラルジリエール《シャルル・ル・ブランの肖像》1686年。パリ，ルーヴル美術館。© Photo RMN, Paris ……118
33 アントワーヌ・コワズヴォ《敵を踏みつけるルイ14世》スタッコの浅浮彫り，1661年。ヴェルサイユ宮殿。Photo Lauros-Giraudon ……122
34 アントワーヌ・コワズヴォ《ルイ14世の胸像》大理石，1686年頃。ロンドン，ウォーレス・コレクション ……123
35 フランソワ・ジラルドン《リヨンのロワイヤル広場の像の模型》ろう，1687年頃。イェール大学アート・ギャラリー，ジェームズ・W・フォズバーグ夫妻の寄贈，1933年 ……129
36 ニコラ・アルヌー《パリのヴィクトワール広場のデジャルダンによるルイ14世像》版画，1686年頃。パリ市カルナヴァレ美術館 ……130
37 作者不詳《ヴィクトワール広場の風景》版画，18世紀初期。パリ，国立図書館版画室 ……131
38 《ヴィクトワール広場の風景》ノースリー『地形図学』1702年所収の口絵，ロン

ドン，英国図書館 ……132
39 《雷に打たれるアルジェ》のメダルの表と裏，『ルイ大王の治世の主要な出来事についてのメダル』1702年所収の版画，ロンドン，英国図書館 ……136
40 《雷に打たれるハイデルベルク》のメダルのためのペンとインクによるデッサン，『1694年以前のアカデミーの図案集』所収，ロンドン，英国図書館手稿コレクション ……136
41 《空気》4枚のニードルポイント刺繍壁掛けの1枚，おそらく1683–84年頃。ニューヨーク，メトロポリタン美術館，ロジャーズ基金，1946年 ……137
42 フランソワ・シェロン《懲らしめられるジェノヴァ》のメダルの裏，1684年。ロンドン，大英博物館通貨・メダル部 ……138
43 クロード・アレ《ヴェルサイユ宮殿のジェノヴァ総督》油彩，カンヴァス，1685年。マルセイユ，カンティーニ美術館 ……138
44 《王によりあたえられるシャム外交使節団の謁見》『1687年王国年鑑』所収，パリ，国立図書館 ……139
45 ギー・ルイ・ヴェルナンセル《ナント勅令廃止のアレゴリー》1685年頃。© Photo RMN, Paris ……142
46 アントワーヌ・ブノワ《ルイ14世の肖像》ろうと画材の組合せ，1706年。ヴェルサイユ宮殿。© Photo RMN, Paris ……146
47 ジャン・ヴァラン《多数に匹敵せざることなし》のメダルの裏，1674年。パリ，国立図書館メダル室 ……148
48 ジェローム・ルーセル《ハイデルベルクの抹殺》のメダルの裏，1690年頃。ロンドン，大英博物館通貨・メダル部 ……152
49 ニコラ・クストゥー《王の快癒のアレゴリー》大理石の浅浮彫り，1693年。パリ，ルーヴル美術館 ……156
50 ルネ・アントワーヌ・ウアス《1699年のルイ14世像の運搬：カプチン修道会出発》油彩，カンヴァス，1700年頃。パリ市カルナヴァレ美術館。Photo Giraudon ……158
51 ルネ・アントワーヌ・ウアス《1699年のルイ14世像の運搬：ヴァンドーム広場到着》油彩，カンヴァス，1700年頃。パリ市カルナヴァレ美術館。Photo Giraudon ……159
52 作者不詳《王の騎馬像》ジラルドン作騎馬像の版画，1697年頃。ロンドン，英国図書館 ……160
53 《騎馬姿のルイ14世》ルイ大王広場の像のための模型，1691年。ニューヨーク，メトロポリタン美術館，ヒューイット基金，1911年 ……161
54 ニコラ・ゲラール《栄光の神殿》クロード＝フランソワ・メネストリエ『メダルによるルイ大王の歴史』所収の版画，ロンドン，英国図書館 ……162
55 ノエル・コワペル原画のデッサンにもとづくルイ・シモノーの版画，アカデミーの『ルイ大王の治世の主要な出来事についてのメダル』1702年所収の口絵，ロンドン，英国図書館 ……163

78 クリスティアン・ディットマンとゲオルグ・フォン・グロス《アポロンとしての皇帝レオポルト》版画，1674年。ウィーン，国立図書館絵画コレクション ………236
79 ヨハン・アダム・デルセンバッハ《ヨーゼフ・ベルンハルト・フィッシャー・フォン・エアラッハによるシェーンブルン宮殿第一案》その建築家のデッサンにもとづく版画，1700年頃。ウィーン，国立図書館絵画コレクション ………237
80 I・V・ヴォルフガング《太陽の宮殿としてのシェーンブルン宮殿》のメダル，1700年。ウィーン，美術史美術館 ………238
81 ディエゴ・デ・ベラスケス《馬に乗るフェリペ4世》油彩，カンヴァス，1700年頃。マドリード，プラド美術館。Photo Mas ………242
82 ホアン・カレーニョ・デ・ミランダ《エスコリアル，鏡の間のスペイン王カルロス2世》油彩，カンヴァス，1676年頃。マドリード，プラド美術館。Photo Mas ………246
83 ホアン・バウティスタ・マイーノ《バヒアの奪還》1633年頃。マドリード，プラド美術館。Photo Mas ………247
84 ペトルス・パウルス・ルーベンス《パリに凱旋入城するアンリ4世》（部分），1625年頃。フィレンツェ，ウフィツィ美術館。Photo Alinari ………252
85 ピエトロ・ダ・コルトナ「ピッティ宮殿のなかの土星の間」1640年頃。フィレンツェ。Photo Alinari ………256
86 ジョルジオ・ヴァザーリ《コジモとかれの建築家たち》天井画，1560年頃。フィレンツェ，ヴェッキオ宮殿。Photo Alinari ………258
87 作者不詳《聖王ルイとしてのルイ14世》1660年頃。ポワティエ，イエズス会礼拝堂。Photo coutesy of Professor F. Polleross ………261
88 《皇帝クラウディウス》カメオ，1世紀初期。パリ，国立図書館メダル室 ………267

参考文献

この参考文献は，付録3に載せた匿名のルイ14世
批判文献を除き，注で言及した出版物をすべて含む。
出版地名は，特に明記していない限り，パリである。

Addison, J. (1890) *Dialogues on Medals*, London.

Adhémar, J. (1983) 'Information gravée au 17e siècle : images au cuivre destinées à un public bourgeois et élégant', *Quaderni del '600 francese* 5, 11-13.

Apostolidès, J. (1981) *Le Roi-machine : spectacle et politique au temps de Louis XIV* (邦訳『機械としての王』水林章訳，みすず書房，1996年).

Archambault, P. (1967) 'The analogy of the body in Renaissance political literature', *Bulletin d'Humanisme & Renaissance* 29, 21-53.

Atkinson, J. M. (1984) *Our Master's Voices : the Language and Body Language of Politics*, London.

Aubéry, A. (1668) *Des justes prétentions du roy sur l'empire*.

Auerbach, E. (1933) 'La cour et la ville', reprinted in his *Vier Untersuchungen zur Geschichte der französischen Bildung*, Bern, 1951 ; English trans. *Scenes from the Drama of European Literature*, New York, 1959, 133-82.

Autin, J. (1981) *Louis XIV architecte*.

Bardon, F. (1974) *Le Portrait mythologique à la cour de France sous Henri IV et Louis XIII*.

Barnes, T. D. (1981) *Constantine and Eusebius*, Cambridge, MA.

Barozzi, N. and G. Berchet (eds) (1857) *Relazioni degli stati europei dagli ambasciatori veneti*, Venice.

Bayley, P. (1980) *French Pulpit Oratory 1598-1650*, Cambridge.

Beaussant, P. (1981) *Versailles, opéra* (邦訳『ヴェルサイユの詩学――バロックとは何か』藤井康生訳，平凡社，1986年).

Benedetti, E. (1682) *Le glorie della virtù nella persona di Luigi il Magno*, Lyons.

Benserade, I. de (1698) *Oeuvres*, 2 vols.

Bercé, Y.-M. (1974) *Histoire des Croquants*, 2 vols. Geneva.

Berger, R. W. (1985) *In the Garden of the Sun King : Studies on the Park of Versailles under Louis XIV*, Washington.

Bernays, E. L. (1928) *Propaganda*, New York.

Bertelli, S. (1990) *Il corpo del Re*, Florence.

Biach-Schiffmann, F. (1931) *Giovanni und Ludovico Burnacini : Theater und Feste am Wiener Hofe*, Vienna and Berlin.

Biondi, D. (1973) *La fabbrica del Duce*, Florence.

[Blegny, N. de] (1692) *Le Livre commode*, rpr. 1878.

Bloch, M. (1924) *The Royal Touch* ; English trans. London, 1973 (邦訳『王の奇跡――王権の超自然的性格に関する研究　特にフランスとイギリスの場合』井上泰男, 渡邊昌美訳, 刀水書房, 1998 年).

Bloch, M. (1987) 'The ritual of the royal bath in Madagascar', in Cannadine and Price, 271-97.

Blondel, F. (1698) *Cours d'architecture*, second edn.

Bluche, F. (1986) *Louis XIV ; English* trans. London, 1990.

Blum, A. (1913) *Louis XIV et l'image satirique pendant les dernières années du 17*^{e} *siècle*, Nogent-le-Rotrou.

Blunt, A. (1953) *Art and Architecture in France*, fourth edn. Harmondsworth, 1980.

Boileau, N. (1969) *Oeuvres*, ed. S. Menant, 2 vols.

Boislisle, A. de (1889) 'Notices historiques sur la Place des Victoires et sur la Place Vendôme', *Mémoires de la société de l'histoire de Paris et de l'Ile-de-France*, 15, 1-272.

Boorstin, D. (1962) *The Image*, rpr. Harmondsworth, 1963 (邦訳『幻影《イメジ》の時代――マスコミが製造する事実』後藤和彦・星野郁美訳, 東京創元社, 1964 年).

Borkenau, F. (1934) *Der Übergang vom feudalen zum bürgerlichen Weltbild* (邦訳『封建的世界像から近代的世界像へ』水田洋他訳, みすず書房, 1965 年).

Bosquillon (1688) *Portrait de Louis le Grand*.

Bossuet, J.-B. (1961) *Oraisons funèbres*, ed. J. Truchet.

Bossuet, J.-B. (1967) *Politique tirée des propres paroles de l'écriture sainte* (1709), ed. J. Le Brun, Geneva.

Bottineau, Y. (1962) *L'Art de cour dans l'Espagne de Philippe V, 1700-46*, Bordeaux.

Boucher, J. (1986) *La Cour de Henri III*, La Guerche-de-Bretagne.

Bouhours, D. (1687) *La Manière de bien penser dans les ouvrages de l'esprit*.

Bourdaloue, L. (1707) *Sermons pour le caresme*, 3 vols.

Bourdieu, P. and J.-C. Passeron (1970) *Reproduction in Education, Society and Culture*, English trans., Beverly Hills, CA, 1977 (邦訳『再生産――教育・社会・文化』宮島喬訳, 藤原書店, 1991 年).

Bouvet, J. (1699) *L'histoire de l'empereur de la Chine*, The Hague.

Bowlt, J. E. (1978) 'Russian sculpture and Lenin's plan of monumental propaganda', in *Art and Architecture in the Service of Politics*, ed. H. A. Millon and L. Nochlin, Cambridge, MA, 182-93.

Boyer, A. (1703-13) *The History of the Reign of Queen Anne Digested into Annals*, London.

Brice, G. (1698) *Description nouvelle de la ville de Paris*, 2 vols.

Brockliss, L. W. B. (1987) *French Higher Education in the Seventeenth and Eighteenth Centuries*, Oxford.

Brown, J. (1988) 'Enemies of flattery : Velázquez' portraits of Philip IV', in *Art and History*,

ed. R. I. Rotberg and T. K. Rabb, Cambridge, 137–54.

Brown, J. and J. H. Elliott (1980) *A Palace for a King*, New Haven, CT and London.

Brunot, F. (1917) *Histoire de la langue française* 5 (rpr. 1966).

Bryant, L. M. (1986) *The King and the City in the Parisian Royal Entry Ceremony*, Geneva.

Bryson, N. (1981) *Word and Image*, Cambridge.

Burke, K. (1939–40) 'The rhetoric of Hitler's battle', reprinted in *Language and Politics*, ed. M. Shapiro, Oxford, 1984, ch. 5.

Burke, P. (1987) *Historical Anthropology of Early Modern Italy*, Cambridge.

Burke, P. (1990) 'Historians, anthropologists and symbols', in *Culture Through Time*, ed. E. Ohnuki Tierney, Stanford, CA, pp. 268–323.

Burke, P. (1998) 'The demise of royal mythologies', in A. Ellenius (ed.) *Iconography, Propaganda, and Legitimation,* Oxford and New York.

Bussy Rabutin, R. (1930) *Histoire amoureuse des Gaules (1665), suivie de La France Galante*, etc., ed. G. Mongrédien, 2 vols.

Campanella, T. (1915) *Poésie*, ed. G. Gentile, Bari.

Campbell, M. (1977) *Pietro da Cortona at the Pitti Palace*, Princeton, NJ.

Cannadine, D. and S. Price, (eds.) (1987) *Rituals of Royalty*, Cambridge.

Carew, G. (1749) 'A relation of the state of France', in *An Historical View*, ed. T. Birch, London, 415–528.

Cérémonial français des années 1679, 1680 et 1681, ms B. N., fonds français, 7831.

Chantelou, P. de (1889) *Journal de Voyage du Cavalier Bernin en France*, ed. L. Lalanne, rpr. 1981.

Chapelain, J. (1883) *Lettres*, 2, ed. P. Tamizey de Larroque.

Chapelain, J. (1936) *Opuscules critiques*, ed. A. Hunter.

Chapelain, J. (1964) *Lettere inedite*, ed. P. Ciureanu, Genoa.

Charlesworth, M. P. (1937) 'The virtues of a Roman emperor', *Proceedings of the British Academy* 23, 105–27.

Charpentier, F. (1676) *Defense de la langue françoise pour l'inscription de l'Arc de Triomphe*.

Charpentier, F. (1724) *Carpentariana*.

Chartier, R. (1990) *Les Origines culturelles de la Révolution française* (邦訳『フランス革命の文化的起源』松浦義弘訳，岩波書店，1999 年).

Châtelain, U. (1905) *Fouquet*.

Chevalier, N. (1692) *Histoire de Guillaume III*, Amsterdam.

Chevalier, N. (1711) *Relation des campagnes de l'année 1708 et 1709*, Utrecht.

Christout, M. F. (1967) *Le Ballet de cour de Louis XIV*, 1643–72.

Church, W. F. (1972) *Richelieu and Reason of State*, Princeton, NJ.

Clément, P. (1866) *La Police sous Louis XIV*.

Clément, P. (ed.) (1868) *Lettres, instructions et mémoires de Colbert*, 5, part 2.
Coirault, Y. (1965) *L'Optique de Saint-Simon*.
Collas, G. (1912) *Jean Chapelain*.
Combes, le sieur de (1681) *Explication historique de ce qu'il y a de plus remarquable dans la maison royale de Versailles*.
Coquault, O. (1875) *Mémoires 1649-68*, ed. C. Loriquet, Reims.
Corneille, P. (1987) *Oeuvres*, 3, ed. G. Couton (邦訳『コルネイユ名作集』岩瀬孝他訳, 1975年,『コルネイユ喜劇全集』持田坦訳, 河出書房新社, 1996年).
Corvisier, A. (1964) *L'Armée française de la fin du 17e siècle au ministère de Choiseul : le soldat*, 2 vols.
Corvisier, A. (1983) *Louvois*.
Courtin, A. de (1671) *Nouveau traité de la civilité*, Basle.
Couton, G. (1976) 'Effort publicitaire et organisation de la recherche', *Actes du sixième colloque de Marseille*, ed. R. Duchene, Marseilles.
Cracraft, J. (1988) *The Petrine Revolution in Russian Architecture*, Chicago.
Curtius, E. R. (1947) *European Literature and the Latin Middle Ages*, English trans., New York, 1954 (邦訳『ヨーロッパ文学とラテン中世』南大路振一他訳, みすず書房, 1971年).
[Dalicourt, P.] (1668) *La Campagne royale*.
Demoris, R. (1978) 'Le corps royal et l'imaginaire au 17e siècle : *Le portrait du roy* par Félibien', *Revue des sciences humaines* 172, 9-30.
Depping, G. P. (ed.) (1855) *Correspondance administrative sous le règne de Louis XIV*, 4, part 4.
Description (1686) du monument érigé à la gloire du roy par M. le Maréchal Duc de la Feuillade.
Desmarets, J. (1673) *Au Roy, sur la prise de Mastrich*.
Desmarets, J. (1674) *Au Roy, sur sa seconde conquête de Franche-Comté*.
Dilke, E. (1888) *Art in the Modern State*, London.
Dipper, C. and W. Schieder (1984) 'Propaganda', in *Geschichtliche Grundbegriffe* 5, Stuttgart, 69-112.
Dodge, G. H. (1947) *The Political Theory of the Huguenots of the Dispersion*, New York.
Dotoli, G. (1983) 'Il *Mercure Galant* di Donneau de Visé', *Quaderni del '600 francese* 5, 219-82.
Drake, H. A. (1976) *In Praise of Constantine*, Berkeley, CA.
Dreyss, C. (1859) *Etude sur la composition des mémoires de Louis XIV*, rpr. Geneva, 1871.
Dreyss, C. (ed.) (1860) *Mémoires de Louis XIV*, 2 vols.
Dubois, A. (1965), *Journal d'un curé de campagne*, ed. H. Platelle.
Du Bos, J.-B. (1709) *Histoire de la Ligue de Cambrai*.
Duchene, R. (ed.) (1985) *De la mort de Colbert à la Revocation de l'Edit de Nantes : un*

monde nouveau ? Marseilles.

Duchhardt, H. (1981) *'Imperium* und *Regna', Historische Zeitschrift* 232, 555–83.

Dupleix, S. (1635) *Histoire de Louis le Juste.*

Dussieux, L. et al. (eds) (1854) *Mémoires inédits de l'Académie Royale de Peinture et de Sculpture.*

Edelman, N. (1946) *Attitudes of Seventeenth-Century French toward the Middle Ages*, New York.

Ehalt, H. C. (1980) *Ausdrucksformen absolutistischer Herrschaft : Der Wiener Hof in 17. und 18. Jht*, Munich.

Eisenstadt, S. N. (1979) 'Communication patterns in centralized empires', in *Propaganda and Communication in World History*, ed. H. Lasswell, D. Lerner and H. Speier, Honolulu, 1, 536–51.

Elias, N. (1969) *The Court Society*, English trans., Oxford, 1983 (邦訳『宮廷社会』波田節夫他訳，法政大学出版局，1981 年).

Ellenius, A. (1966) *Karolinska bildidéer*, Stockholm.

Elliott, J. H. (1977) 'Philip IV of Spain : prisoner of ceremony', in *The Courts of Europe*, ed. A. G. Dickens, London, 169–90.

Elliott, J. H. (1986) *The Count-Duke of Olivares*, New Haven, CT and London.

Elliott, J. H. (1989) *Spain and its World 1500–1700*, New Haven, CT and London.

Evelyn, J. (1697) *Numismata*, London.

Félibien, A. (1674) *Les Divertissements de Versailles.*

Félibien, A. (1680) 'Le Grand Escalier de Versailles', Appendix to Jansen (1981).

Félibien, A. (1688) *Recueil des descriptions de peintures et d'autres ouvrages faits pour le roi.*

Félibien, J.-F. (1703) *Description sommaire de Versailles.*

Ferrier-Caveriviere, N. (1978) 'Louis XIV et ses symboles dans l'Histoire Metallique', *17e siècle*, 34, 19–30.

Ferrier-Caveriviere, N. (1981) *L'Image de Louis XIV dans la littérature française.*

Feuchtmüller, R. and E. Kovács (eds.) (1986) *Welt des Barock*, 2 vols. Vienna.

Feyel, G. (1982) *La Gazette en province à travers ses réimpressions 1631–1752*, Amsterdam and Maarssen.

Finnegan, R. (1970) *Oral Literature in Africa*, Oxford.

Fléchier, E. (1670) *Circus regius.*

Fléchier, E. (1696) *Panegyriques*, 2 vols.

Florisoone, M. (1962) *Charles Le Brun premier directeur de la manufacture royale des Gobelins.*

Forster, K. (1971) 'Metaphors of rule : political ideology and history in the portraits of Cosimo I de'Medici', *Mitteilungen des Kunsthistorischen Institutes in Florenz* 15, 65–104.

Fossier, F. (1985) 'A propos du titre d'historiographe sous l'ancien régime', *Revue d'histoire moderne et contemporaine* 32, 361–417.

Foucault, M. (1966) *The Order of Things*, English trans., London, 1970 (邦訳『言葉と物——人文科学の考古学』渡辺一民・佐々木明訳, 新潮社, 1974 年).

France, P. (1972) *Rhetoric and Truth in France*, Oxford.

France, P. (1982) 'Equilibrium and excess', in *The Equilibrium of Wit*, ed. P. Bayley and D. G. Coleman, Lexington, MA, 249–61.

Freedberg, D. (1989) *The Power of Images*, Chicago.

Furetière, A. (1674) *Ode sur la seconde conquête de Franche-Comté*.

Furetière, A. (1690) *Dictionnaire universel*, 3 vols. The Hague and Rotterdam.

Gagé, J. (1955) *Apollon romain*.

Gaiffe, F. (1924) *L'Envers du grand siècle*.

Gaxotte, P. (ed.) (1930) *Lettres de Louis XIV*.

Gazette [*Recueil des Gazettes, Recueil des Nouvelles*], 1660–1715.

Geertz, C. (1980) *Negara : the Theater State in Nineteenth-Century Bali*, Princeton, NJ (邦訳『ヌガラ——19 世紀バリの劇場国家』小泉潤二訳, みすず書房, 1990 年).

Geffroy, A. (ed.) (1885) *Recueil des instructions données aux ambassadeurs et ministres de France*.

Genest, C. C. (1672) *Ode pour le roi sur ses conquestes*.

Gersprach, E. (1893) *Repertoire des tapisseries des Gobelins*.

Giesey, R. (1985) 'Models of rulership in French royal ceremonial', in *Rites of Power*, ed. S. Wilentz, Philadelphia, 41–64.

Giesey, R. (1987) 'The King imagined', in *The Political Culture of the Old Regime*, ed. K. M. Baker, Oxford, 41–59.

Gillot, H. (1914a) *La Querelle des anciens et des modernes*, Nancy.

Gillot, H. (1914b) *Le Règne de Louis XIV et l'opinion publique en Allemagne*, Nancy.

Glaesemer, J. (1974) *J. Werner*, Zürich and Munich.

Godard, L. (ed.) (1987) *D'un siècle à l'autre : anciens et modernes*, Marseilles.

Godelier, M. (1982) *The Making of Great Men*, English trans., Cambridge, 1986.

Goffman, E. (1959) *The Presentation of Self in Everyday Life*, New York (邦訳『行為と演技——日常生活における自己呈示』石黒毅訳, 誠信書房, 1974 年).

Goubert, P. (1966) *Louis XIV and Twenty Million Frenchmen*, English trans., London, 1970.

Gouhier, H. (1958), 'Le refus du symbolisme dans l'humanisme cartésien', in E. Castelli (ed.) *Umanesimo e simbolismo*. Padua, 65–74.

Gould, C. (1981) *Bernini in France*, London.

Grell, C. and C. Michel (1988) *L'École des Princes ou Alexandre disgracié*.

Grivet, M. (1986) *Le Commerce de l'estampe à Paris au 17e siècle*.

Gros, E. (1926) *Quinault*, Paris and Aix-en-Provence.

Grove, G. (1980) *Dictionary of Music and Musicians*, ed. S. Sadie, 20 vols. London.
Guillet de Saint-Georges, G. (1854) 'Discours sur le portrait du roy', in Dussieux et al. 1, 229-38.
Guillou, E. (1963) *Versailles, le Palais du Soleil* (邦訳『ヴェルサイユ宮——華麗なる宮殿の歴史』飯田喜四郎訳，西村書店，1992 年).
Gusdorf, G. (1969) *La Révolution galiléenne*, 2 vols.
Habermas, J. (1962) *The Structural Transformation of the Public Sphere*, English trans., Cambridge, 1989 (邦訳『公共性の構造転換——市民社会の一カテゴリーについての探究』細谷貞雄・山田正行訳，未来社，1994 年).
Hahn, R. (1971) *The Anatomy of a Scientific Institution : the Paris Academy of Sciences, 1666-1803*, Berkeley, CA.
Hall, G. (1987) 'Le siècle de Louis le Grand : l'évolution d'une idée', in Godard, 43-52.
Hanley, S. (1983) *The* Lit de Justice *of the Kings of France*, Princeton, NJ.
Hansmann, W. (1986) *Balthasar Neumann*, Cologne.
Harris, E. (1976) 'Velázquez' portait of Prince Baltasar Carlos in the Riding School', *Burlington Magazine* 118, 266-75.
Hartle, R. (1957) 'Lebrun's *Historie d'Alexandre* and Racine's *Alexandre le Grand'*, *Romanic Review* 48, 90-103.
Hartung, F. (1949) *'L'État c'est moi', Historische Zeitschrift* 169, 1-30 (邦訳『伝統社会と近代国家』成瀬治編訳，岩波書店，1982 年所収).
Hassinger, E. (1951) *J. J. Becher*, Vienna.
Hatton, R. (1972) *Louis XIV and his World*, London.
Haueter, A. (1975) *Die Krönungen der französischen Könige im Zeitalter des Absolutismus und in der Restauration*, Zurich.
Hautecoeur, L. (1953) *Louis XIV roi soleil*.
Hawlik-van de Water, M. (1989) *Der Schöne Tod : Zeremonialstrukturen des Wiener Hofes bei Tod und Begrabung zwischen 1640 und 1740*, Vienna.
Hazard, P. (1935) *La Crise de la conscience européenne*; English trans., *The European Mind 1680-1720*, New Haven, CT, 1952 (邦訳『ヨーロッパ精神の危機——1680-1715』野沢協訳，法政大学出版局，1973 年).
Heale, M. J. (1982) *The Presidential Quest*, London.
Held, J. S. (1958) 'Le roi à la chasse', *Art Bulletin* 40, 139-49.
l'Herault de Lionniere, T. (1692) *Panegyrique historique de Louis le Grand pour l'Année 1689*.
d'Herbelot, B. (1697) *Bibliothèque oriental*.
Herbette, M. (1907) *Une Ambassade persane sous Louis XIV*.
Himelfarb, H. (1986) 'Versailles, fonctions et légendes', in Nora, 1, 235-92.
Histoire de l'Académie Royale des Inscriptions (1704) 3 vols.
Hobsbawm, E. J. and T. Ranger (eds.) (1983) *The Invention of Tradition*, Cambridge (邦

訳『創られた伝統』前川啓治他訳，紀伊國屋書店，1992 年).
Hölscher, L. (1978) 'Öffentlichkeit', in *Geschichtliche Grundbegriffe*, ed. O. Brunner, W. Conze and R. Koselleck, 4, Stuttgart, 413-67.
Hofmann, C. (1985) *Das Spanische Hofzeremoniell von 1500-1700*, Frankfurt.
Hofmann, H. (1974) *Repräsentation : Studien zur Wort-und Begriffsgeschichte von der Antike bis ins 19. Jht*, Berlin.
Holub, R. C. (1984) *Reception Theory*, London.
Hurel, A. J. (1872) *Les Orateurs sacrés à la cour de Louis XIV*, rpr. Geneva, 1971.
Hymes, D. (1974) *Foundations in Sociolinguistics*, Philadelphia.
Isherwood, R. (1973) *Music in the Service of the King*, Ithaca, NY and London.
Jackson, R. (1984) *Vive le roi !* Chapel Hill, NC.
Jacquiot, J. (1968) *Médailles et jetons*, 4 vols.
Jammes, A. (1965) 'Louis XIV, sa bibliothèque et le cabinet du roi', *The Library* 20, 1-12.
Janmart, J. (1888) *Histoire de Pierre du Marteau.*
Jansen, B. (1981) *Der Grand Escalier de Versailles*, Bochum, Diss.
Jauss, H.-R. (1964) 'Ästhetischen Normen und geschichtliche Reflexion in der *Querelle des anciens et des modernes',* in Perrault (1688-97), 8-64.
Jenkins, M. (1947) *The State Portrait* (no place of publication).
Johnson, K. O. (1981) '*Il n'y a plus de Pyrénées*: the iconography of the first Versailles of Louis XIV', *Gazette des Beaux-Arts* 98, 29-40.
Johnson, N. R. (1978) *Louis XIV and the Enlightenment.*
Jones, M. (1979a) *Medals of the Sun King*, London.
Jones, M. (1979b) *The Art of the Medal*, London.
Jones, M. (1982-3) 'The medal as an instrument of propaganda in late seventeenth-and early eighteenth-century Europe', *Numismatic Chronicle* 142, 117-25, and 143, 202-13.
Josephson, R. (1928) 'Le monument de Triomphe pour le Louvre', *Revue de l'art ancien et moderne* 32, 21-34.
Josephson, R. (1930) *Nicodème Tessin à la cour de Louis XIV.*
Jouin, H. (ed.) (1883) *Conférences de l'Académie Royale de Peinture.*
Jouin, H. (1889) *Charles Le Brun.*
Jouvancy, J. de (1686) *Clovis.*
Jump, J. D. (1974) *The Ode*, London.
Kantorowicz, E. H. (1957) *The King's Two Bodies*, Princeton, NJ (邦訳『王の二つの身体』上・下，小松公訳，ちくま学芸文庫，2003 年).
Kantorowicz, E. H. (1963) 'Oriens Augusti—Lever du Roi', *Dumbarton Oaks Papers* 17, 117-77.
Kenez, P. (1985) *The Birth of the Propaganda State : 'Mass Mobilisation' in Russia, 1917-29*, Cambridge.
Keohane, N. O. (1980) *Philosophy and the State in France*, Princeton, NJ.

Kershaw, I. (1987) *The 'Hitler Myth' : Image and Reality in the Third Reich*, Oxford (邦訳『ヒトラー神話――第三帝国の虚像と実像』柴田敬二訳，刀水書房，1993年).
Kertzer, D. (1988) *Ritual, Politics and Power*, New Haven, CT and London.
Kettering, S. (1986) *Patrons, Brokers and Clients in Seventeenth-Century France*, New York.
King, J. E. (1949) *Science and Rationalism in the Government of Louis XIV*, Baltimore, MD.
Klaits, J. (1976) *Printed Propaganda under Louis XIV*, Princeton, NJ.
Kleyser, F. (1935) *Der Flugschriftenkampf gegen Ludwig XIV zur Zeit des pfälzischen Krieges*, Berlin.
Köpeczi, B. (1983) *Staatsräson und christliche Solidarität : Die ungarische Aufstände und Europa in der zweiten Hälfte des 17. Jahrhunderts*, Budapest.
Kortum, H. (1966) *Charles Perrault und Nicolas Boileau*, Berlin.
Kostof, S. (1978) 'The Emperor and the Duce', in *Art and Architecture in the Service of Politics*, ed. H. A. Millon and L. Nochlin, Cambridge, MA, 270–325.
Kovács, E. (1986) 'Die Apotheose des Hauses Österreich', in Feuchtmüller and Kovács, 53–85.
Krüger, R. (1986) *Zwischen Wunder und Wahrscheinlichkeit : Die Krise des französischen Versepos im 17. Jahrhundert*, Marburg.
Kunzle, D. (1973) *The Early Comic Strip*, Berkeley, CA.
Labatut, J. P. (1984) *Louis XIV roi de gloire*.
La Beaune, J. de (1684) *Ludovico Magno Panegyricus*.
La Bruyère, J. (1960) *Les Caractères* (1688), rpr. ed. G. Mongrédien (邦訳『カラクテール――当世風俗誌』上・下，関根秀雄訳，岩波文庫，1977年).
La Bruyère, J. (1693) 'Discours de réception à l'Académie Française', ibid. 429–56.
Lacour-Gayet, G. (1898) *L'Éducation politique de Louis XIV*.
La Fontaine, J. (1948) *Oeuvres diverses*, ed. P. Clarac.
Lanier, L. (1883) *Etude historique sur les relations de la France et du royaume de Siam de 1662 à 1703*, Versailles.
La Porte, P. de (1755) *Mémoires*, second edn. Geneva, 1756.
La Rue, C. de (1683) *Ludovicus Pius*.
La Rue, C. de (1987) 'Regi epinicion', trans. P. Corneille as 'Poème sur les victoires du roi en 1667', in Corneille 3, 709–18.
La Rue, C. de (1829) *Sermons*, 2 vols.
Lasswell, H. (1936) *Politics : Who gets what, when, how*, second edn. New York, 1958.
Laurain-Portemer, M. (1968) 'Mazarin, Benedetti et l'escalier de la Trinité des Monts', *Gazette des Beaux-Arts* 110, 273–9.
Lavin, I. (1987) 'Le Bernin et son image du Roi-Soleil' in *Il se rendit en Italie : études offertes à André Chastel*, Rome, 441–65.

Lavisse, E. (1906) *Louis XIV*.

Lecoq, A.-M. (1986) 'La symbolique de l'état', in Nora, 145-92.

Lecoq, A.-M. (1987) *François Ier imaginaire*.

Lee, R. W. (1940) *Ut Pictura Poesis : the Humanistic Theory of Painting*, rpr. New York, 1967.

Legg, L. G. Wickham (1921) *Matthew Prior*, Cambridge.

Le Goff, J. (1986) 'Reims, ville du Sacre', in *Les Lieux de mémoire*, ed. P. Nora, 2, *La nation*, 1, 89-184.

Leith, J. A. (1965) *The Idea of Art as Propaganda in France 1750-99*, Toronto.

Le Jay, G. (1687) *Le Triomphe de la religion sous Louis le Grand*.

Le Roi, J. A. (ed.) (1862) *Journal de la santé du roi Louis XIV*.

Le Roy Ladurie, E. (1984) 'Réflections sur la Régence', *French Studies* 38, 286-305.

Lévy-Bruhl, L. (1921) *La Mentalité primitive*.

Lister, M. (1699) *A Journey to Paris in the Year 1698*, London.

Locke, J. (1690) *Two Treatises of Government*, ed. P. Laslett, Cambridge, 1960 (邦訳『市民政府論』鵜飼信成訳，岩波文庫，1968 年).

Locke, J. (1953) *Journal*, ed. J. Lough, Cambridge.

Loewe, V. (1924) *Ein Diplomat und Gelehrter, Ezechiel Spanheim*, Berlin.

Longin, E. (1900) *François de Lisola*, Dole.

Longnon, J. (ed.) (1927) *Louis XIV, Mémoires,* rpr. 1983.

L'Orange, H. P. (1953) *Studies on the Iconography of Cosmic Kingship in the Anicent World*, Oslo.

Lottin, A. (1968) *Vie et mentalité d'un Lillois sous Louis XIV*, Lille, second edn. Paris.

Lotz, W. (1969) 'Die Spanische Treppe', *Römische Jahrbuch*, rpr. in *Politische Architektur*, ed. M. Warnke, Cologne, 1984, 175-223.

Louis XIV (1806) *Oeuvres*, 6 vols.

Louis XIV, *Lettres*. Gaxotte (1930) を見よ。

Louis XIV, *Mémoires*. Dreyss (1860); Longnon (1927) を見よ。

Lünig, J. C. (1719-20) *Theatrum Ceremoniale Historico-Politicum*, 2 vols. Leipzig.

Lux, D. S. (1989) *Patronage and Royal Science in Seventeenth-century France*, Ithaca, NY.

Maber, R. (1985) 'Colbert and the Scholars', *17th-Century French Studies* 7, 106-14.

McCormick, M. (1986) *Eternal Victory : Triumphal Rulership in Late Antiquity, Byzantium and the Early Medieval West*, Cambridge.

McGinniss, J. (1968) *The Selling of the President*, New York.

McGowan, M. (1985) *Ideal Forms in the Age of Ronsard*, Berkeley, CA.

Magalotti, L. (1968) *Relazioni di Viaggio*, ed. W. Moretti, Bari.

Magne, B. (1976) *Crise de la littérature française*.

Magne, E. (1909) *Le plaisant abbé de Boisrobert*.

Mai, W. W. E. (1975) *Le Portrait du roi : Staatsporträt und Kunsttheorie in der Epoche*

Ludwigs XIV, Bonn.

Maintenon, F. de (1887) *Mme de Maintenon d'après sa correspondance authentique*, éd. A. Geffroy, 2 vols.

Mallon, A. (1985) 'L'Académie des Sciences à Paris (1683-5); une crise de direction ?', in Duchene, 17-34.

Malssen, P. J. W. van (1936) *Louis XIV d'après les pamphlets répandus en Hollande*, Amsterdam.

Mandlmayr, M. C. and K. Vocelka (1985) 'Christliche Triumphfreude'. *Südostforschungen* 44, 99-137.

Marder, T. A. (1980) 'Bernini and Benedetti at Trinità dei Monti', *Art Bulletin* 62, 286-9.

Marin, L. (1981) *Portrait of the King*, English trans. London, 1988 (邦訳『王の肖像——権力と表象の歴史的哲学的考察』渡辺香根夫訳，法政大学出版局，2002 年).

Marrinan, M. (1988) *Painting Politics for Louis-Philippe*, New Haven, CT and London.

Martin, H. J. (1969) *Livre, pouvoir et société à Paris au 17e siècle*, 2 vols.

Martin, M. (1986) *Les Monuments équestres de Louis XIV*.

Massillon, J.-B. (1865) *Oeuvres*, ed. E. A. Blampignon, 2 vols. Bar-le-Duc.

Maumené, C. and L. d'Harcourt (1932) *Iconographie des rois de France*, vol. 2.

Mazarin, G. (1906) *Lettres*, vol. 9, ed. G. D'Avenel.

Médailles (1702) *sur les principaux événements du règne de Louis le Grand* (2 editions, folio and quarto).

Médailles (1723) *sur les principaux événements du règne entier de Louis le Grand*.

Mélèse, P. (1936) *Donneau de Visé*.

Melograni, P. (1976) 'The Cult of the Duce in Mussolini's Italy', *Journal of Contemporary History* 11, 221-37.

Mémoires inédites. Dussieux et al. (1854) を見よ。

Menestrier, C.-F. (1681) *Des Représentations en musique anciennes et modernes*.

Menestrier, C.-F. (1684) *L'Art des emblèmes*, rpr. Mittenwald (1981).

Menestrier, C.-F. (1689) *Histoire du roy Louis le Grand par les medailles*.

'Menestrier, C.-F.' (1691) *Histoire du roy Louis le Grand par les medailles* (the counterfeited edition).

Menestrier, C.-F. (1701) *Décorations faites dans la ville de Grenoble*, Grenoble.

Menot, A. (1987) 'Décors pour le Louvre de Louis XIV : le mythologie politique à la fin de la Fronde', in *La Monarchie absolutiste et l'histoire en France*, ed. F. Laplanche and C. Grell, 113-24.

Mercure Galant, 1672-1715.

Mesnard, P. (1857) *Histoire de l'Académie Française*.

Mettam, R. (1988) 'Power, status and precedence : Rivalries among the provincial elites of Louis XIV's France', *Transactions of the Royal Historical Society* 38, 43-62.

Meyer, J. (1981) *Colbert*.

Michel, C. (1987) 'Les enjeux historiographiques de la querelle des anciens et des modernes', in *La Monarchie absolutiste et l'histoire en France*, ed. F. Laplanche and C. Grell, 139–54.

Mickelson, S. (1972) *The Electric Mirror : Politics in an Age of Television*, New York.

Mirot, L. (1924) *Roger de Piles*.

Moine, M.-C. (1984) *Les Fêtes à la cour du roi soleil*.

Molière, J.-B. (1971) *Oeuvres complètes*, ed. G. Couton, 2 vols. (邦訳『モリエール全集』全10巻，ロジェ・ギシュメール・廣田昌義・秋山伸子編，臨川書店，2000–03年).

Mongin, E. (1716) *Oraison funèbre de Louis le Grand*.

Montagu, J. (1968) 'The painted enigma and French seventeenth-century art', *Journal of the Warburg and Courtauld Institutes* 31, 307–35.

Montaiglon, A. de (1875–8 edn) *Procès-verbaux de l'Académie Royale de peinture et Sculpture*, 2 vols.

Montesquieu, C.-L. de (1721) *Lettres persanes* (邦訳『ペルシア人の手紙』〔世界文学全集，古典篇13〕大岩誠訳，河出書房，1951年).

Montesquieu, C.-L. de (1973) *Oeuvres*.

Moran, M. (1990) *La imagen del rey : Felipe V y el arte*, Madrid.

Moraw, P. (1962) 'Kaiser und Geschichtschreiber um 1700', *Die Welt als Geschichte* 22, 162–203.

Morgan, B. (1929) *Histoire du* Journal des Savants *depuis 1665 jusqu'en 1701*.

Möseneder, K. (1983) *Zeremoniell und monumentale Poesie : Die 'Entrée Solennelle' Ludwigs XIV, 1660 in Paris*, Berlin.

Naudé, G. (1639) *Considérations politiques sur les coups d'état*.

Néraudau, J. P. (1986) *L'Olympe du roi-soleil*.

Neveu, B. (1988) 'Du culte de Saint Louis à la glorification de Louis XIV : la maison royale de Saint-Cyr', *Journal des Savants*, 277–90.

Nivelon, C. (n. d.) *Vie de Charles le Brun*, ms, BN, fonds français 12, 987.

Nora, P. (ed.) (1984–6) *Les Lieux de mémoire*, 4 vols. (邦訳〔部分訳〕『記憶の場——フランス国民意識の文化＝社会史』1～3，谷川稔監訳，岩波書店，2002–03).

Northleigh, J. (1702) *Topographical Descriptions*, London.

Oresko, R. (1989) 'The *Histoire Métallique* of Louis XIV and the Diplomatic Gift', *Médailles et Antiques* I, 49–55.

Orso, S. N. (1986) *Philip IV and the Decoration of the Alcâzar of Madrid*, Princeton, NJ.

Ozouf, M. (1976) *Festivals and the French Revolution*, English trans. Cambridge, MA, 1988 (邦訳『革命祭典——フランス革命における祭りと祭典行列』立川孝一訳，岩波書店，1988年).

Pardailhé-Galabrun, A. (1988) *La Naissance de l'intime*.

Pastor, L. von (1940) *History of the Popes*, 32, London.

Pellisson, P. (1735) *Oeuvres diverses*.

Pellisson, P. (1749) *Histoire de Louis XIV*.

Pepys, S. (1970–83) *Diary*, ed. R. Latham and W. Matthews, London (邦訳『サミュエル・ピープスの日記』1～6，臼田昭訳，国文社，1987–90年).

Perrault, C. (1670a) *Courses de tests et bagues*.

Perrault, C. (1670b) *Festiva ad capita annulumque Decursio*.

Perrault, C. (1686) *Saint Paulin evesque de Nole*.

Perrault, C. (1687) *Le Siècle de Louis le Grand*.

Perrault, C. (1688–97) *Parallèle des anciens et des modernes*, rpr. Munich, 1964.

Perrault, C. (1909) *Mémoires*, ed. P. Bonnefon.

Perrault, C. and I. Bensarade (1679) *Labyrinte de Versailles*.

Perry, J. M. (1968) *The New Politics*, New York.

Petzet, M. (1982) 'Das Triumphbogenmonument für Ludwig XIV auf der Place du trône', *Zeitschrift für Kunstgeschichte* 45 (1982), 145–94.

Pevsner, N. (1961) *The Buildings of England : Northamptonshire*, Harmondsworth.

Picard, R. (1956) *La Carrière de Jean Racine*.

Piles, R. de (1699) *Abrégé de la vie des peintres*.

Pincemaille, C. (1985) 'La guerre de Hollande dans la programme iconographique de Versailles', *Histoire Economie et Société* 4, 313–33.

Pitkin, H. F. (1967) *The Concept of Representation*, Berkeley, CA.

Pocock, G. (1980) *Boileau and the Nature of Neo-classicism*, Cambridge.

Podlach, A. (1984) 'Repräsentation', *Geschichtliche Grundbegriffe* 5, 509–47.

Polleross, F. B. (1986) 'Repräsentation der Habsburger in der bildenden Kunst', in Feuchtmüller and Kovács, 87–103.

Polleross, F. B. (1987) 'Sonnenkönig und Österreichische Sonne', *Wiener Jahrbuch für Kunstgeschichte* 40, 239–56.

Polleross, F. B. (1988) *Das sakrale Identifikationsporträt*, 2 vols. Worms.

Pommier, E. (1986) 'Versailles', in Nora, 1, 193–234.

Posner, D. (1959) 'Lebrun's Triumphs of Alexander', *Art Bulletin* 41, 237–48.

Poussin, N. (1964) *Lettres et propos sur l'art*, ed. A. Blunt.

Pozzi, E. (1990) 'Il corpo del Duce', in *Gli occhi di Alessandro*, ed. S. Bertelli, Florence, 170–83.

Pribram, A. F. (1894) *Franz Paul, Freiherr von Lisola*, Leipzig.

Price, S. (1984) *Rituals and Power*, Cambridge.

Prior, M. (1959) *The Literary Works*, ed. H. B. Wright and M. K. Spears, 2 vols. Oxford.

Quartier, P. (1681) *Constantin ou le triomphe de la religion*.

Quinault, P. (1739) *Théâtre*, 5 vols.

Quiqueran de Beaujeu, H. de (1715) *Oraison funèbre de Louis XIV*.

Racine, J. (1951–2) *Oeuvres complètes*, ed. R. Picard, 2 vols. (邦訳『ラシーヌ』〔古典世界文学 34〕鈴木力衛他訳，筑摩書房，1976年).

Rainssant, P. (1687) *Explication des tableaux de la galerie de Versailles.*

Rance, A.-J. (1886) *L'Académie d'Arles au 17ᵉ siècle*, 3 vols.

Ranum, O. (1980) *Artisans of Glory*, Chapel Hill, NC.

Rapin, R. (1677) *Instructions pour l'histoire.*

Raunié, E. (ed.) (1879) *Chansonnier historique du 18ᵉ siècle*, 10 vols.

Rave, P. O. (1957) *Das Ladenschild des Kunsthändlers Gersaint*, Stuttgart.

Récit (1685) *de ce qu'est fait à Caen*, Caen.

Reinach, S. (1905) *Cultes, mythes et religions.*

Relation (1660) *was für Ceremonien, Magnificentz ... bey Vollziehung des königl. Heyraths zwischen Lodovico XIV ... und Maria Teresia*, s. l.

Relations (1687) *de l'erection de la statue à Poitiers*, Poitiers.

Roche, D. (1978) *Le siècle des lumières en province*, Paris/The Hague.

Römer, P. (1967) *Molières Amphitryon und sein gesellschaftlicher Hintergrund*, Bonn.

Roosen, W. (1980) 'Early modern diplomatic ceremonial : a systems approach', *Journal of Modern History* 52, 452–76.

Rosasco, B. (1989) 'Masquerade and enigma at the court of Louis XIV', *Art Journal* 48, 144–9.

Rosenfield, L. C. (1974) 'Glory and antiglory in France's age of glory', *Renaissance Studies in Honor of I. Silver*, Lexington, MA, 283–307.

Rothkrug, L. (1965) *The Opposition to Louis XIV*, Princeton, NJ.

Rothschild, J. de (ed.) (1881) *Lettres en vers*, 2 vols.

Rotrou, J. (1950) *Cosroès*, ed. J. Scherer, Paris.

Rousset, C. (1865) *Histoire de Louvois*, 2 vols.

Roy, A. (1983) 'Pouvoir municipal et prestige monarchique : les entrées royales', in *Pouvoir ville et société*, ed. G. Livet and B. Vogler, 317–22.

Sabatier, G. (1984) 'Le roi immobile', *Silex* 27–8, 86–101.

Sabatier, G. (1985) 'Versailles, un imaginaire politique', *Culture et idéologie dans la genèse de l'état moderne*, Rome, 295–324.

Sabatier, G. (1988) 'Le parti figuratif dans les appartements, l'escalier et la galerie de Versailles', *17ᵉ siècle* 161, 401–26.

Sagnac, P. (1945) *Formation de la société française moderne*, 2 vols.

Sahlins, M. (1985) *Islands of History*, Chicago.

Saint-Maurice, T. F. de (1910) *Lettres sur la cour de Louis XIV 1667–73*, ed. J. Lemoine, 2 vols.

Saint-Simon, L. de (1983–8) *Mémoires*, ed. Y. Coirault, 8 vols.

Schama, S. (1988) 'The domestication of majesty : royal family portraiture 1500–1850', in *Art and History*, ed. R. I. Rotberg and T. K. Rabb, Cambridge, 155–83.

Schieder, W. and C. Dipper (1984) 'Propaganda', *Geschichtliche Grundbegriffe*, Stuttgart, 5, 69–112.

Schmidt, P. (1907) 'Deutsche Publizistik in den Jahren 1667–71', *Mitteilungen des Instituts für Österreichische Geschichtsforschung* 28, 577–630.

Schnapper, A. (1967) *Tableaux pour le Trianon de marbre, 1688–1714*.

Schnapper, A. (1988) 'The king of France as collector in the seventeenth century', in *Art and History*, ed. R. I. Rotberg and T. K. Rabb, Cambridge, 185–202.

Schochet, G. (1975) *Patriarchalism in Political Thought*, Oxford.

Schramm, P. (1939) *Der König von Frankreich*, 2 vols. Weimar.

Schramm, W. (1963) 'Communications research in the United States', in *The Science of Human Communication*, ed. Schramm, New York, 1–15.

Schwartzenberg, A. (1977) *L'État-spectacle*.

Schwoerer, L. G. (1977) 'Propaganda in the revolution of 1688–9', *American Historical Review* 82, 843–74.

Scudéry, M. de (1654–61) *Clélie*.

Scudéry, M. de (1669) *La Promenade de Versailles*, rpr. 1920.

Scudéry, M. de (1671) *Discours de la gloire*.

Sedlmayr, H. (1954) 'Allegorie und Architektur', rpr. in *Politische Architektur in Europa*, ed. M. Warnke, Cologne, 1984, 157–74.

Seux, M.-J. (1967) *Epithètes royales akkadiennes et sumériennes*.

Shils, E. (1975) *Center and Periphery*, Chicago.

Silin, C. I. (1940) *Bensarade and his Ballet de Cour*, Baltimore, MD.

Simson, O. von (1936) *Zur Genealogie der weltliche Apotheose in Barock*, Leipzig.

Sohier, J. (1706) *Gallerie ... dédiée à la gloire de Louis le Grand*, ms, B. N., fonds français 6997.

Solomon, H. (1972) *Public Welfare, Science and Propaganda in Seventeenth-Century France*, Princeton, NJ.

Sonnino P. (1964) 'The dating and authorship of Louis XIV's memoirs', *French Historical Studies*, 303–37.

Sonnino, P. (1973–4) 'Louis XIV's *Mémoire pour l'histoire de la guerre de Hollande*', *French Historical Studies* 8, 29–50.

Soriano, M. (1968) *Les Contes de Perrault*, second edn. 1977.

Soriano, M. (1972) *Le Dossier Perrault*.

Souchal, F. (1983) 'Des statues équestres sous le règne de Louis XIV', in *Pouvoir ville et société*, ed. G. Livet and B. Vogler, 309–16.

Southorn, J. (1988) *Power and Display*, Cambridge.

Spanheim, E. (1900) *Relation de la cour de France*, ed. E. Bourgeois.

Speck, W. A. (1972) 'Political propaganda in Augustan England', *Transactions of the Royal Historical Society* 22, 17–32.

Spitzer, L. (1931) 'St-Simon's portrait of Louis XIV', English trans. in his *Essays on Seventeenth-Century French Literature*, ed. D. Bellos, Cambridge, 1983, Chapter 2.

Ssymank, P. (1898) *Ludwig XIV in seinen eigenen Schriften und im Spiegel der zeitverwandten Dichtung*, Leipzig, Diss.

Stankiewicz, W. J. (1960) *Politics and Religion in Seventeenth-Century France*, Berkeley, CA.

Stern, J. P. (1975) *Hitler : the Führer and the People,* London（邦訳『ヒトラー神話の誕生——第三帝国と民衆』山本尤訳，社会思想社，1989 年）.

Stopfel, W. E. (1964) *Triumphbogen in der Architektur des Barock in Frankreich und Deutschland*, Freiburg, Diss.

Storer, M. E. (1935) 'Information furnished by the *Mercure Galant* on the French Provincial Academies in the Seventeenth Century', *Publications of the Modern Language Society of America* 50, 444-68.

Strong, R. (1984) *Art and Power*, Woodbridge（邦訳『ルネサンスの祝祭——王権と芸術』星和彦訳，平凡社，1987 年）.

Swift, J. (1983) *Complete Poems*, ed. P. Rogers, New Haven, CT and London.

Syme, R. (1939) *The Roman Revolution*, Oxford.

Tambiah, S. J. (1985) 'A reformulation of Geertz's conception of the theatre state', in his *Culture, Thought and Social Action*, Cambridge, MA, 316-38.

Tamse, C. A. (1975) 'The political myth', in J. S. Bromley and E. H. Kossman, *Some Political Mythologies*, The Hague, 1-18.

Taton, R. (1985) 'Espoirs et incertitudes de la science française', in Duchene, 9-17.

Taylor, L. R. (1931) *The Divinity of the Roman Emperor*, Middletown, CT.

Teyssèdre, B. (1957) *Roger de Piles et les débats sur les coloris au siècle de Louis XIV*.

Teyssèdre, B. (1967) *L'Art au siècle de Louis XIV*.

Thireau, J.-L. (1973) *Les Idées politiques de Louis XIV*.

Thomas, K. V. (1971) *Religion and the Decline of Magic*, London.

Thompson, J. (1987) 'Language and ideology', *The Sociological Review* 35, 516-36.

Thuau, E. (1966) *Raison d'État et pensée politique à l'époque de Richelieu*.

Thuillier, J. (1963) *Exposition Lebrun*, catalogue and introduction.

Thuillier, J. (1967) 'The birth of the Beaux-Arts', in *The Academy*, ed. T. B. Hess and J. Ashbery, New York, 29-37.

Thuillier, J. (1983) 'Félibien' *17e siècle* 138, 67-90.

Tovar de Teresa, G. (1988) *Bibliografía novohispana de arte* 2, Mexico City.

Treitinger, O. (1938) *Die Oströmische Kaiser-und Reichsidee*, rpr. Darmstadt, 1956.

Trilling, L. (1972) *Sincerity and Authenticity*, London（邦訳『〈誠実〉と〈ほんもの〉——近代自我の確立と崩壊』野島秀勝訳，法政大学出版局，1989 年）.

Tronçon, J. (1662) *L'Entrée triomphante de leurs majestés dans la ville de Paris*, rpr. Möseneder (1983), 259-322.

Trout, A. P. (1967-8) 'The proclamation of the peace of Nijmegen', *French Historical Studies* 5, 477-81.

Truchet, J. (1960) *La Prédication de Bossuet*, 2 vols.

Tumarkin, N. (1983) *Lenin Lives ! The Lenin Cult in Soviet Russia*, Cambridge, MA.

Tyvaert, M. (1974) 'L'image du Roi', *Revue d'histoire moderne et contemporaine* 21, 521–447.

Valdor, J. (1649) *Les Triomphes de Louis le Juste*.

Vattel, E. de (1758) *Le Droit des gens*, rpr. Washington, 1916.

Verlet, P. (1985) *Le Château de Versailles*.

Verney, F. P. and M. M. Verney (eds.) (1904) *Memoirs of the Verney Family*, London.

Vert, C. de (1706–13) *Explication simple, littérale et historique des cérémonies de l'Eglise*, 4 vols.

Vertron, C.-G. de (1686) *Le nouveau panthéon*.

Veyne, P. (1988) 'Conduct without belief and works of art without viewers', *Diogenes* 143, 1–22.

Viala, A. (1985) *Naissance de l'ecrivain : sociologie de la littérature à l'âge classique*.

Viguerie, J. de (1985) 'Les serments du sacre des rois de France', *Le sacre*, 205–16.

Vincent, M. (1979) 'Le *Mercure Galant* et son public féminin', *Romanische Zeitschrift für Literaturgeschichte* 3, 76–85.

Visconti, P. (1988) *Mémoires sur la cour de Louis XIV, 1673–81* ed. J.-F. Solnon.

Vocelka, K. (1981) *Die politische Propaganda Kaiser Rudolfs II,* Vienna.

Voss, J. (1972) *Das Mittelalter im historischen Denken Frankreichs*, Munich.

Vries, P. de (1947) *Het beeld van Lodewijk XIV in de Franse geschiedschrijving*, Amsterdam.

Walton, G. (1986) *Louis XIV's Versailles*, New York.

Warmington, B. H. (1974) 'Aspects of Constantinian Propaganda', *Transactions of the American Philological Association* 104, 371–84.

Weber, G. (1985) *Brunnen und Wasserkünste in Frankreich im Zeitalter von Louis XIV*, Worms.

Whitman, N. (1969) 'Myth and politics, Versailles and the Fountain of Latona', in J. Rule (ed.), *Louis XIV and the Craft of Kingship*, Ohio, 286–301.

Wittkower, R. (1961) 'Vicissitudes of a dynastic monument', rpr. in his *Studies in the Italian Baroque*, London, 1975, 83–102.

Wolf, J. (1968) *Louis XIV*, second edn. London 1970.

Woodbridge, B. M. (1925) *Gatien de Courtilz*, Baltimore.

Zanker, P. (1987) *The Power of Images in the Age of Augustus*, English trans. Ann Arbor 1988.

Zobermann, P. (1985) 'Généalogie d'une image', *17e siècle* 37, 79–91.

Zwiedineck-Südenhorst, H. von (1888) *Die öffentliche Meinung in Deutschland im Zeitalter Ludwigs XIV*, Stuttgart.

用語解説

アカデミー・フランセーズ（ACADÉMIE FRANÇAISE）

1635年に設立された，40人の文人からなる，もっとも権威あるアカデミー。

王の居室（APPARTEMENTS）

この語が当時用いられた場合は，たんにヴェルサイユ宮殿の王の居室を指すだけでなく，週に三回それが公開された習慣のことも指していた。

王の歴史物語（HISTOIRE DU ROI）

その名称は，当時，たんなる王の行為の歴史というだけでなく，絵画やタペストリーや版画やメダルなどで王の行為を多様な一連の流れで表現することにもあたえられた。

王立絵画・彫刻アカデミー（ACADÉMIE ROYALE DE PEINTURE ET DE SCULPTURE）

1648年に設立。

恩賜（GRATIFICATION）

王の贈り物，しばしば年金。

科学アカデミー（ACADÉMIE DES SCIENCES）

1666年に設立。

グランド・ギャラリー（GRANDE GALERIE）

今日，「鏡の間」の名で知られるヴェルサイユ宮殿でもっとも有名な部屋の当時の呼び名。

建設事業総監（SURINTENDANT DES BÂTIMENTS）

王の建設事業，あるいは，イギリスの同時代人が言うように，「王の諸作品」を担当する高官の称号。コルベールはこの地位に1664年から83年まで就いていた。

三部会（ÉTATS）

フランスのある地方（エタ地方の名で知られる）では，三「身分」（聖職者，貴族，「第三身分」）を代表する会議が定期的に開かれていた。すなわち，アルトワ，ブルターニュ，ラングドック，ノルマンディー（1650年代まで），ブルゴーニュ，ドーフィネ，プロヴァンス地方である。王国全土を代表する全国三部会は1614年から1789年までのあいだ開かれなかった。

ジュトン（JETON）

一種のメダルで，毎年1月1日に政府によって配られる。

小アカデミー（PETITE ACADÉMIE）

元来は，1663年，王への賛辞を監督するためコルベールによって発足させられたアカデミー・フランセーズの一委員会。その後，1696年に「王立メダル・碑文アカデミー」の名で独立し，1701年に「碑文・メダル・アカデミー」に変更し，そして，1717年には「碑文・文芸アカデミー」に変わった。

上階国務会議（CONSEIL D'EN HAUT）

その会議の開かれる場所からそう呼ばれる「上階国務会議」は重臣たちが毎週王と会い，もっとも重要な決定が下される会合。

枢密国務会議（CONSEIL PRIVÉ）

イギリス人が「枢密院」と呼ぶもののフランス版。

絶対（ABSOLU）

この語はフュルティエールの辞書では「無条件の，留保なしの」と定義されている。たとえば，シュパンハイムは，1661 年以前［ルイ 14 世親政以前］の時期について「統治の絶対権力が宰相の手中にあった」時期，換言すると，マザランが掌握していた時期と言及していた。ルイ 13 世の公式修史官のひとり，デュプレクッスは「わがルイ王のときほど，フランスで王が絶対的なことはけっしてなかった」と主張した。

地方長官（INTENDANT）

地方で中央政府を代表する者。中央集権がより効果的になった 17 世紀にその重要性が増大した。

パルルマン法院（PARLEMENT）

英語の意味での議会ではなく，裁判所。地方パルルマン法院はエクス，ブザンソン（1676 年以降），ボルドー，ディジョン，ドゥエ（1686 年以降），グルノーブル，ポー，レンヌ，ルアン，トゥルーズにあった。パリのパルルマン法院は王国の最高裁判所だった。［パルルマン法院は地方も含め，最高法院。なお，メッスとナンシーにも置かれた］

バレエ（BALLET）

この時期の宮廷バレエは音楽のドラマで，踊ることが中心だが，歌うことも排除するものではなかった。

碑文アカデミー（ACADÉMIE DES INSCRIPTIONS）

小アカデミーを見よ。

メダルによる歴史（HISTOIRE MÉTALLIQUE）

治世の出来事を表すメダルを年代順で配列することによって語られる治世の歴史。ルイ 14 世の治世のメダルによる歴史にはふたつの版があり，ひとつは非公式のもので，1689 年に出版された，イエズス会士メネストリエの手になる作品で，もうひとつは 1702 年に出された，小アカデミーの作品である。詳細については付録 1 を参照されたい。

リーヴル（LIVRE）

トゥール系リーヴルは計量の単位であった。伝統的なポンド，シリング，ペンスの場合のように，1 リーヴルは 20 スー，1 スーは 12 ドゥニエの価値があった。

リ・ド・ジュスティス（LIT DE JUSTICE）

文字通りに訳すと「正義の寝台」，パルルマン法院への王の公式訪問で，しばしば，王令の登録を強制するために行われる。

注

D. N. B. *Dictionary of National Biography*
HARI *Histoire de l'Académie Royale des Inscriptions*
M. G. *Mercure Galant*

1 ルイ 14 世の紹介

1 Lavisse (1906); Goubert (1966); Wolf (1968); Labatut (1984); Bluche (1986).
2 Sonnino (1964); Thireau (1973).
3 Vries (1947); N. R. Johnson (1978).
4 Burke (1987, 1990).
5 Maumené and d'Harcourt (1932); Jacquiot (1968); Mai (1975); Jones (1979a); M. Martin (1986); Oresko (1989).
6 近年の研究として Beaussant (1981); Verlet (1985); Himelfarb (1986); Néraudau (1986); Pommier (1986); Walton (1986).
7 Ssymank (1898); Ferrier Caveriviere (1981); Marin (1981).
8 Ranum (1980); Fossier (1985); Tyvaert (1974); Klaits (1976).
9 Kantorowicz (1963); Elias (1969); Haueter (1975); Giesey (1985, 1987); Christout (1967); Isherwood (1973); Apostolidès (1981); Moine (1984).
10 L'Orange (1953); Hautecoeur (1953); Kantorowicz (1963).
11 Dilke (1888); Lavisse (1906).
12 Giesey (1985), p. 59.
13 Zwiedineck-Südenhorst (1888); Gillot (1914b); Gaiffe (1924); Malssen (1936); Jones (1982-3).
14 Hartle (1957); Posner (1959); Grell and Michel (1988).
15 Godelier (1982).
16 Adhémar (1983), p. 26 に引用。
17 Chapelain (1883, 1964); Clément (1868); Jacquiot (1968).
18 詳細は付録 1 参照。
19 Grell and Michel (1988).
20 Apostolidès (1981), p. 126; Picard (1956).
21 Walton (1986).
22 Moine (1984), p. 12; M. Martin (1986).
23 Collas (1912), p. 357.
24 McGinniss (1968); Atkinson (1984).
25 Klaits (1976); cf. Speck (1972); Schwoerer (1977); Vocelka (1981), とりわけ ch. 1; Kenez (1985), introduction; J. Thompson (1987).
26 Schieder and Dipper (1984).
27 France (1972).
28 Kenez (1985), p. 4.
29 Veyne (1988).
30 Furetière (1690), s. v. 'Gloire'.
31 Rosenfield (1974).
32 Longnon (1927), pp. 33, 37, etc.
33 Scudéry (1671).
34 Clément (1868) 5, p. 246.
35 Longnon (1927), p. 134.
36 Bossuet (1967), book 10.
37 Montesquieu (1973), p. 58.
38 Charpentier (1676), p. 131; M. G., April 1686, p. 223.
39 Naudé (1639), p. 158.
40 La Bruyère (1960), p. 239.
41 Cf. N. R. Johnson (1978).
42 政治的神話について Tamse (1975). Cf. Burke (1939-40); Kershaw (1987).
43 Racine (1951-2), p. 209.
44 Geertz (1980); cf. Schwartzenberg (1977).
45 St-Simon (1983-8) 1, pp. 714, 781, 857, etc.
46 Quiqueran (1715), p. 48, Mongin (1716), p. 3.
47 Lünig (1719-20); Longnon (1927).
48 Kertzer (1988).
49 Goffman (1959).
50 La Porte (1755).
51 Pitkin (1967); H. Hofmann (1974); Podlach (1984).

52 Gaxotte (1930), p. 104.
53 Furetière (1690).
54 Saint-Simon (1983-8) 1, pp. 803ff; Gaxotte (1930), introduction.
55 Longnon (1927), p. 53. 覚書の作者の問題については Dreyss (1859); Sonnino (1964).
56 Courtin (1671), p. 41.
57 Félibien (1688).
58 Courtin (1671), p. 40.
59 M. G., September 1687, p. 178 (ポワティエについて).
60 1687年にアグドで行われた。M. G., April 1687, p. 141.
61 Visconti (1988), p. 28.
62 Lacour-Gayet (1898), pp. 306, 357.
63 Longnon (1927), p. 280; cf. Hartung (1949).
64 Bossuet (1967), p. 177; *Soupirs* (1689), p. 18.
65 Bossuet (1967), p. 141; Louis XIV (1806) 3, p. 491.
66 Biondi (1973) の書名参照。
67 Godelier (1982); Bloch (1987), p. 274.
68 Bloch (1924).
69 Boorstin (1962); アメリカ合衆国のコミュニケーション研究については W. Schramm (1963).
70 Shils (1975); Eisenstadt (1979).
71 Geertz (1980); p. 13; cf. Tambiah (1985).
72 Burke (1987), ch. 12.
73 Trilling (1972), ch. 1.
74 Lasswell (1936); Hymes (1974).

2 説　得

1 Lee (1940).
2 Rpr. Félibien (1688), pp. 83-112; cf. Bosquillon (1688); Benserade (1698) 1, pp. 171-2; Guillet (1854) 1, pp. 229-38.
3 Maumené and d'Harcourt (1932).
4 Grivet (1986).
5 Dotoli (1983).
6 Christout (1967); Silin (1940).
7 Quinault (1739) 4, pp. 145f, 269, 341, 5, pp. 200, 257, 411; cf. Gros (1926).
8 Félibien (1674); Apostolidès (1981).
9 Möseneder (1983).
10 Pincemaille (1985); Sabatier (1985, 1988).
11 Perrault (1909), p. 60.
12 Combes (1681); Rainssant (1687).
13 Curtius (1947).
14 Tronçon (1662); cf. Roy (1983); Bryant (1986).
15 Maumené and d'Harcourt (1932), nos 79, 178.
16 Jenkins (1947); Mai (1975); Burke (1987).
17 Chapelain (1936), pp. 335-6: Krüger (1986), pp. 227-46.
18 Fléchier (1670).
19 Jump (1974).
20 Racine (1951-2) 2, p. 986.
21 Benserade (1698) 1, pp. 193-4.
22 La Beaune (1684).
23 Bossuet (1961); Bourdaloue (1707); Fléchier (1696); La Rue (1829). 説教については Hurel (1872); Truchet (1960), pp. 19ff; Bayley (1980).
24 Perrault (1688-97), pp. 262ff.
25 Bossuet (1961), pp. 310, 340, etc.
26 Truchet (1960) 2, pp. 216-58.
27 Rapin (1677).
28 Poussin (1964), p. 170; Piles (1699) 1, p. 6; コワペルは Jouin (1883), p. 280.
29 Chantelou (1889), p. 212.
30 Boileau (1969), p. 45.
31 France (1972); Pocock (1980), pp. 74ff.
32 Rapin (1677), pp. 43ff; Racine (1951-2) 2, p. 209.
33 Spanheim (1900), p. 70; 彼については Loewe (1924).
34 Sedlmayr (1954).
35 慣用的な表現についての便利な要約として M. G., December 1684, pp. 3-9. Cf. Ferrier (1978).
36 Montagu (1968); Rosasco (1989).
37 Bardon (1974): Polleross (1988).
38 Montaiglon (1875-8) 1, p. 224.
39 Whitman (1969).
40 Posner (1959); Grell and Michel (1988).
41 Polleross (1988), no. 555.
42 M. G., 1679, 1681, 1682, etc.; cf. Zobermann (1985); Neveu (1988).
43 Scudéry (1654-61); cf. Scudéry (1669).

44 Du Bos (1709); cf. Klaits (1976).
45 絵画彫刻におけるルイ14世の肖像については Mai (1975); 文学におけるルイ14世の肖像については Marin (1981).
46 Guillet (1854), pp. 229ff; Sabatier (1984).
47 Wittkower (1961).
48 Mai (1975).
49 Hatton (1972), p. 101; Blunt (1953), p. 401.
50 ヴァン・ダイクについては Held (1958).
51 Goffman (1959).
52 J. Espitalier (1697), Römer (1967), p. 119n に引用。
53 Blondel (1698), p. 608.
54 Molière (1971) 2, pp. 1193–4.
55 Racine (1951–2) 1, p. 990.
56 Menestrier (1689).
57 Perrault (1688–97).
58 Robinet (1665), Rothschild (1881), p. 37 に引用。
59 Vertron (1686).
60 Finnegan (1970), pp. 111–46; Curtius (1947); McGowan (1985), pp. 1ff, 11ff.
61 ボワローについては France (1972); ペリッソンについては Marin (1981), p. 50. Cf. Pellisson (1735, 1749).
62 La Fontaine (1948), pp. 626ff, 636ff, 730ff.

3 日は昇る

1 Campanella (1915), pp. 195–207.
2 *Gazette* (1638).
3 Maumené and d'Harcourt (1932), no. 151.
4 その摂政政治については Wolf (1968), ch. 2.
5 Keohane (1980), pp. 220ff.
6 Furetière (1690).
7 その像はジル・ゲランの作品で，バレエはイザーク・バンスラードによる。
8 Menot (1987).
9 Hanley (1983), とりわけ pp. 307–21.
10 Haueter (1975); Jackson (1984); Le Goff (1986); Coquault (1875), pp. 279–96, 613–32.
11 Godefroy, Haueter (1975), p. 197 に引用。
12 Viguerie (1985).
13 Dreyss (1860) 1, p. 450; 1654年の国王書簡は Le Goff (1986), p. 144 に引用。
14 Bloch (1924).
15 Möseneder (1983).
16 とりわけ重要なのは Tronçon (1662).
17 Ibid., p. 9.
18 Möseneder (1983), p. 42. 引用は Guy Patin による。
19 Tronçon (1662), pp. 21–2.
20 Barozzi and Berchet (1857) 2, p. 401.
21 Labatut (1984), p. 43 に引用。
22 Laurain-Portemer (1968); Lotz (1969); Marder (1980).

4 システムの構築

1 Meyer (1981).
2 Châtelain (1905).
3 Chapelain (1883) 2, p. 272f; cf. Collas (1912), ch. 8; Couton (1976).
4 Mesnard (1857).
5 Thuillier (1967); Hahn (1971); Isherwood (1973).
6 Dussieux et al. (1854) 2, p. 16.
7 Grove (1980), s. v. 'Bousset'.
8 Gersprach (1893); Florisoone (1962).
9 Morgan (1929).
10 H. J. Martin (1969), pp. 695ff.
11 Chapelain (1883), p. 313.
12 Ibid., p. 422.
13 Ibid., p. 451.
14 Ibid., p. 608.
15 Chapelain (1964), p. 28.
16 Chapelain (1883), p. 384.
17 Ibid., p. 667.
18 Ibid., p. 509n.
19 Ranum (1980).
20 のこりの5名は古文書に精通したドゥニ・ゴドフロワ，手紙の書き方の著者としてのほうがよく知られているジャン・ピュジェ・ド・ラ・セール，1635年はじめにその官職を購入した，フィクション作家としてのほうがよく知られているシャルル・ソレル，1660年に任命されたふたり，すなわち，サミュエル・ソルビエールとアンリ・ド・ヴァロワである。
21 Thuillier (1983).

22 下からの当初の発議についてはHahn (1971), p. 8.
23 Hahn (1971).
24 Chapelain (1883), p. 502.
25 Depping (1855), no. 1, p. 41; Clément (1868), pp. 237, 281, 293, 346.
26 Jouin (1889); Thuillier (1963).
27 Gould (1981), p. 91 に引用。
28 Lefebvre de Venise, Chantelou (1889), p. 105 に引用。
29 Dilke (1888), p. 141.
30 Weber (1985), p. 165.
31 Perrault (1909), p. 30; Soriano (1968), pp. 266-93.
32 Couton (1976); Maber (1985).
33 Viala (1985), pp. 69ff; Kettering (1986).
34 Perrault (1909), p. 31.
35 Chapelain (1883), pp. 469, 583.
36 Perrault (1909), pp. 38ff. シャプランの手稿 (Collas, 1912, p. 380) にある歴史画の下絵はおそらくその計画の一部だろう。
37 Jacquiot (1968), p. xx.

5 自己主張

1 Wolf (1968), p. 180.
2 *Gazette* (1661), p. 271.
3 Ibid., pp. 332, 403.
4 Longnon (1927), pp. 44, 49-50.
5 Félibien (1703), p. 161.
6 M. G., December 1684, pp. 18-25.
7 Jacquiot (1968), pp. 144ff.
8 *Médailles* (1702).
9 Longnon (1927), p. 34.
10 Chapelain (1883), p. 509n.
11 Pepys (1970-83) 2, p. 187 (30 September 1661): cf. Roosen (1980).
12 Gersprach (1893), pp. 62f; Félibien (1703), pp. 103, 166; M. G., September 1680, p. 297.
13 *Médailles* (1723), nos 69, 78, 79; Menestrier (1689), 2.8, 15, 16, 21; Jacquiot (1968), pp. 158ff.
14 Soriano (1968), p, 101.
15 Magalotti (1968), pp. 157-8.
16 Montaiglon (1875-8) 1, pp. 220-4.
17 A. Coypel, Jouin (1883) p. 257 に引用。
18 Menestrier (1689) にはこのテーマのメダルはない；*Medailles* (1702), (1723); Jacquiot (1968), pp. 183ff, 188ff.
19 Perrault (1670a); Longnon (1927) pp. 132ff.
20 Gould (1981), p. 7; これとは対照的に Perrault (1909), p. 71 は，ベルニーニの名はベネデッティによって挙げられたと主張している。
21 Lavin (1987).
22 Clément (1868), no. 19; cf. nos 20-1; そして Perrault (1909), pp. 77f.
23 Menestrier (1689), nos 23, 24, 26 (1702年と1723年の版から除かれたメダル).
24 Jacquiot (1968), pp. 244ff.
25 Louis XIV (1806), p. 496, May 1672.
26 Clément (1868), no. 24: cf. no. 23.
27 Walton (1986), ch. 5.
28 Perrault (1909), p. 120 によれば，採用されたのは彼の兄のプランだった。
29 Gould (1981), pp. 19, 39; cf. Chantelou (1889).
30 Chantelou (1889), p. 104.
31 M. G., January 1684, p. 326.
32 Jammes (1965); Schnapper (1988).
33 Hartle (1957); cf. Grell and Michel (1988).

6 勝利の時代

1 Chapelain (1883), p. 279; cf. Collas (1912), pp. 433ff.
2 Collas (1912), p. 435.
3 Aubéry (1668).
4 Félibien (1688), pp. 197-270.
5 Maumené and d'Harcourt (1932), nos 237-40; Collas (1912), p. 373.
6 Gersprach (1893), pp. 62ff.
7 *Médailles* (1723), nos 97-107.
8 Chapelain (1883), p. 635.
9 Blondel (1698) 4, 12, 3, p. 608; Brice (1698) 1, pp. 345-6.
10 Perrault (1909), p. 101.
11 Clément (1868) 5, p. 288.
12 Félibien (1680), p. 4; Walton (1986), ch. 6.
13 Collas (1912), pp. 397-8.
14 Dalicourt (1668), p. 43.

15 Corneille (1987), pp. 705–7.
16 Corneille (1987), p. 716.
17 Chapelain (1883), pp. 783, 786–7.
18 Racine (1951–2) 2, pp. 207–38. もっと冷やかな説明として Wolf (1968), chs 16–18.
19 Racine (1951–2) 2, p. 207.
20 *Gazette* (1672), pp. 560, 562, 564, 572, 615.
21 Ibid., pp. 684, 849–60.
22 Corneille (1987), pp. 1155–65.
23 Boileau (1969), pp. 45–9 ; Genest (1672).
24 Jouin (1883), pp. 108–12.
25 Guillou (1963); Néraudau (1986); Walton (1986).
26 M. G., September 1680, pp. 294–5.
27 Dussieux et al. (1854), p. 40 ; Nivelon (n. d.), f. 327a.
28 Félibien (1703), p. 102.
29 Dussieux (1854) 1, p. 448.
30 Ibid., 2, p. 43.
31 *Médailles* (1723), nos 119–27 ; Jacquiot (1968), pp. 264f.
32 Desmarets (1673, 1764); Furetière (1674).
33 Félibien (1674), pp. 71f.
34 Petzet (1982).
35 Desmarets (1673), p. 7.
36 Corneille (1987), pp. 1309f, 1317f ; *Médailles* (1723), no. 156, pp. 159–62.
37 Wolf (1968), pp. 287f, 304f.
38 Desmarets (1674), p. 2.
39 Corneille (1987), p. 1306.
40 M. G., March 1679, passim ; September 1679, pp. 2, 5, 9 ; November 1682, p. 106.
41 Corneille (1987), p. 1325.

7　システムの再構築

1 Trout (1967–8).
2 M. G. の特別号 July 1683, p. 188.
3 K. O. Johnson (1981).
4 Autin (1981), pp. 52f.
5 Rainssant (1687); Félibien (1703).
6 Walton (1986), p. 95.
7 M. G., December 1684, p. 7.
8 M. G., December 1684, p. 10.
9 Rainssant (1687), pp. 9–84.
10 Racine (1951–2) 1, p. 68. しかし，フュルティエールによれば，当初の題辞はタルマンによるものであった。
11 Jansen (1981).
12 Félibien (1680); M. G., September 1680, pp. 295–310.
13 Saint-Simon (1983–8) 5, p. 607.
14 Ibid., p. 604.
15 Elias (1969).
16 Saint-Simon (1983–8) 5, p. 530.
17 Ibid., 2, pp. 553, 877, 951, etc.
18 Courtin (1671).
19 Cf. Hobsbawm and Ranger (1983), とりわけ序論。
20 Saint-Simon (1983–8) 5, pp. 596ff. 彼については Coirault (1965).
21 Visconti (1988), p. 61. 同じような姿のヴァンドーム公爵についての有名な話は Saint-Simon (1983–8) 2, p. 695 を参照。
22 Courtin (1671).
23 Saint-Maurice (1910) 1, p. 157.
24 M. G., December 1682, p. 48.
25 Autin (1981).
26 Corvisier (1983), pp. 375–404 ; cf. Duchene (1985).
27 Perrault (1909), pp. 135–6.
28 Guillet, Dussieux (1854) 1, p. 67 に引用。
29 Mélèse (1936); Mirot (1924); Teyssèdre (1957).
30 Corvisier (1983), p. 390.
31 Josephson (1928); Boislisle (1889);「キャンペーン」という語を用いるのは Souchal (1983), p. 311 ; Martin (1986).
32 *Récit* (1685); *Gazette* (1685) p. 560 ; M. G., October 1685, pp. 13ff.
33 M. G., January 1686, p. 2.
34 Lister (1699), p. 25. Cf. Boislisle (1889), pp. 49ff ; *Description* (1686); M. G., April 1686, pp. 216ff, 224ff, 240–309.
35 Brice (1698), pp. 169ff.
36 Boislisle (1889), pp. 58ff ; M. G., April 1686, pp. 250–309.
37 *Relation* (1687).
38 M. G., February 1687, pp. 50, 55, 57, 73.
39 M. G., June 1685, p. 69.
40 M. G., October 1685, p. 13 ; February 1686, part 2, pp. 49ff.
41 Boislisle (1889), pp. 210ff ; Wolf (1968),

465, 787 ; Souchal (1983), p. 311 ; Mettam (1988).
42 Rance (1886); N. R. Johnson (1978); Metttam (1988).
43 Mallon (1985); Taton (1985).
44 HARI (1740) 2, pp. 10–13.
45 Rousset (1865) 2, pp. 376, 464.
46 Menestrier (1689), p. 53 ; *Médailles* (1702), p. 195.
47 *Médailles* (1702), p. 202.
48 ジェノヴァの「懲罰」についてはM. G., April 1684, p. 323, August 1684, pp. 52ffにある詩歌を参照。
49 *Gazette* (1685) pp. 192, 271, 295f, 320 ; M. G., May 1685, pp. 310ff.
50 Menestrier (1689), p. 51.
51 レンヌの王の像が置かれた台座の浅浮彫りについてはDussieux (1854) 2, p. 36. メダルについてはMenestrier (1689), p. 66 ; *Médailles* (1702) p. 216 ; Lanier (1883), pp. 58ff.
52 M. G., January 1682, p. 10 ; June 1685, p. 20.
53 M. G., December 1684, pp. 88–9.
54 M. G., October 1685, pp. 324ff.
55 M. G., January 1686, p. 18. Cf. February 1686 (ナント勅令廃止の特別号).
56 Menestrier (1689), pp. 36–7 ; *Médailles* (1702), pp. 209–11.
57 Perrault (1686), pp. 99–106.
58 Stankiewicz (1960), p. 179.
59 Bossuet (1961), p. 340.
60 Quartier (1681); Jouvancy (1686); Le Jay (1687).
61 Quartier (1681); La Rue (1683).

8 日は沈む

1 M. G., April 1686, pp. 2–4 ; November 1686, p. 322.
2 Le Roi (1862), pp. 261, 277.
3 Klaits (1976).
4 Magne (1976).
5 Schnapper (1967).
6 La Bruyère (1960), pp. 452, 454.
7 Mallon (1985); Taton (1985).
8 Herault (1692); Boileau (1969), pp. 123–7 ; Maumené and d'Harcourt (1932), no. 254.
9 Médailles (1702), pp. 228, 230, 238, 241, 243, 249, 250, 254.
10 *Médailles*, pp. 235, 236, 240, 251, 267 ; ハイデルベルク破壊のメダルについてはJacquiot (1968), pp. 617ff, p. 110.
11 Wolf (1968), p. 546 ; *Médailles* (1702), pp. 234, 268.
12 Addison (1890), p. 351.
13 *Médailles* (1723), pp. 303, 309.
14 Ibid., pp. 311, 314.
15 Gaxotte (1930), pp. 126 (ヴィゴーについて), 136 (ラミイーについて).
16 Maintenon (1887) 2, p. 30.
17 M. G., August 1704, p. 426, そしてOctober 1704, p. 8 ; シュルヴィルはIsherwood (1973), p. 281に引用。
18 オーデナルドの敗北とリールの敗北への王の個人的な反応についてはGaxotte (1930), pp. 143f, 147f.
19 *Gazette* (1708), pp. 118, 360.
20 M. G., July 1708, part 2, preface, and pp. 141, 167–8.
21 *Médailles* (1723), no. 316.
22 Gaxotte (1930); Klaits (1976), pp. 208f. トルシーは回想録のなかで，書簡の書き手が自分であることを認めている。
23 Félibien (1703), p. 103.
24 M. G., March 1687, part 1, pp. 7–9, 110ff, そして第2部が祝賀特別号となっている。
25 公爵および公爵夫人の死にたいする王の反応についてはGaxotte (1930), p. 158.
26 ポワティエのイエズス会のコレージュに1655年頃，描かれた絵はPolleross (1988), fig. 104 ; 1660年の王のパリ入城式に作られた像はMöseneder (1983), pp. 103, 107 ; 1675年のギミリオー（フィニステール県）の像はPolleross (1988), no. 555.
27 *Gazette* (1669), p. 859.
28 Zobermann (1985); cf. M. G., 1679, 1681, 1682, 1689, 1693, 1697.
29 Jacquiot (1968), plate K.
30 Neveu (1988).
31 Menestrier (1699).
32 Jacquiot (1968), p. cxii.
33 Louis XIV (1806) 3, p. 492.
34 N. R. Johnson (1978), p. 100.

35 Hurel（1872）, p. xxxixn. これとは対照的に N. R. Johnson（1978）, p. 78 では 35 という数が挙げられている。
36 Mongin（1716）, p. 3.
37 Quiqueran（1715）, pp. 18, 27.
38 Gaxotte（1930）, p. 186.
39 Rave（1957）; Le Roy Ladurie（1984）.

9　伝統的表現の危機

1 Hatton（1972）, p. 42.
2 Jacquiot（1968）, p. cviii.
3 Boorstin（1962）.
4 Hahn（1971）.
5 Gillot（1914a）; Jauss（1964）; Kortum（1966）.
6 Blondel（1698）, pp. 167ff, 174; Perrault（1687）; Hall（1987）.
7 Michel（1987）, p. 146.
8 A. Niderst, in Godard（1987）, p. 162.
9 Gouhier（1958）; Foucault（1966）.
10 Borkenau（1934）; Hazard（1935）; Gusdorf（1969）.
11 Simson（1936）; Sedlmayr（1954）; Bryson（1981）.
12 Kantorowicz（1957）; Archambault（1967）.
13 Schochet（1975）.
14 Lévy-Bruhl（1921）.
15 Thomas（1971）.
16 Cf. Burke（1987）, ch. 16 ; and Burke（1990）.
17 Vert（1706–13）.
18 Bourdieu and Passeron（1970）.
19 Locke（1690）1, 6, p. 65.
20 Montesquieu（1721）, lettre 24.
21 France（1982）.
22 Le Roi（1862）, pp. 234, 247.
23 Sagnac（1945）1, p. 87 ; しかし Brockliss（1987）, p. 446n の留保にも注意。
24 Haueter（1975）, p. 250n（Bloch, 1924 を修正）.
25 「古代風の記号システムから当代風の記号システムへの移行」については Apostolides（1981）を参照。しかし，アポストリデスが転換の時点を 1674 年にしていることには同意しがたい。その日付はあまりに正確すぎると同時に，（わたしの引用した例が明らかにしたと思うが）あまりに早すぎる。
26 より「理性的な提示」への移行については Klaits（1976）, pp. 293–5 を参照。
27 *Médailles*（1702）, pp. 121, 126, 138, 143, 148, 179, 183, 199, 206, 210, 213, 223, 224, 226, 232, 240, 244, 249, 260, 263, 271, 283.
28 King（1949）.
29 Lasswell（1936）, p. 31.

10　メダルの裏面

1 Raunié（1879）1, pp. 46–9.
2 ほとんどが匿名で書かれたルイ 14 世批判のパンフレットについては，付録 3 を見よ。
3 ルイを批判する図像にかんする研究が多数あるが，とくに Zwiedeneck-Südenhorst（1888）, Schmidt（1907）, Gillot（1914b）と Kleyser（1935）がドイツのものについて，van Malssen（1936）がオランダについて，そして Blum（1913）と Rothkrug（1965）がフランスについてである。イギリスのものについての研究があるかわからない。全体の研究もないと思う。
4 Cf. Burke（1978）.
5 『歴史的ロマンス』
6 『ガリアのネロ』
7 『現下のフランス王』
8 『フランスの暴君』
9 『フランスの暴君』『ネロ』
10 『ネロ』『フランス宮廷の新しい政治』
11 『砲撃』p. 11 ; 『フランスの国家理性』
12 『ガリアのネロ』
13 『フランスの暴君』
14 同上。
15 『奴隷フランスのため息』
16 『いともキリスト教的トルコ人』
17 Swift（1691）.
18 『王国の統治にかんする見解』
19 『偉大なアルカンドル』Bussy（1930）所収，p. 178.
20 同上 p. 12.
21 『新しい愛』pp. 36, 122.
22 Chevalier（1711）.
23 Wolf（1968）, p. 261.
24 Cf. ibid., pp. 505f ; Köpeczi（1983）.

25 Menestrier (1691), p. 39.
26 題辞のパロディーについては，『フランスのアッティラ』と Raunié (1879), pp. 58ff 所収の碑文を参照。
27 Gillot (1914b) p. 273n；『ガリアの冬至』
28 Swift「王へのオード」(1691), Swift (1983), pp. 43-6 に所収。
29 1709年のメダルは Chevalier (1711), パエトンは，親政を象徴するものとしてだが，公式に用いられていた。
30 『ペスト』
31 「ルイ小王」の称号は Raunié (1879), p. 58 と『いともキリスト教的なマルス』p. 108.「野心だけは大きい」は『砲撃』p. 5.
32 『マルス』『トルコ人』『いともキリスト教的な者はキリスト教的になる必要がある』『砲撃』
33 『フランス王の教理問答』p. 11.
34 『ため息』p. 19；『フランス王の教理問答』p. 14；『王の建築術の見本』p. 3.
35 『トルコ人』p. 67.
36 Prior (1959) 1, pp. 141, 220.
37 『ため息』p. 19.
38 『トルコ人』p. 70.
39 『新しい政治』
40 Gillot (1914b), pp. 269f.
41 Raunié (1879), p. 27；Chevalier (1711), pp. 30-1 は「AUFERT NON DAT（勝利の女神は冠を取り去り，与えはせず）」の句で意味をはっきりさせている。
42 Clément (1866), pp. 76-7.
43 Janmart (1888).
44 Menestrier (1691), p. 38.
45 Kunzle (1973), pp. 109f.
46 Chevalier (1711).
47 ヴェルネールについては Glaesemer (1974).
48 ラルムサンについては Grivet (1986), p. 244.
49 リゾラについては Pribram (1894), ch. 15, esp. p. 353n, and Longin (1900).
50 ベッヒャーについては Hassinger (1951), p. 210.
51 ジュリューについては Dodge (1947) と Stankiewicz (1970).
52 クルティルについては Woodbridge (1925).
53 Swift (1983); Prior (1959) 1, pp. 130-51；cf. Legg (1921); Addison (1890), p. 351.

11 ルイ14世の受容

1 Holub (1984); Freedberg (1989).
2 M. G., February 1683, p. 23.
3 Hölscher (1978), p. 448.
4 Furetière (1690).
5 Cf. Habermas (1962).
6 Longnon (1928), p. 32.
7 Gould (1981), p. 123 に引用。
8 Brice (1698) 2, p. 309；Jacquiot (1968), document 9.
9 Sonnino (1973-4).
10 Auerbach (1933).
11 Loret, Möseneder (1983), p. 13 に引用。
12 Boislisle (1889).
13 Locke (1953), p. 150.
14 Storer (1935); Roche (1978) 1, pp. 19-20；Lux (1989).
15 1693年の例について Gaxotte (1930), p. 83.
16 M. G. (1678).
17 M. G., August 1682, pp. 224-34.
18 M. G., January 1684, pp. 184ff.
19 M. G. (1687).
20 Vincent (1979); Dotoli (1983).
21 Feyel (1982), p. 33.
22 Stopfel (1964), pp. 63-73.
23 テクストは Gaxotte (1930); 解説は Klaits (1976), pp. 209, 213f.
24 Cf. Jones (1982-3), pp. 209ff.
25 M. G., January 1682, p. 53.
26 M. G., May 1684, p. 238.
27 1654年に行われたときに，王は2000人から3000人の患者に触れた（Haueter, 1975, p. 251n)。その儀式は年に数回行われ，それがちょうど60年のあいだ続いた。このことから，35万人（5500×60＝33万）という数字は大げさではないように思われる。なお，民衆への公告については，Blegny (1692) 1, p. 21.
28 Klaits (1976), p. 219.
29 Corvisier (1964) はこの問題を扱っていない。
30 Locke (1953), p. 150.
31 Charpentier (1683), p. 131.

32 Polleross (1988), no. 556.
33 Mazarin (1906), p. 257 に所収の 1659 年の手紙。
34 Jansen (1981), pp. 61ff.
35 Menestrier (1701).
36 おそらく，偽のトルコの使節については Beaussant (1981). シャムの使節団については Lanier (1883), ペルシア使節については Herbette (1907) と Walton (1986), ch. 1.
37 *Gazette* (1669), p. 1165 ; M. G., December 1686, part 2, p. 325.
38 Tovar de Teresa (1988), pp. 66–7.
39 Gaxotte (1930), pp. 12f.
40 Bouvet (1697).
41 *Gazette* (1682), pp. 724–39.
42 *Gazette* (1683), pp. 551–672.
43 Leith (1965), p. 22.
44 M. G. (1682).
45 Pastor (1940) 32, p. 396n.
46 Brunot (1917), ch. 2.
47 C・ド・エノーの作とされる *Regis Ludovici inauguratio* ; Perrault (1670b).
48 ラ・シャペルの『スイス人の手紙』はラテン語の *Helvetti ad Gallum epistolae*, そして彼の『レオポルト1世の政治遺言』は *Ultima Consilia* として回し読みされていた。Klaits (1976), pp. 113n, 151, 297.
49 Klaits (1976), pp. 150–1.
50 *Relation* (1660).
51 Félibien (1665, 1667).
52 Klaits (1976), pp. 113, 275.
53 Chapelain (1883), p. 513.
54 Benedetti (1682).
55 Klaits (1976), pp. 151, 174, 199, 275.
56 Ibid., pp. 70n, 106f.
57 Rance (1886) 1, pp. 298f, 340n.
58 Johnson (1978), pp. 50–1.
59 地方のエリートは自分たちのことだけしか考えていなかったという見解の極端な表明については Roy (1983) と Mettam (1988) pp. 54f を参照。
60 Pardailhé-Galabrun (1988), p. 386.
61 Grivet (1986); Rave (1957), p. 4.
62 Bercé (1974), p. 609 ; Saint-Simon (1983–8) 3, pp. 476ff.
63 Lottin (1968), p. 189.
64 Sohier (1706), f. 13a.
65 Dubois (1965), pp. 70, 175.
66 Evelyn (1697), pp. 78, 81.
67 Northleigh (1702), 2, pp. 7, 54.
68 Verney (1904) 2, p. 447.
69 Kovács (1986), p. 75 ; Polleross (1987), p. 251.
70 Ellenius (1966), ch. 5 ; Geffroy (1885), pp. lxxii–lxxiii.
71 Pastor (1940), p. 396n.
72 Bottineau (1962), pp. 154ff, 167ff, 191ff, 258ff ; Moran (1990), pp. 15, 46, 50, 62.
73 Josephson (1930), pp. 9ff.
74 Hansmann (1986), pp. 33, 44.
75 Moine (1984), pp. 168f はサンクト＝ペテルブルグ，ポツダム，ストックホルム，ヘト・ルー，カゼルタ，ラッコニージ，ワシントンを考えている。
76 Chevalier (1692); cf. Speck (1972); そして Schwoerer (1977).
77 D. N. B., s. v. 'Ralph Montagu' ; Pevsner (1961), p. 105 ; Boyer (1703–13) 8, p. 371.
78 HARI, pp. 70, 77.
79 Cracraft (1988), pp. 158, 185.
80 Moraw (1962); Ehalt (1980); Mandlmayr and Vocelka (1985); Kovács (1986); Polleross (1986, 1987); Hawlik (1989).
81 Biach-Schiffmann (1931).
82 Polleross (1987), p. 239.
83 石棺の版画は Hawlik (1989), p. 39 に再録されている。

12 比較のなかのルイ14世

1 Bloch (1924), p. 52.
2 Duchhardt (1981).
3 Möseneder (1983), p. 105 ; Aubéry (1668).
4 M. G., June 1684, p. 118.
5 Hofmann (1985), p. 23n.
6 Brown and Elliott (1980), ch. 2 ; Elliott (1977); Elliott (1989), chs 7–8.
7 Brown (1988).
8 Brown and Elliott (1980).
9 Orso (1986).
10 Ibid., ch. 2.
11 Brown and Elliott (1980).
12 Elliott (1989), ch. 9 ; Elliott (1986), pp.

418ff.
13 Harris (1976).
14 Guillet, in Dussieux (1854) 1, p. 26.
15 Saint-Simon (1983-8) 5, p. 239.
16 Longnon (1928), p. 133.
17 La Rue (1987), p. 716.
18 Mongin (1716), p. 10.
19 M. G., December 1682, pp. 48-50.
20 Mesnard (1857), ch. 1.
21 Thuau (1966), pp. 177ff, 215ff; Church (1972).
22 Solomon (1972), とりわけ pp. 111ff.
23 Ranum (1980), pp. 99, 129f; Dupleix (1635).
24 Valdor (1649).
25 Carew (1749), p. 453.
26 Lecoq (1987), pp. 217ff, 264ff.
27 Lecoq (1986); Boucher (1986), とりわけ pp. 196ff.
28 Bluche (1986), pp. 274, 279.
29 Giesey (1987).
30 Southorn (1988), ch. 2.
31 Campbell (1977), pp. 177ff.
32 Forster (1971).
33 Chapelain (1964), pp. xvff.
34 Strong (1984), pp. 142ff.
35 Menestrier (1684).
36 Perrault (1688-97) 1, pp. 61-3.
37 Edelman (1946); Voss (1972).
38 Schramm (1939).
39 Bossuet (1967).
40 Kantorowicz (1963), p. 165.
41 Treitinger (1938).
42 Bossuet (1961), p. 340; Drake (1976); Warmington (1974); Barnes (1981); McCormick (1986).
43 Perrault (1688-97) 1, p. 80.
44 Hanley (1983), pp. 330ff.
45 Saint-Simon (1983-8) 1, pp. 629-30; Choisy, Gaiffe (1924), p. 10 に引用。
46 Blondel (1698) part 4, books 11-12.
47 Petzet (1982), p. 162.
48 1667-9年のG・マルシー，J・ヴァン・オプスタル，M・アンギエの講義。
49 M. G., July 1682, pp. 138-9; Perrault (1688-97) 1, pp. 191-2.
50 M. G., September 1686, part 2, p. 362.
51 Boislisle (1889), p. 118n.
52 M. G., June 1687, part 2, p. 48.
53 Cf. ch. 2, n. 41.
54 M. G., September 1682, p. 52.
55 Charlesworth (1937); Syme (1939); Price (1984); Zanker (1987).
56 Syme (1939), p. 480.
57 Gagé (1955), pp. 499ff.
58 Syme (1939), p. 385.
59 Zanker (1987), pp. 264ff: Syme (1939), p. 519.
60 Zanker (1987), ch. 1.
61 Ibid., pp. 151ff.
62 Perrault (1688-97).
63 Blonedel (1698), p. 164.
64 Taylor (1931), pp. 18ff, 74ff.
65 Blondel (1698), p. 164.
66 Herbelot (1697), p. 997.
67 Rotrou (1649).
68 L'Orange (1953); Seux (1967).
69 Sahlins (1985), pp. 18, 19n.
70 Bernays (1928).
71 Boorstin (1962), とりわけ ch. 1.
72 Schwartzenberg (1977).
73 M. G., May 1685, p. 339.
74 Burke (1939-40); Biondi (1967); Melograni (1976); Stern (1975); Kenez (1985); Kershaw (1987).
75 La Bruyère (1693), p. 544.
76 Kostof (1978).
77 Kenez (1985), pp. 153, 237.
78 Kertzer (1988); Kantorowicz (1963).
79 Mickelson (1972), p. 46.
80 Vattel (1758), pp. 42ff.
81 Leith (1965); Ozouf (1976); Schieder and Dipper (1984); Chartier (1990).
82 Heale (1982), p. 51.
83 Perry (1968).
84 McGinniss (1968), p. 27.
85 Kenez (1985), p. 4.
86 Ibid., pp. 62, 91, 109.
87 Bowlt (1978).
88 Schama (1988).
89 Marrinan (1988), pp. 3ff.
90 Tumarkin (1983), p. 63.
91 Ibid., pp. 80, 88, 95f, 107, 131.
92 Pozzi (1990).

付録 1　ルイ 14 世のメダル

1　Jacquiot（1968）; cf. M. G., January 1682, pp. 53ff.
2　Jacquiot（1968）, pp. 433ff., 617ff.
3　N. R. Johnson（1978）, p. 52 の図 312 と対比せよ。
4　それらのリストの一覧は Jacquiot（1968）の資料 72 で活字化されている。
5　Ibid., p. xxvi ; M. G., January 1685, p. 99.
6　Jacquiot（1968）, pp. x–xi, xxvff.

付録 2　ルイ 14 世の図像

1　Maumené and d'Harcourt（1932）.
2　Ibid., p. 4n.